史良法学文库 叁 拾

法学国家级一流专业建设点重点成果

主编◎曹义孙

王然——著

RENJIAOCHUZI ZHAIQUAN SHIXIAN YANJIU

# 认缴出资债权实现研究

中国政法大学出版社

2024·北京

**图书在版编目（ＣＩＰ）数据**

认缴出资债权实现研究 / 王然著. -- 北京 ：中国政法大学出版社，2024.5
ISBN 978-7-5764-0948-2

Ⅰ.①认… Ⅱ.①王… Ⅲ.①公司法－研究－中国 Ⅳ. ①D922.291.914

中国国家版本馆 CIP 数据核字(2024)第 102381 号

-------------------------------------------------------------------------------------

| | |
|---|---|
| 出 版 者 | 中国政法大学出版社 |
| 地　　址 | 北京市海淀区西土城路 25 号 |
| 邮寄地址 | 北京 100088 信箱 8034 分箱　邮编 100088 |
| 网　　址 | http://www.cuplpress.com (网络实名：中国政法大学出版社) |
| 电　　话 | 010-58908586(编辑部) 58908334(邮购部) |
| 编辑邮箱 | zhengfadch@126.com |
| 承　　印 | 固安华明印业有限公司 |
| 开　　本 | 720mm×960mm　　1/16 |
| 印　　张 | 12 |
| 字　　数 | 200 千字 |
| 版　　次 | 2024 年 5 月第 1 版 |
| 印　　次 | 2024 年 5 月第 1 次印刷 |
| 定　　价 | 56.00 元 |

# 目 录 CONTENTS

# 绪　论

## 一、研究目的

为降低创业门槛，激发投资积极性，2013 年底我国对《公司法》[1]进行了一次全面修正。我国的公司资本制度由原先的有限认缴制转变为完全认缴制。随着实缴出资比例、股东出资期限等一系列限制性规定的取消，我国公司资本结构发生了基础性变动，认缴出资在公司注册资本总额中占据较高比重开始成为常态。认缴出资究其本质而言是一种债权，即公司对股东的个人财产在其认而未缴的范围以内所享有的债权。认缴出资债权能否实现直接关系到公司资本的充实。公司是否能够根据实际需求适时实现认缴出资债权与公司存续和债权人保护都存在紧密关联。遗憾的是，尽管认缴资本制在我国落地已有数年，但认缴出资债权的实现仍然缺乏周全的法律保障机制。认缴出资债权落空必然导致相应数额的注册资本缺乏相应的物质基础，动摇资本充实。认缴出资债权实现的时间与公司实际需求错配，可能导致公司无法维持经营和对外偿债，影响公司债权人利益。目前，我国《公司法》迎来了第六次修改。值此契机，深化认缴制的配套法律规则创新，强化对认缴出资债权实现的保障力度，对于激发公司经营活力和保护公司债权人而言都至关重要。本书尝试探究将股东认缴出资作为一项债权进行调整的正当性与必要性，以此为基础进一步分析以下几个具体问题：第一，如何将担保制度运用于保障认缴出资债权的实现；第二，认缴出资债权催收的实体和程序规则如何设计；第三，如何避免认缴出资债权的不当抵销与转让危及公司资本充实；第

---

[1]《公司法》全称即《中华人民共和国公司法》，为叙述方便，本书涉及我国的法律直接使用简称，省略"中华人民共和国"字样，后文统一，下不赘述。

四，提前实现认缴出资债权的正当性及其限度；第五，在未实缴出资股权发生转移的情形下如何确保认缴出资债权的实现。

## 二、研究意义

从理论角度来看，站在认缴出资债权实现的视角来研究股东出资是适应认缴资本制背景的必然选择。实缴资本制度与认缴资本制度在资本发行阶段并无区别，股东都需在公司设立之时足额认缴公司章程记载的全部注册资本，但二者在资本缴付规则方面存在显著差异。在实缴资本制下，股东认缴之后便负有向公司实际缴付出资财产的法律义务，只有股东真正完整履行了出资义务，公司才能够从股东手中获得出资财物作为后续经营和偿债的物质基础，公司资本由此得以充实。因此，在实缴资本制下，站在股东出资义务履行的视角来研究股东出资是比较合适的选择。在认缴资本制下，股东在认缴完成之后无须立刻向公司缴付出资财产，具体完成实缴的期限由股东自行约定。换言之，在认缴资本制下，股东认缴出资与实缴出资之间存在时间差，股东对公司出资的过程被清楚地细分为"认缴"和"实缴"两个阶段。"认缴"本质上是认缴出资债权债务关系的建立，即确定股东成为认缴出资关系中的债务人，而公司则成为出资关系中的债权人。"实缴"才是股东实际向公司履行缴付出资的义务。在这种情形下，站在股东出资义务履行的视角来研究股东出资，易忽视实缴之前认缴出资债权被不当折价转让、抵销等问题，也会淡化公司资金需求与股东出资到期时间不匹配的问题。因此，从认缴出资债权实现的视角来研究股东出资是适应认缴资本制这一制度背景的必然选择。

从实践角度来看，加强对认缴出资债权实现的研究，对于在认缴制背景下保障公司资本充实，平衡公司、股东和公司债权人之间的利益关系具有重要的现实意义。实缴资本制中关于资本形成与维持的规定在认缴资本制下完全可以通过对出资债权的"巧妙"处分而被轻易规避。公司资本制度改革后，公司的注册资本数额中有相当大一部分其实是认缴出资债权。如果认缴出资债权本身遭受侵害，无法得到充分实现，公司资本所承载的对外担保偿债、对内保障经营的作用便都将落空，公司债权人的利益乃至整体交易安全秩序必然随之受损。对认缴出资债权实现所面临的多维风险进行分析，并提出相应的应对策略，对于在认缴资本制下巩固公司资本的充实性，促使股东出资切实发挥保障公司经营和偿债的效用具有不可忽视的现实意义。

## 三、研究综述

国内研究成果中关于出资的内容十分丰富，也有一些学者专门就认缴出资进行了研究，但是将认缴出资作为公司的一项财产权利进行研究的成果则非常有限。以"出资"作为主题，并将检索的学科领域限定为法学相关的"社会科学Ⅰ辑"，在"中国知网"数据库中进行精确匹配的文献检索，2013到2021年间仅"中文核心"与"CSSCI"来源期刊论文的数量就高达400篇之多。以"认缴出资"作为主题，并将检索的学科领域限定为法学相关的"社会科学Ⅰ辑"，在"中国知网"数据库中进行精确匹配的文献检索，2013到2021年间各类来源期刊论文总量仅有20篇。以"出资债权"作为主题，并将检索的学科领域限定为法学相关的"社会科学Ⅰ辑"，同时在主题筛选栏目中选择不含相似概念"债权出资"，在"中国知网"数据库中进行精确匹配的文献检索，2013到2021年间的各类来源期刊论文总量仅有6篇。上述检索结果充分表明，虽然我国围绕出资相关问题进行了大量的理论研究，但是在公司资本制度改革后，我国关于出资问题的研究思路整体上仍然没有脱离实缴制的思维框架，少有从债权视角分析认缴出资法律问题的文献。梳理域外公司立法，并对域外学者的专业著作、学术论文等进行归纳，可以发现域外立法中存在较多从债权角度调整股东出资的法律规定，公司法学者也对相关问题进行了一定的学理讨论。综合整理国内外现有文献资料，可将既有研究内容作出如下归纳：

### （一）认缴出资的法律性质及其特征

对于股东认缴出资的法律性质，学界的观点尚且存在差异。一种观点概括性地认为，认而未缴的出资在法律性质上属于债权。德国公司法学者格茨·怀克与克里斯蒂娜·温德比西勒指出，股东剩余未缴的出资是公司对股东的债权。[1]法国公司法学者伊夫·居荣对此问题持同样的观点，认为股东出资

---

[1] 参见[德]格茨·怀克、克里斯蒂娜·温德比西勒：《德国公司法》（第21版），殷盛译，法律出版社2010年版，第362页。

或认股协议的本质属性即有偿的权利转让契约。[1]由此而生的股东对公司的出资义务本质上当然是契约债务的一种类型。陈甦教授早在 20 世纪 90 年代就主张处理股东未履行出资义务的问题可以比照有关债的不履行的一般原则。[2]丁勇教授认为,股东在公司设立或者增资之时作出认缴承诺即为自己设定民事负担之行为,实质上意在与公司建立起债权债务关系,经股东认缴,公司即成为出资关系中的债权人,享有对股东的出资债权。[3]钱玉林教授亦将股东尚未缴付的出资视为债权,并进一步指出认缴出资债权属于可以用货币作为计量单位并且蕴含着经济价值的债权。[4]另一种观点则认为,认缴出资的法律性质不能一概而论,必须根据出资期限是否届至而对认缴出资的性质进行差异化界定。持此观点的王东光教授认为,只有已经到期的认缴出资才可以被界定为公司享有的债权,尚未到期的出资只能被视为抽象层面的股东出资义务,并不是通常意义上所指的具体债权。[5]

关于认缴出资债权的法律特征,出资债权兼具法定性和契约性的观点已经得到了较为广泛的接受。股东的出资义务与公司的认缴出资债权是一体两面的。赵旭东教授、叶林教授、朱慈蕴教授和郭富青教授等诸多学者均认为股东的出资义务兼具法定性与约定性的特征。[6]这实际上也认可了认缴出资债权不是简单的法定债权或者是契约债权,而是兼具法定性和约定性。上述学者的观点稍有区别之处在于,朱慈蕴教授认为伴随着公司开始筹备到公司正式设立,出资的法定性程度越来越高,而约定性的色彩则逐步淡化。郭富青教授则认为,出资的法定性与约定性的二元复合特征是确定的,并不存在

---

[1] 参见 [法] 伊夫·居荣:《法国商法》(第 1 卷),罗结珍、赵海峰译,法律出版社 2004 年版,第 97 页。

[2] 参见陈甦:《公司设立者的出资违约责任与资本充实责任》,载《法学研究》1995 年第 6 期,第 46 页。

[3] 参见丁勇:《认缴制后公司法资本规则的革新》,载《法学研究》2018 年第 2 期,第 156 页。

[4] 参见钱玉林:《股东出资加速到期的理论证成》,载《法学研究》2020 年第 6 期,第 123 页。

[5] 参见王东光:《论股权转让人对公司债权人的补充责任》,载《法律科学(西北政法大学学报)》2020 年第 2 期,第 186 页。

[6] 参见赵旭东:《资本制度变革下的资本法律责任——公司法修改的理性解读》,载《法学研究》2014 年第 5 期,第 20 页;叶林:《公司股东出资义务研究》,载《河南社会科学》2008 年第 4 期,第 118 页;朱慈蕴:《股东违反出资义务应向谁承担违约责任》,载《北方法学》2014 年第 1 期,第 33 页;郭富青:《资本认缴登记制下出资缴纳约束机制研究》,载《法律科学(西北政法大学学报)》2017 年第 6 期,第 123 页。

由约定为主到法定为主的阶段性演变。

（二）保障认缴出资到位的法律规则

域外立法中存在较为完善的认缴出资担保规则、催缴规则以及抵销与转让规则来确保公司资本充实。目前，我国学界针对认缴出资催缴制度的规则构建已经作出较多探讨，但从债权视角研究认缴出资担保规则、抵销与转让规则的理论成果则十分有限。

自我国从实缴制转向有限的认缴制开始，学界就已经开始讨论运用出资催缴制度来提升资本筹集与公司需求的一致性了。我国确立起完全的认缴制度之后对构建体系化催缴机制的呼声更为强烈。但是，催缴制度具体如何构建，特别是催缴的决策和执行权究竟归属哪个公司机关，学者观点不一。彭冰教授认为，催缴的决策交由董事会、董事长、总经理均可，但是董事会并不常设，总经理掌握日常事务，对于资金需求的把控更精准，因此主张由董事长掌握催缴权，同时允许其授权总经理行使权利。[1]丁勇教授认为，催缴是公司筹集资金的重要举措，不宜交由个人行使，由股东会或董事会就催缴事项进行决策更为合适。[2]袁碧华教授则认为，催缴的执行主体优先由公司章程确定，若章程并未明确催缴主体，可以通过股东会决议确定催缴执行主体，若股东会没有形成相关决议，则由董事会作为催缴执行主体。[3]从比较法上看，允许资本分期缴纳的域外国家目前普遍已经在立法中构建起了详尽的催缴规则。《美国特拉华州普通公司法》第163条规定董事会可以催收出资并在第164条规定了对于催而未缴的补救。《法国商法典》第R228-24条、第R228-25条、第R228-26条专门就催告缴纳的操作方法、催而不缴的约束以及催告中的时间计算等问题作出了详细规定。[4]其中，第R228-24条明确了催告缴纳出资的挂号信必须说明哪些内容、需要登报公布哪些信息以及股票公开竞价拍卖的操作方法等。第R228-25条规定了不履行出资义务的股东如何除名以及相应的法律后果。第R228-26条规定了催告缴纳出资的时间计

〔1〕 参见彭冰：《股东分期缴纳出资制度研究》，载《金融法苑》2005年第4期，第4页。
〔2〕 参见丁勇：《认缴制后公司法资本规则的革新》，载《法学研究》2018年第2期，第161页。
〔3〕 参见袁碧华：《"认"与"缴"二分视角下公司催缴出资制度研究》，载《中国法学》2019年第2期，第211页。
〔4〕 参见《法国商法典》（下册），罗结珍译，北京大学出版社2015年版，第1251页。

算。《德国股份法》第 63 条、第 64 条和第 65 条对催缴的具体方法、催而不缴的后果等都进行了详细的规定。[1]《德国有限责任公司法》第 20~24 条对公司的催缴作出了周全的规定，第 25 条专门强调了第 21~24 条规定的法律结果具有强制性，股东不能得到免除。

德国和美国的立法都曾采取要求股东提供出资担保的方法来保障公司资本充实。2008 年改革之前的《德国有限责任公司法》第 7 条明确要求一人公司股东为公司对其享有的认缴出资债权提供担保。[2]《美国特拉华州公司法》在 1974 年的修订中删除了原先第 8 编第 152 节的全部内容，并插入了新的第 152 节代替该节。本节要求在股东没有完全缴付出资的情形下，公司已收到认购人或买方支付认购价或购买价余额的约束性义务（binding obligation）。[3] 但在我国现有研究中，较少学者提出将民法中保障债权实现的重要手段——担保——引入保障认缴出资债权实现，对此提出细致构想的研究成果尤为稀少。赵芬萍与王欣新教授在探讨以债权对公司出资的问题时提出，如果股东以其对第三人的债权对公司出资，因其风险系数较高可能危及资本充实，故出资人应为此提供出资担保。[4] 2013 年认缴资本制改革后，郭富青教授认为，放宽准入门槛的同时必须强化对股东出资缴纳的约束，主张借鉴美国与德国相关立法经验，要求股东为尚未实缴部分出资提供缴纳保证。[5] 刘敏、温长庆两位学者结合我国认缴制改革的举措，详细论证了运用担保方式保障认缴出资债权实现的理论正当性和现实必要性，并且对于认缴出资担保制度的具体构建提出了详尽的设想。[6]

认缴出资债权不当转让和抵销可能会直接危及公司资本充实，《德国有限责任公司法》第 19 条、《德国股份法》第 66 条均对认缴出资债权的抵销进行了必要限制。英国普通法规定，在公司对认购人负有债务的情况下，认购人

---

〔1〕 参见《德国商事公司法》，胡晓静、杨代雄译，法律出版社 2014 年版，第 91 页。

〔2〕 参见 [挪威] 马德斯·安登斯、[英] 弗兰克·伍尔德里奇：《欧洲比较公司法》，汪丽丽、汪晨、胡曦译，法律出版社 2014 年版，第 60 页。

〔3〕 See "The Delaware Code Online", http://delcode.delaware.gov/title8/c001/sc05/index.html.

〔4〕 参见赵芬萍、王欣新：《论债权出资》，载《法学杂志》2006 年第 5 期，第 28 页。

〔5〕 参见郭富青：《资本认缴登记制下出资缴纳约束机制研究》，载《法律科学（西北政法大学学报）》2017 年第 6 期，第 123 页。

〔6〕 参见刘敏、温长庆：《论认缴出资担保制度的构建》，载《社会科学家》2018 年第 11 期，第 120 页。

通常不被允许以抵销债务的方式对公司出资，但是也并不是绝对禁止。[1]法国最高法院以判例的方式明确了认而未缴的出资是债权，在公司处于困境之时，公司对股东所享有的认缴出资债权与股东对公司所享有的普通民事债权不可抵销。[2]目前，我国对认缴出资债权抵销问题的研究主要集中于破产语境，而且观点不一。韩传华律师主张，破产公司股东没有实际缴纳到位的注册资本作为股东所负债务可以与其享有的破产债权抵销。[3]王欣新教授等学者则持相反观点，认为破产债权的性质是普通商事债权，股东的出资具有严格法定性，是偿还公司负债的特定目的财产，二者的性质差异决定了不能抵销。[4]朱慈蕴教授和丁勇教授持相对折中的观点。朱慈蕴教授认为，无论公司是否进入破产程序，在通常情况下都不应允许股东出资之债抵销。但是出于便利重组和改善负债率的现实需求，假如能够构建起一套对于抵销债权的科学评估制度，保障抵销不违背公允公正的基本原则，可以为抵销出资之债留下一定空间。[5]丁勇教授认为，认缴出资债权具备抵销、转让处分的正当性，并提出禁止股东主张抵销，但是为公司主张抵销保留了一定空间。转让认缴出资债权也不必固守足值的标准，由董事依职权判断债权真实价值即可，但其履职行为受到勤勉义务的约束。[6]

（三）认缴出资的提前到期

认缴制下的出资期限由公司章程确定，股东据此享有相应的期限利益，但是在公司无力清偿负债的情形下，股东的期限利益受到限制，需要提前履行出资义务，这基本上已经成了司法实践和学理讨论中的共识。我国《企业破产法》第35条早已明确，破产程序中的股东出资期限利益受到限制。2019年颁布的《全国法院民商事审判工作会议纪要》针对非破产提前实现认缴出

---

[1]　《英国2006年公司法》（第3版），葛伟军译注，法律出版社2017年版，第469页。

[2]　参见［法］弗朗索瓦·西维尔·卢卡：《论法国困境企业股东的义务》，种林译，载《中国政法大学学报》2021年第4期，第300页。

[3]　参见韩传华：《注册资本未到位债务可否抵销》，载《人民法院报》2007年7月11日。

[4]　参见蔡晖等：《再论股东破产债权不能与未到位的出资抵销》，载《人民法院报》2007年11月15日。

[5]　参见朱慈蕴：《从破产中股东欠缴出资之债能否抵销谈起》，载《法治论坛》2008年第2期，第85页。

[6]　参见丁勇：《认缴制后公司法资本规则的革新》，载《法学研究》2018年第2期，第166~170页。

资债权的问题进行了规定，允许在特定条件下限制股东的出资期限利益。从国际立法例上看，法国在 2014 年 3 月出台的法令中已经明确肯定了在破产情境下的股东期限利益受限，不允许股东以出资期限未至为由拒绝缴付出资。[1] 目前，我国关于股东出资期限利益保护限度的学术意见分歧集中于两个方面：其一，在公司无力清偿债务以外的情形下是否能提前实现认缴出资债权；其二，公司提前实现认缴出资债权的自由度是否根据约定的出资期限的合理性而有所差别。石冠彬教授认为，如果出资协议中所确定的出资期限是绝对无法履行的期限，则构成"以合法形式掩盖非法目的"的合同无效事由，股东负有随时向公司实际缴付出资的义务。[2] 由此看来，如果出资期限并不合理，公司完全不必受不合理期限拘束，无论是否发生不能偿债的情形都可以主张先于出资协议和章程所定出资期限实现认缴出资债权。袁碧华教授则认为，认缴出资债权能否提前实现，核心因素在于是否影响第三人利益，如果与外部第三人利益无关，无论公司章程与出资协议确定的出资期限是否符合一般理性人所认为的适当性标准，公司都不可基于生存和发展的目标使其加速到期。蒋大兴教授和吴冬兴博士都认为，股东在出资期限方面的自治并非绝对，出资期限不能对公司常态化的经营活动（包括偿债）形成负面影响。稍有差异之处在于，蒋大兴教授侧重于明确在公司不能偿债之时，公司债权人有权主张提前实现认缴出资债权。[3] 吴冬兴博士进一步提出，即使不涉及偿债，公司同样也可以基于持续经营和运营管理的目标对抗出资期限的对内效力，主张提前实现认缴出资债权。[4]

### （四）股权转让情形下的出资责任承担

关于这一问题，我国学界讨论的焦点在于未实缴出资股权转让后究竟是由受让人还是由出让人来履行对公司的出资责任。刘敏研究员认为，可以借

---

〔1〕 参见［法］弗朗索瓦·西维尔·卢卡：《论法国困境企业股东的义务》，种林译，载《中国政法大学学报》2021 年第 4 期，第 300 页。

〔2〕 参见石冠彬：《论认缴登记制下股东的出资自由与限制——一个解释论视角的透视》，载《西南民族大学学报（人文社会科学版）》2016 年第 4 期，第 98~105 页。

〔3〕 参见蒋大兴：《论股东出资义务之"加速到期"——认可"非破产加速"之功能价值》，载《社会科学》2019 年第 2 期，第 98 页。

〔4〕 参见吴冬兴：《论"股东出资期限约定"效力的法教义学构造》，载《济南大学学报（社会科学版）》2021 年第 3 期，第 36 页。

鉴民法上债务承担的规则来确定未实缴出资股权转让后的出资责任承担主体。具而言之，如果出让人将未实缴出资股权全部转让，按照免责的债务承担规则处理，即完全由受让人负担出资责任。如果出让人仍然保留一部分未实缴出资股权，则可以参照并存的债务承担规则，由出让人与受让人一并作为未实缴出资股权转让后的出资责任承担主体。[1]王建文教授认为，出资期限尚未届满的情形下股东转让未实缴出资股权后原则上不再负担出资责任，除非能够证明其转让股权存在恶意。[2]刘凯湘教授认为，在出资期限尚未届满的情形下未实缴出资股权的受让人必然要负担缴付出资的义务，但出让人责任并不免除，应当由受让人与出让人就未实际缴纳的出资承担连带责任。[3]比较各国立法，应对该问题的思路大致可以被划分为以下三种：一是要求未实缴出资股权的出让人继续承担出资义务，受让人是否需要承担出资责任根据其受让股权时的认知状态确定。《美国统一有限责任公司法》第503条和《英国2006年公司法》第588条的条文均遵循此思路设计。[4]二是不问未实缴出资股权受让人的认知状态，要求没有缴付股金价款的股东及其相继受让人还有认股人连带对公司承担出资责任，同时确定股权的最后持有人是最终责任人，《法国商事公司法》第282条采取此思路。[5]三是不问未实缴出资股权受让人的认知状态，先由受让人对公司承担出资义务，如果受让人没有足够的责任能力完全缴付股金价款，则由未实缴出资股权的出让人补足出资。《意大利民法典》第2356条、《德国有限责任公司法》第22条与《德国股份法》第65条均采用此思路。[6]

## 四、研究方法

第一，规范研究方法。对法律规范的文义、内涵以及缺陷进行全面的解

---

[1] 参见刘敏：《论未实缴出资股权转让后的出资责任》，载《法商研究》2019年第6期，第97页。

[2] 参见李志刚等：《认缴资本制语境下的股权转让与出资责任》，载《人民司法》2017年第13期，第107页。

[3] 参见李志刚等：《认缴资本制语境下的股权转让与出资责任》，载《人民司法》2017年第13期，第110页。

[4] 参见虞政平编译：《美国公司法规精选》，商务印书馆2004年版，第191、195、196、200页；《英国2006年公司法》（第3版），葛伟军译注，法律出版社2017年版，第473页。

[5] 参见赵旭东主编：《境外公司法专题概览》，人民法院出版社2005年版，第408页。

[6] 参见《意大利民法典》，陈国柱译，中国人民大学出版社2010年版，第407页；《德国商事公司法》，胡晓静、杨代雄译，法律出版社2014年版，第35、91、92页。

读和分析是法学研究的基本方法之一。我国的法律传统决定了我国不能抛弃既有的成文规范来对法律问题进行研究。事实上，规范本身也是既有研究成果的集中体现，能够比较直观地反映规范制定者对具体问题的观点。本书运用的一个重要研究方法就是规范研究法，作为研究对象的规范文本包括但是并不局限于《公司法》《民法典》《企业破产法》《最高人民法院关于适用〈中华人民共和国公司法〉若干问题的规定（三）》《全国法院民商事审判工作会议纪要》等与认缴出资债权实现存在关联性的规范。

第二，实证研究方法。认缴出资债权的实现问题是一个实践性非常突出的选题，事实上很多与此相关的问题都是实践领先于学术探讨的状态。例如，对于认缴出资债权的抵销和转让问题，目前学界的理论探讨非常有限，但是司法实践中对于此种特殊债权到底能不能以抵销等方式进行处分，已经呈现出非常鲜明的差异化立场。再例如，在公司没有偿债困难的情况下，到底能不能依靠资本多数决缩短出资期限，先于原定时间实现认缴出资债权。目前，理论界对这一问题关注较少，但是现有的裁判文书已经呈现出不同法院的观点差异。为契合本书实践性突出的选题特征，本书注重结合既有的司法裁判案例来对本主题进行实证研究。在诸如认缴出资债权的处分、认缴出资债权的提前实现、未实缴出资股权转让后的认缴出资债权实现等问题的研究中引用、分析了诸多案例，并通过对比不同法院的司法裁判观点来梳理、归纳实践现状与现存问题。

第三，比较法研究方法。认缴出资债权难以充分并适时实现的问题并非我国独有。事实上，这是采用资本分期缴纳的国家和地区所需要应对的共性化难题。在全球化浪潮的长期洗礼之下，商事法律规则相互借鉴已经成为常态。其他国家和地区在防范认缴出资债权落空以及促使认缴出资债权适时实现方面的经验可以为我国改进相关法律规则提供有益的经验与启示。本书对世界多国和地区的相关法律规定进行了整理和对比，通过比较分析不同法律规则的优势，结合我国具体实际，尝试提出改进我国相关法律规则的具体对策。

# 第一章

# 认缴出资债权实现的基础理论

## 第一节　认缴出资的债权性质论证

### 一、认缴出资法律性质的理论争议

依照传统公司法观念，对"出资"这一概念可以从行为和实物形态两个不同的角度进行理解。[1]行为意义上的出资通常被界定为在公司设立阶段或者增资的情形下，股东出于获取公司股份或者股权之目的而向公司交付财产，或者履行其他给付义务的行为。[2]实物形态意义上的"出资"则是股东为获得公司股份所支付对价的具体实物形态。[3]从二者的关系来看，实物形态意义上的"出资"可以被理解为基于行为意义上的"出资"而形成的法律结果。在实缴资本制的背景下，股东实施出资的行为，公司就会获得相应实物形态意义上的股东出资，即实缴资本。但是，随着公司资本制度从实缴制转变为认缴制，股东出资行为的法律结构变得更加复杂。对公司设立或增资中的股东出资过程进行微观解析，不难发现行为意义上的"出资"实际上被分解为认缴和实缴两个基本环节。在认缴环节当中，股东仅做出愿意支付一定对价而获取公司股份或者股权的意思表示，而不需要实际向公司缴付相应的货币或者非货币财产，所以此时公司只能获取认缴出资作为其注册资本的一

---

〔1〕　参见楼晓：《论"出资""股份""股权"及"股东资格"间的法律关系——以有限责任公司为论述基点》，载《法学杂志》2009 年第 2 期，第 114 页。

〔2〕　参见孙晓洁：《公司法基本原理》（第 2 版），中国检察出版社 2006 年版，第 263 页；金玄武：《公司现物出资制度研究》，山东大学出版社 2011 年版，第 38 页。

〔3〕　参见楼晓：《论"出资""股份""股权"及"股东资格"间的法律关系——以有限责任公司为论述基点》，载《法学杂志》2009 年第 2 期，第 114 页。

部分。股东实际缴付股份或者股权对价之后，相应部分的认缴出资才会转变为实物形态意义上的股东出资，即实缴资本。那么在股东实缴之前，公司所享有的认缴出资究竟是什么？是包含在注册资本中的一个纸面数字还是已经具有公司财产的法律属性？如果认缴出资可以被认为是财产，具体是何种性质的财产权利？关于上述问题，学界目前尚未形成一致的观点。

第一种观点概括性地认为，认而未缴的出资在法律性质上属于债权，并不根据出资期限是否届至而对认缴出资的性质进行差异化界定。颇多中外学者均持此观点。德国公司法学者格茨·怀克与克里斯蒂娜·温德比西勒指出，股东剩余未缴的出资在公司法理论上是公司对股东的债权。[1]法国公司法学者伊夫·居荣指出，股东出资或认股协议的本质属性即有偿的权利转让契约。[2]由此而生的股东对公司的出资义务本质上当然是契约债务的一种类型。丁勇教授认为，股东在公司设立或者增资之时进行认缴即为自己设定民事负担之行为，实质上意在与公司建立起债权债务关系。经股东认缴，公司即成为出资关系中的债权人，享有对股东的出资债权。[3]钱玉林教授亦将股东尚未缴付的出资视为债权，并进一步指出认缴出资债权属于可以用货币作为计量单位并且蕴含着经济价值的债权。[4]

第二种观点认为，认缴出资的法律性质不能一概而论，而是根据股东认缴的出资期限是否届满而存在差异，已经到期的认缴出资在法律性质上属于公司享有的债权，但是尚未到期的出资只能被视为抽象层面的股东出资义务。[5]持此观点的学者提出了三点论证依据：其一，股东虽然享有获得股利分配的权利，但是在公司尚未制定分配股利方案时，股东的分红权不是债权，不能通过诉讼获取分红。出资期限届满之前的认缴出资就类似于公司尚未制定分配股利方案时的股东分红权。其二，没有到期的认缴出资并不体现在公司的资产负债表上，因此并不是现实的债权。其三，假如认为未到期的认缴出资属

---

〔1〕 参见［德］格茨·怀克、克里斯蒂娜·温德比西勒：《德国公司法》（第21版），殷盛译，法律出版社2010年版，第362页。

〔2〕 参见［法］伊夫·居荣：《法国商法》（第1卷），罗结珍、赵海峰译，法律出版社2004年版，第97页。

〔3〕 参见丁勇：《认缴制后公司法资本规则的革新》，载《法学研究》2018年第2期，第156页。

〔4〕 参见钱玉林：《股东出资加速到期的理论证成》，载《法学研究》2020年第6期，第123页。

〔5〕 参见王东光：《论股权转让人对公司债权人的补充责任》，载《法律科学（西北政法大学学报）》2020年第2期，第186页。

于公司享有的债权或者说是股东所负担的债务，那么根据债务承担的债法理论，股权的转让就需要以公司同意为要件。当前的股权转让不需要征得公司批准，故未到期的出资不是债权。

## 二、认缴出资的债权性质证成

在以上两种关于认缴出资法律性质的观点争论中，笔者赞同第一种观点，即无论认缴出资期限是否已经届满，尚未实际缴付的认缴出资的法律性质都是债权。理由在于以下几点：首先，因为尚未到期的认缴出资不能通过诉讼实现而否定其债权性质存在法理上的逻辑漏洞。如果不能采取诉讼方式实现就不是债权，那么所有履行期限尚未届满的合同之债便都不能被视为债权，这显然脱离了实际。其次，认为股权转让不需要征得公司批准，不符合债务承担的一般债法原理，故未到期的出资不是债权的论点并不成立。根据我国现行《公司法》的规定，股权转让的前置条件就是其他股东不主张优先受让股权。公司其他股东均不行使优先购买权的事实表明公司内部形成了允许股权转让的共同意思。出资债权债务关系中的债权人是公司，公司允许附有出资义务的未实缴出资股权发生转让，也就满足了债务承担原理中的债权人同意这一条件。最后，认为未到期的认缴出资不能在资产负债表中得到体现故不是债权的论点实际上是混淆了财务会计中"财产"的概念与法律意义上的"财产"的概念。笔者认为，无论认缴出资的期限是否届满，其都已经符合法学理论对于"财产"的界定。法律意义的财产必然是以财产权的形式呈现。我国是采用德国民法体系的国家，物权和债权共同构成财产权的两大支柱。认缴出资完全具备债权的实质特征，故并无必要突破"物债二分"的稳定财产权体系将其界定为公司法中的特殊财产权，直接将其界定为债权最为合理。

### （一）认缴出资具备法律意义的财产属性

在商业经营活动中，资产负债表是直观体现公司财务状况的基础工具。根据我国现行《企业会计准则——基本准则》的规定，只有股东实际缴付的资本才会被计入资产负债表中的所有者权益项目，认缴出资在财务会计上不属于公司资产。但财务会计中的"资产"概念是指预期会给企业带来经济利益的资源，与法律上的"财产"概念并不等同。[1]认缴出资的法律属性究竟是不是财产，并不取决于其是否具有财务会计上的资产性质，而应该结合法律上对于财产本质属性的界定，采取三段论的方法进行具体论证。具而言之，应将法律上财产的本质属性作为大前提，认缴出资的法律特征作为小前提，如果小前提与大前提相符合，就可以认为认缴出资是一种法律意义上的财产，反之，就可以认为认缴出资不属于法律意义上的财产，不具有财产权的属性。

大陆法系对"财产"概念的界定可以一直追溯到罗马法时期。在这一历史时期，"财产"与"物"被视为一致的概念，"物即财产"的理念在法律中得到全面彰显，所以罗马法中的财产法其实就是物法。[2]但是，罗马法中"物"的概念并不局限于物质化的实体，"可用货币计量的权利"同样属于其概念范畴。[3]《德国民法典》正式奠定了大陆法系将物权与债权二元化区分的财产法立法模式，但是并没有对"财产"的概念进行一般性解释。《法国民法典》提出了与"一般财产"存在对应关系的"总体财产"概念，丰富了对"财产"的法律内涵界定。"一般财产"是指"能够满足人之物质需求的事物"，"总体财产"则是指"现有的和将来的权利与义务的总体，也就是归属于民事主体的蕴含有经济价值的权利义务全部之和"。[4]相较于大陆法系，英美法系对"财产"概念的界定更具包容性，认为"财产"即所有权的客体，包括一切有金钱价值的物与权利。[5]伴随着法律实践中对"财产"概念界定的不断发展，学界对于"财产"法律层面本质属性的认知也日益深化。一般民法理论认为，财产是独立于主体之外的存在体，因而必须满足客观性、价值性、稀缺性与可控性四方面的属性要求。[6]

认缴出资完全符合上述法律意义上的"财产"应有的属性特征，因此可以被界定为财产。首先，认缴出资具有客观性。所谓客观性即不依附于人的

---

〔1〕 参见财政部发布的《企业会计准则——基本准则》第20条。

〔2〕 王卫国：《现代财产法的理论建构》，载《中国社会科学》2012年第1期，第142页。

〔3〕 参见［英］巴里·尼古拉斯：《罗马法概论》（第2版），黄风译，法律出版社2005年版，第107页。

〔4〕 ［法］雅克·盖斯旦、吉勒·古博、缪黑埃·法布赫-马南：《法国民法总论》，陈鹏等译，谢汉琪审校，法律出版社2004年版，第150页。

〔5〕 参见薛波主编：《元照英美法词典》，潘汉典总审订，北京大学出版社2017年版，第1107页。

〔6〕 参见蔡兴鑫：《虚拟财产的法律属性及刑法保护路径研究》，载《东南大学学报（哲学社会科学版）》2019年第S1期，第16页。

主观认识而保持独立存在的属性。股东认缴之后，即使没有向公司实际缴付出资，认缴出资也已经成了公司注册资本的有机组成部分，在公司章程和企业信用信息平台中对外公开。认缴出资的客观存在不以公司或者股东主体的主观意志为转移，故具备客观性。其次，认缴出资具备价值性。无价值即无财产，就财产权客体而言，无论呈现怎样的形态，都应具备一定的价值与使用价值。[1]价值性也可以被称为有用性，即能够满足主体的需求。我国公司法明确规定，有限责任公司的股东以其认缴出资额为限对公司承担责任；股份有限公司的股东以其认购的股份为限对公司承担责任。由此可见，认缴出资虽然不构成财务意义上的公司资产，但仍然具有保障公司偿债的现实物质价值。再次，认缴出资具备稀缺性。经济学上的产权即财产权，而产权的界定正是基于资源是稀缺的存在。[2]稀缺一般意味着在数量上并非无限。认缴出资的数额在认缴过程中已经确定，数额有限。最后，认缴出资具备可控性。可控性就是指事物能被特定主体掌握、管理与控制。虽然认缴出资呈现为抽象形态的法律客体，公司对其不能实施物理上的掌控，但是认缴出资作为公司注册资本的有机组成，公司可以对其实现法律意义上的控制。

（二）认缴出资具备债权的实质特征

财产作为一个法律意义上的概念，只能呈现为特定类型的财产权，即财产与财产权是同质同义的关系。[3]因此在确定认缴出资的财产属性之后即应当进一步明确其权利性质。就立法传统来看，我国是采用德国民法体系的国家，物权和债权共同构成财产权的两大支柱。作为公司法领域中的财富表现形态，认缴出资是否应该在物权债权"二元体系"内定位？具而言之，认缴出资如果被界定为一种公司法领域中的"特殊权利"，其应该被视为"特殊的物权"还是"特殊的债权"，抑或是"物权、债权之外的特殊权利"？假如是后者，便意味着突破民法上通行的"物债二元体系"。笔者认为，"物债二元界分"模式具备规则稳定性、逻辑性和体系性方面的优势。在既有的"二元

---

　　[1] 参见吴汉东：《财产的非物质化革命与革命的非物质财产法》，载《中国社会科学》2003年第4期，第126页。

　　[2] 参见易继明、李辉凤：《财产权及其哲学基础》，载《政法论坛》2000年第3期，第12页。

　　[3] 马俊驹、梅夏英：《财产权制度的历史评析和现实思考》，载《中国社会科学》1999年第1期，第93页。

体系"内界定认缴出资的权利性质，可以最大限度地借鉴既有权利类型的纠纷处理规则，耗费最低的制度成本保障认缴出资这一财产的有序利用。因此，虽然认缴出资作为公司法领域内的一种财产形态确有其自身的特殊性，但只要它与二元体系内任一类型权利的实质特征相吻合，就应接纳其进入该权利类型的体系范畴。

总体看来，认缴出资具备债权的实质特征，在物权与债权共同构成的"二元体系"框架内，认缴出资的权利性质理当被界定为债权。首先，认缴出资与民法中的债一样反映财产的流转关系而不是归属利用关系。债作为民事法律关系的一种类型，是民事法律规范对财产关系进行调整而形成的结果。但是，民事法律规范调整财产关系而形成的结果并不都是债权债务关系。债权债务关系与其他财产法律关系的显著区别在于其内容，债权债务关系反映的内容是动态化的财产流转关系。财产关系可以被区分为静态的财产关系与动态的财产关系，前者主要是指财产的归属利用关系，后者主要是指财产的流转关系。物权关系和知识产权关系之要旨在于保护静态意义上的财产安全，反映的内容主要是财产之归属与利用关系。债的关系旨在维护动态意义上的财产安定性，反映的内容是财产利益在不同主体之间发生转移的财产流转关系。认缴出资所反映的内容并不是出资协议所约定的出资标的在静态意义上归属于哪个民事主体，而是反映出资协议所约定的出资标的具体如何从股东转移到公司的财产流转关系，目标在于保护这一财产利益转移的动态安全性，与民法中的债存在共通性。其次，从法律关系主体角度来看，认缴出资与民法中的债权一样具备相对性特征。债权呈现出相对性特征，债权债务双方主体均是特定的。认缴出资正是存在于公司与尚未实缴出资股东之间的一种相对权。认缴出资形成于股东对特定公司发行资本的认缴，权利主体是该特定公司。同时，享有认缴出资债权的公司只能向特定的股东请求履行出资义务。再次，从权利内容角度来看，认缴出资与民法中的债权一样具备请求权的特征。债权是通过对他人请求为一定行为（包括作为或不作为）而享受生活中的利益的权利。[1]股东认缴之后，公司仅享有认缴出资，并不能直接支配股东认缴出资所指向的货币与非货币财产。公司要实际获取出资货币与财产需要请求股东对公司履行缴付出资的作为义务。由此可见，认缴出资与民法上

---

〔1〕 谢怀栻：《论民事权利体系》，载《法学研究》1996年第2期，第72页。

的债权同样具备请求权的特征。最后，从权利客体角度来看，认缴出资与民法中的债权一样以他人的行为作为权利客体。设立债权的初衷即满足债权人的利益需求，而债权人利益需求的满足有赖于债务人实行特定行为，此处作为债权客体的债务人之行为（作为或不作为），即谓之给付。认缴出资的权利客体正是股东的实缴行为，即股东对公司实际履行缴付出资货币与财产以使公司获得相应财产价值的行为。

事实上，由于认缴出资充分具备债权的实质特征，认缴出资的债权属性在国际立法实践以及我国当前的司法实践中已经得到了比较广泛的认可。从国际立法角度看，多个国家和地区的公司法条文中均存在将债的担保、抵销等制度运用于认缴出资债权实现的规定。例如，《美国特拉华州公司法》即曾规定，未完全实缴出资的股东须向公司履行"约束性义务"（binding obligation）。[1] 这实际上是要求股东为其剩余未实际缴付的出资提供一定的担保。德国公司立法在关于股东出资的相关条文中明确引入了债的抵销制度。《德国有限责任公司法》第19条和《德国股份法》第66条都对认缴出资债权的抵销进行了专门的规定。[2] 从国内司法实践来看，不少案例均认同未实缴的出资属于债权，不区分是否到期。在"龙泉公司与巴尔达公司、郑某某等股东损害公司债权人利益责任纠纷案""杜某某、舒某股东出资纠纷案"中，法院均认定缴纳期限尚未届至的认缴出资是公司对股东享有的未到期债权。[3] 在"洪某、惠昌公司股东损害公司债权人利益责任纠纷案""翰成公司与石某、杨某某股东损害公司债权人利益责任纠纷案""刘某某与赵某某、高某股东出资纠纷案"等案件中，法院都认为股东认缴出资的法律属性是债权。[4] 上述法院都

---

〔1〕 See "The Delaware Code Online", http://delcode. delaware. gov/title8/c001/sc05/index. html.

〔2〕《德国有限责任公司法》第19条第（2）款关于出资缴纳的内容规定："股东的出资义务不得免除。只有依据第5条第（4）款第1句在章程中被约定用于折抵出资义务的财产标的物的转让产生的请求权，才允许与公司的缴纳出资请求权抵销。"《德国股份法》第66条第（1）款关于不得免除股东出资义务的内容规定："不得免除股东及其前手第54条和第65条规定的出资义务。不允许与第54条和第65条规定的公司债权进行抵销。"参见《德国商事公司法》，胡晓静、杨代雄译，法律出版社2014年版，第33~34，92页。

〔3〕 参见温州市鹿城区人民法院［2016］浙0302民初16378号民事判决书，广东省深圳市中级人民法院［2018］粤03民终949号民事判决书。

〔4〕 参见四川省成都市中级人民法院［2017］川01民终11290号民事判决书，宁波市海曙区人民法院［2020］浙0203民初4607号民事判决书，成都市金牛区人民法院［2018］川0106民初2546号民事判决书。

在判决中指出，公司财产并不能被狭隘地理解为公司现有财产，二者不能被视为同等概念。股东尚未对公司缴付的出资，本质上是股东个人对公司所负担的债务，也构成公司财产的一部分。

## 第二节　认缴出资债权的法理分析

### 一、认缴出资债权的概念界定

基于前文对认缴出资的性质分析，我们可以对认缴出资的法律实质作出如下认知，即基于股东认缴行为而形成的认缴出资并不只是反映在公司注册资本中的一个空洞的数字，而是股东出资在转变为实物形态意义上的"出资"即实缴资本之前，作为公司财产的一种存在形态，本质上说是一种债权性质的公司财产。在明确认缴出资是债权性质的基础上，笔者认为，可以对认缴出资债权的概念作出如下界定：认缴出资债权即公司对股东的个人财产在其认而未缴的范围以内所享有的债权。对这一概念可以从以下方面理解：

第一，认缴出资债权这一财产归属于公司。在认缴制的公司资本制度背景下，作出认缴承诺的主体即使没有完全实际缴付出资，哪怕实物形态意义上的"出资"并没有形成，公司也可以依法设立，作出认缴承诺的主体也可以无障碍地取得公司股东的身份。公司一旦设立完成就具有法人的地位，取得独立于股东的法律人格。认缴出资作为公司注册资本的一部分需要依法在公司章程中记载公示。由此可见，认缴出资作为一项债权形态的财产归属于已经具备独立法律人格的公司组织。

第二，与认缴出资债权存在结构上相关关系的义务是股东的出资义务。英国法学家边沁曾经一针见血地指出，法律为某个主体创设权利的必然条件就是为另一个主体创设某种与之相关的义务。[1]从权利与义务的结构对应关系来说，与公司认缴出资债权存在结构关联性的法律义务就是股东的缴付出资的义务。具体来说，公司的认缴出资债权与股东的出资义务之间存在对立统一的关系：一方面，认缴出资债权表征公司有资格从股东处获得认缴承诺所指向的经济利益，股东出资义务则表征股东要对公司承担缴付出资的经济

---

〔1〕　参见［英］杰里米·边沁：《论一般法律》，毛国权译，上海三联书店2008年版，第73页。

负担，它们是出资法律关系当中两个相互分离、相反的成分与因素，是相互排斥的对立面。另一方面，公司的认缴出资债权与股东的出资义务都不能孤立存在，即"每一方只有在它与另一方的联系中才能获得它自己的本质规定"[1]。如果没有股东的出资义务，公司的认缴出资债权便将不复存在；如果没有公司的认缴出资债权，股东的出资义务也将无从谈起，二者相互依存、相互贯通。

第三，认缴出资债权的范围即股东认而未缴的出资范围。权利与义务存在数量上的等值关系在具体的法律关系中表现为：权利的范围即义务的边界，义务的范围即权利的边界。[2]将上述基础性法学理论运用于理解认缴出资的债权债务关系，即可得出如下认知：一方面，公司作为认缴出资债权的权利主体有资格要求负有出资义务的股东不折不扣地履行义务，以保障自身意志与权利的实现。另一方面，公司作为认缴出资债权的权利主体不能提出超越股东出资义务的主张，否则股东可以正当地拒绝接受。

第四，尚未完成出资义务的股东以其个人财产作为对公司履行出资债务的责任财产。债务人应以其财产，就其债务负责，是为责任财产。[3]由此定义可知，责任财产理念的核心在于界定偿债的物质基础范围，即确定在哪些边界以内的财产总和可以作为对债务负责的物质保障。民事法律的一般理论认为，归属于责任人的全部财产都是债务人的责任财产。简而言之，债务人需要以其所拥有的全部财产而非特定部分财产对债权人负责。[4]在认缴出资债权债务关系中，占据债务人地位的法律主体是股东，因此原则上股东应以其个人拥有的全部财产对认缴出资债务承担责任。但是，法律的最高价值追求是公平正义，如果不加限制地要求债权人以全部个人财产对自身负债承担责任，可能危及债务人最基本的生存权益。所以，实际立法往往会从财产执行方面对责任财产范围进行必要限制。我国《民事诉讼法》第243条和第244条就明确规定，在执行债务人财产的过程中对于被执行人及其扶养家属的生活必需费用和生活必需品应当予以保留。综上可知，尚未履行完出资义务的股东对公司履行出资债务的责任财产范围原则上是其个人的全部财产，但是

---

[1]　[德] 黑格尔：《小逻辑》，贺麟译，商务印书馆1980年版，第254~255页。

[2]　参见张文显：《法学基本范畴研究》，中国政法大学出版社1993年版，第85~86页。

[3]　王泽鉴：《民法总则》，北京大学出版社2009年版，第219页。

[4]　参见 [德] 卡尔·拉伦茨：《德国民法通论》（上册），王晓晔等译，法律出版社2013年版，第415页。

受到财产执行方面的法律规则限制，其本人和由其扶养家属的生活必需费用和生活必需品不属于对公司履行出资债务的责任财产范围。

## 二、认缴出资债权的权利结构

### （一）认缴出资债权的权利主体

所谓权利主体，是指法律关系当中的真正主体或者说积极主体，在规范层面上被确定为拥有权利的人也就是规范的权利主体。[1]公司是拥有独立法律人格的法人，且包括认缴出资在内的公司注册资本是章程的法定必要记载事项。这充分表明公司就是在法律规范中被确定为拥有认缴出资债权的人，公司毫无疑问是认缴出资债权的权利主体。但值得注意的一点是，公司并不是唯一能够对股东行使请求权、请求股东对公司实际履行出资义务的法律主体。在法律所划定的限度以内，或者说是依据法律规定的条件获取权利的情况下，权利主体的行动是自由且不受侵犯的。从规范层面上考量，公司是认缴出资债权的权利主体，所以当然享有行使权利的自由。除了公司以外，目前被确定为享有出资请求权的主体还有公司中的其他股东。2014年《最高人民法院关于适用〈中华人民共和国公司法〉若干问题的规定（三）》（以下简称《公司法司法解释（三）》）第一次修正，该司法解释第13条明确规定，如果股东没有严格按照出资协议的规定全面履行出资义务，公司中的其他股东请求前述股东对公司全面履行出资义务，法院应予支持。这足以表明，认缴出资债权虽然是归属于公司的财产，但是权利的行使主体并非仅限于公司这个单一法律主体。依据现行司法解释的规定，公司中的其他股东也可以作为与公司并存的权利行使主体，对认缴出资债权的债务人行使请求权。

### （二）认缴出资债权的权利客体

权利客体就是指权利所指向的对象。设定权利的核心意旨是为法律主体在外部世界划定行为活动的条件与限度。因此，设定权利从本质上看就是针对外部世界的某个特定部分，通过赋予法律主体控制该特定部分或者对该特定部分施加作用的资格与能力，进而达成法律调整社会生活的目的。这些被

---

〔1〕 参见龙卫球：《民法总论》（第2版），中国法制出版社2002年版，第122页。

确定由权利人控制和施加作用的部分也就是权利的客体。早期作为权利客体的一般是物，但是伴随着社会经济的发展进步，对他人行为的控制同样具有经济或者社会意义上的价值逐渐成了被广泛接受的理念。于是，传统的民事立法开始肯定他人的行为也可以作为权利客体，成立债权。具体到认缴出资债权中，权利的客体就是指作为债务人的股东所要履行的给付行为。也就是指股东必须严格按照出资协议和法律规定履行出资义务，向公司实际缴付出资的行为。确定股东出资行为具体应当如何履行的依据主要有两个：一是法律的直接规定。与普通的民事债权相比，法律对认缴出资的债权债务关系需要进行更深程度的调整。从微观角度来看，每个股东出资义务的履行状况都直接关系到特定的公司是否能够实际获得充足的股份和股权对价作为自身经营活动和对外偿债的物质保障，也牵涉到该公司纸面上的注册资本是否存在真实对应的财产支撑。从宏观角度来看，公司是现代市场经济的主要参与主体，股东出资义务的履行可以说与整体市场交易环境的安全秩序都存在潜在关联。基于出资对单个公司组织体和整个市场安全环境都存在重要影响，法律不仅要求股东严格遵守出资协议的内容对公司履行出资义务，有时还会对股东履行出资的行为提出协议以外的要求。例如，根据《企业破产法》第35条的规定，人民法院一旦受理破产申请，即使出资协议确定的出资期限尚未到来，股东也应该履行出资义务。此类法律在出资协议之外做出的规定是确定股东出资行为应该如何履行的重要依据。二是出资协议的约定。法谚有云："契约即当事人之间的法律。"只要合同当事人是在平等自愿的基础上缔结合同，合同中的内容当然就对合同的各方当事人具有拘束力。出资协议是专门用于确定在出资事项中公司与股东所享有的权益和义务的一种合同，股东履行出资义务的行为自然必须符合出资协议所确定的内容。

（三）认缴出资债权的权利内容

权利内容表现为法律赋予主体实施活动的条件，也就是指法律主体的意思所能够支配的范围。[1] 具体权利内容的构成因权利类型和性质的差异而有所不同。对于债权而言，权利的内容主要是权利主体针对特定行为的请求作用。债权的权利内容主要体现为请求权能，这与债权的权利客体是他人的行

---

〔1〕 参见龙卫球：《民法总论》（第2版），中国法制出版社2002年版，第123页。

为密不可分。因为以他人的行为作为权利客体，稍有不慎，就可能对债务人的意志自由产生支配作用，进而实际上让负有履行特定行为义务的人本身成为权利所指向的对象。民法即人法，强调尊重与保护个人的自由是近现代民法的核心理念。所以将债权的权利内容限定于请求作用而不是支配作用，是维护义务人的人格和意志自由的必然选择。但必须指出的是，虽然债权的权利内容主要体现为对特定行为的请求作用，但并不意味着没有债务人为其应为的特定行为，债权人的权利就必定不能实现。债权实现，从广义角度而言，亦包括对债权的处分权能。[1]债权的处分权能具体就是指债权人作为债权这项法律权利的所有者，将债权本身作为行为对象，对其进行转让、质押、抵销以及抛弃等行为的权能。债权的处分权能并非依照债权本旨将预期中的利益转化为现实利益的权能，实施处分行为所指向的对象也不是作为债权权利客体的债务人给付行为，同时亦不直接体现请求性，但处分的权能确实也是债权权利内容的重要组成部分。[2]认缴出资的法律性质是债权，认缴出资债权的内容当然与一般债权的权能结构具有共性。因此，笔者得出如下结论：公司作为认缴出资债权的权利人，其享有的认缴出资债权权利内容主要是指对债务人股东履行出资行为的请求权能。除此以外，公司对认缴出资债权还享有处分权能。但值得注意的是，鉴于公司组织涉及多方利益主体，认缴出资债权作为公司的债权性质财产构成公司对外承担责任的基石，故公司对认缴出资债权的处分需要格外审慎，法律有必要对公司处分认缴出资债权作出针对性调整。

## 三、认缴出资债权的法律特征

### （一）认缴出资债权具备可流通性

认缴出资债权具备流通性即指其能够完全脱离基础的出资关系，成为一项独立的财产权利流通。认缴出资债权可流通主要基于以下三个方面：

第一，债权相对性的"法锁"效果已随着社会经济的进步与发展而渐趋

---

〔1〕 王泽鉴：《债法原理》（第 1 册·基本理论 债之发生·契约、代理权授予、无因管理），中国政法大学出版社 2001 年版，第 22 页。

〔2〕 参见覃远春：《债权基本权能略论》（下册），载《河北法学》2006 年第 5 期，第 122、134 页。

弱化，故认缴出资作为债权虽然具备相对性的一般特征，但存在流通空间。初始时期的罗马法并不认可债权债务能够进行转让。[1]也正基于此，罗马法将债权的相对性特征生动地称为"法锁"，意在表明债的关系仅能牢牢拘束特定债权人与债务人。但随着罗马商贸活动的发展，债权无法实现移转的缺陷逐步显露。到《十二铜表法》时期，债权债务不可转移的原则已经被突破，债权债务在继承人与被继承人之间的转移受到了法的认可。[2]进入近现代时期，虽然相对性仍然被作为债权与物权相区别的典型特征之一，但是早已不构成最初意义上严苛拘束特定债权人与债务人的"法锁"。

第二，认缴出资债权是基于出资这一商事行为而产生的债权，具有突出的经济属性，对人身的附着性并不显著。虽然在商品交易的长久冲刷之下，债权相对性的"法锁"效果已不如最初那般强烈，但也并不是任何类型的债权债务都能无障碍地实现转移。学理上一般认为，侵权债权作为同态复仇的历史演化产物不能突破人身依附性的束缚，无因管理债权和不当得利债权带有鲜明的道德化色彩，也不可与人身关系彻底分离。我国《民法典》第545条即明文规定了不可转让的民事债权。考察现行法律之规定，认缴出资债权并不属于法律明确规定的不得流通的债权类型。私法领域遵循法无禁止即自由的基本原则，因此既然目前立法上没有明确禁止认缴出资债权的流转，那便意味着认缴出资债权的流通是可以为现行法律所接纳的。从债权性质的角度分析，认缴出资的经济属性鲜明，对人身的附着性并不显著，不存在无因管理债权、不当得利债权那样强烈的伦理属性，也不像基于委托、雇佣、赠与而生的合同债权那般建立在人格身份信赖的基础之上，因此就债权性质层面考察，认缴出资债权并不存在流通障碍。

第三，认缴出资的纯粹权利的属性决定了其脱离基础关系而流通存在现实可行性。在市场交易中，商事活动参与者普遍接受的一个交易规则是：由于权利中包含着利益要素，受让权利的主体需支付相应的对价给让渡权利的主体。转让义务的情形则恰恰与此相反，让与义务的主体需支付相应的对价给受让义务的主体。简而言之，商事活动参与者通常只会为获取权利付出对价。如果认缴出资债权中包含着义务成分，那么认缴出资债权的流通必然是

---

[1]　参见周枏：《罗马法原论》，商务印书馆1994年版，第677页。
[2]　参见周枏：《罗马法原论》（下册），商务印书馆1994年版，第893页。

附带义务的转让。债权的实现本身蕴含一定的风险，如果债权上额外附着未履行的义务，受让人的交易风险无疑将被进一步放大。在这种情况下，认缴出资债权难以成为市场交易主体普遍接受的交易标的，脱离基础关系而流通自然难以实现。但事实上，在围绕出资所形成的债权债务关系中，股东认缴后即取得公司股份，这也就意味着，作为债权人的公司已经履行了相应的合同义务，认缴出资债权不再掺杂义务的色彩，已经成为纯粹的权利。受让认缴出资债权的商事交易主体可能遭受的损失被限定于就该债权支付的全部交易对价，不需要额外对股东负担出资债权债务关系中的义务，风险相对可控。因此，认缴出资债权符合市场一般交易规则中对交易标的之要求，完全具有脱离基础关系，依法独立流通的可能。

### （二）认缴出资债权可用货币评估与支付

认缴出资债权能够以货币作为价值评估和支付的手段。一方面，认缴出资债权的给付标的决定了该债权具有以货币作为价值评估和支付手段的可能。债之客体为给付，也就是债务人应当为之的特定行为。认缴出资债权的客体就是股东向公司实际缴付认缴出资的行为。我国法律对于股东出资的形式有着严格的限制，《公司法》第48条即明确对股东出资形式提出了"可以用货币估价"的刚性要求。[1]2014年出台的《公司登记管理条例》第14条进一步排除了以劳务、信用、自然人姓名、商誉、特许经营权或者设定担保的财产等作价出资。由此可见，股东出资的内容或是货币，或是能以货币进行价值评估的客体，这样的债权给付标的自然保证了认缴出资债权的货币评估可能性。另一方面，随着市场经济的繁荣和发达，债权交易已经日趋成熟，债权经济价值评估的技术障碍已被克服。在商品经济发育程度较低的状况之下，债权的经济价值判断主要依赖当事人的主观认知，缺乏相对统一的客观标准。因此，债权债务关系以外的第三人难以判断债权估值的名义数额是否与其实际蕴含的经济利益相匹配，债权的流转自然困难重重。但是，在现代商业环境下，财务会计技术取得了长足的进步，已经发展出了相对客观、成熟的方法来评估债权的经济价值。借助财会指标，债权的价值与风险能够得到相对

---

〔1〕《公司法》第48条第1款规定："股东可以用货币出资，也可以用实物、知识产权、土地使用权等可以用货币估价并可以依法转让的非货币财产作价出资；但是，法律、行政法规规定不得作为出资的财产除外。"

具象化的体现，对认缴出资债权进行货币价值评估已经不存在技术上的障碍。

### （三）债权主体之间的关系特殊性

法律上的债，其基本内涵是指特定的主体之间得请求为特定行为的法律关系，自得请求给付的一方法律关系主体而言，是为债权；自承担给付义务一方法律关系主体而言，是为债务。其中享有权利的一方法律关系主体为债权人，负有义务的一方法律关系主体为债务人。具体到股东出资情形中，股东在公司设立或者增资时与公司就支付一定对价以获取一定量股份或股权的事项达成意思上一致，就可以认为公司与股东之间已经基于出资形成了特定的权利与义务关系。享有权利的一方当事人，即认缴出资的债权人是公司；负有出资义务的一方当事人，即认缴出资的债务人是作出认缴承诺的股东。

单纯站在出资合同的视角考察，基于出资而形成的债权债务关系与一般民事合同主体之间的法律关系似乎并不存在什么根本性差异。公司作为认缴出资债权人得请求股东按照出资协议的约定或者相关公司法律规范的规定严格履行其出资义务。与此相应，股东则有义务遵循出资协议或者相关公司法律规范的规定为出资行为以满足公司之请求。但是，站在公司组织的视角考察，就会发现认缴出资关系中的双方主体存在特殊的从属和牵连关系。具体来说，在我国现行的完全认缴制之下，公司的设立不以实际缴付出资为必要条件，只要资本全部被认缴，公司就能依法登记设立，获得独立于股东的法律地位。这也就意味着，如果股东作出认缴的承诺之后公司成功设立，即使其并未实际缴付任何出资也完全可以依法取得公司股东的身份，成为公司的成员。于是，在认缴出资的债权债务关系中，股东身份呈现出特殊性：股东不仅是负有出资义务的债务人，同时也是债权人公司的成员。与一般的民事债权债务关系相比，认缴出资债权人与债务人之间的法律关系显然更为复杂。

### （四）兼具约定性与法定性

认缴出资法律关系的形成是当事人合意的结果，同时又受到公司法律规范的严格调整。因此，认缴出资债权呈现出兼具法定性和约定性的特征。

一方面，认缴出资债权是出资协议当事人自我意志的体现，具有约定性。以民事法律行为成立要件与合同订立要素来解析公司设立或者增资中的股东出资，可以对股东出资协议的订立过程作出两种不同的理解。其中一种理解是，公司的资本发行即发出要约。要约的意思表示传递到受要约人即股东后，股东以参与决议或者签署具有法律效力的文件等形式,作出自愿购买一定量的股份并支付相应对价的意思表示即对上述要约作出承诺。与普通民事合同的承诺相同,股东所作出的认购或认缴承诺与发行要约达成一致,出资协议即成立。[1]一种理解则是,股东所作出的认购意思表示即对公司发出自愿以一定对价购入公司(包括设立过程中的公司)尚未发行的一定量股份的要约。认购的要约到达受要约的对象即公司后,公司实施的配股行为即是对股东所发出要约的承诺。股东认购股份或股权的要约与公司配股的承诺达成一致,由此构成了关于出资的完整契约关系。[2]无论以上述哪种方式来理解股东出资协议的订立过程,都可以得出一个共同的结论,即认缴出资协议是当事人合意的结果,由此而生的认缴出资债权具备鲜明的约定属性。

另一方面,认缴出资债权作为不同于普通民事债权的特殊债权,受到法律的严格调整,具有法定性。2013 年公司资本制度改革后,我国已经正式确立起完全认缴制,实缴不再是公司设立的必要条件。股东在公司设立阶段认购全部注册资本后,即使完全没有实际缴付,公司依旧能够得以合法设立。但设立阶段的"认而不缴"不等同于对股东出资义务的免除,出资协议所确定的出资义务仍然是股东必须履行的约定义务。同时,认缴出资合同毕竟不是一般的民事交易合同,而是,可以"产生法人"的商事组织合同。而且,股东认购的股本总额或认缴的出资总额构成公司注册资本。一旦公司资本被注册,便可获得相应的确定意义和公示效力,从单纯经济意义上作为生产资料的"资本"转变为具有法律价值的"注册资本"。[3]公司注册资本的相关信息被记载于公司章程并通过企业信用信息公示系统公开,可能对不确定第三人的交易行为产生影响。为保障市场交易环境的安全性,法律要求股东严格按照认购股份的承诺对公司履行出资义务,以维护注册资本的真实性,甚至会专门针对认缴出资的债权债务关系进行特殊调整。例如,我国《公司法》第 49 条和第 88 条明确要求股东按期足额缴纳公司章程规定的各自所认缴的出资额。《企业破产法》第 35 条要求股东在人民法院受理破产申请的情形下,

---

〔1〕 参见赵旭东:《资本制度变革下的资本法律责任——公司法修改的理性解读》,载《法学研究》2014 年第 5 期,第 22 页。

〔2〕 参见冯果:《论公司股东与发起人的出资责任》,载《法学评论》1999 年第 3 期,第 42 页。

〔3〕 参见陈甦:《资本信用与资产信用的学说分析及规范分野》,载《环球法律评论》2015 年第 1 期,第 50 页。

即使出资期限尚未到来也要履行出资义务。从比较法的角度考察，国外立法往往也会对认缴出资债权债务关系进行特殊调整。例如，《德国有限责任公司法》和《德国股份法》都对认缴出资债权的抵销作出了不同于普通民事债权抵销的针对性规定。[1]《日本公司法》对于股东认购的无效和撤销规定也显著不同于一般的民事债权债务关系。[2]从国内外的立法例中都能看出，法律对认缴出资债权债务关系作出了诸多不同于普通民事债权债务关系的特殊调整，认缴出资不仅是基于出资协议而生的约定之债，也是公司法明确规定的法定之债，认缴出资债权具有法定性。

## 四、认缴出资债权的基本类型

为了构建起一套行之有效的法律机制以保障和促进认缴出资债权实现，我们必须对认缴出资债权这一法律调整的基本对象作出全面认知。仅仅基于一个笼统的概念就试图构建相关法律规则绝非符合理性的可行之策。诚如德国法律学者阿图尔·考夫曼所言，概念离开了类型就是空洞的，类型离开了概念就是盲目的。[3]按照一定的标准对认缴出资债权进行细化分类，有利于从不同的角度全面展示认缴出资债权的存在形态与特征，不仅有益于从理论层面上深化对认缴出资债权这一客观法律事物的本质认知，也可以为法律对其作出细致的针对性调整奠定更为坚实的基础。例如，破产程序对债务偿债顺序的调整正是建立在将破产债权细化分类为职工债权、税收债权、有担保债权、普通债权等具体类型的基础之上。因此，在明确认缴出资的法律实质是债权的基础上，有必要进一步分析认缴出资债权具体有哪些类型。在传统的民法理论中，学者就债权的分类问题作出了非常丰富多样的探索。既有按照债之成因、受时间要素影响和给付类型而进行的分类；也有按照债务具体内容、效力、主从关系而进行的分类；还有按照债的设立、债所指向的标的

---

〔1〕《德国有限责任公司法》第19条第（2）款关于出资缴纳的内容中规定："只有依据第5条第（4）款第1句在章程中被约定用于折抵出资义务的财产标的物的转让产生的请求权，才允许与公司的缴纳出资请求权抵销。"《德国股份法》第66条第（1）款规定："不得免除股东及其前手第54条和第65条规定的出资义务。不允许与第54条和第65条规定的公司债权进行抵销。"

〔2〕《日本公司法》第51条第2款规定："发起人在股份有限公司成立之后，不得以错误为由主张认购设立时发行股份无效，或以欺诈或强迫为由撤销设立时发行股份的认购。"参见吴建斌编译：《日本公司法：附经典判例》，法律出版社2017年版，第24页。

〔3〕参见［德］考夫曼：《法律哲学》，刘幸义等译，法律出版社2005年版，第192页。

物、债的主体而进行的分类。[1]本书基于分析认缴出资债权实现的需要，认为可以按照股东出资形式的不同，将认缴出资债权划分为货币认缴出资债权和非货币认缴出资债权；按照股东对于出资时间的不同安排，将认缴出资债权划分为已经到期的认缴出资债权、尚未到期的认缴出资债权和可以随时到期的认缴出资债权。

（一）以出资形式为标准的类型划分

根据股东出资标的差异，认缴出资债权可以被具体划分为货币债权和非货币财产债权两种不同的类型。我国股东出资的形式存在从严格限制走向逐步宽松的过程，非货币财产出资的范围整体呈现出扩展趋势。1993 年《公司法》第 25 条对股东的出资形式作出了极其严格的限定，本条文直接以逐项列举的方式对股东出资标的物的范围作出了限定，没有留下任何开放性空间。从 2005 年《公司法》修订开始，我国对股东出资形式便开始采取更具开放性和包容性的规定方式。只要非货币财产不属于法律、行政法规规定不得作为出资的财产，并且同时满足可以用货币估价和能够合法转让两项条件，即可作为适格的出资标的物。此后的公司法在修改中继续保持了上述关于出资形式的规定，非货币财产只要同时符合"可用货币估价"与"可依法转让"这两项必要条件，并且法律、行政法规没有禁止性规定，即可作为出资财产。目前，对非货币财产出资的禁止性规定主要体现在 2014 年 3 月施行的行政法规《公司登记管理条例》中，该法规第 14 条直接列举了五种被禁止的非货币出资形式。

（二）以出资时间安排为标准的类型划分

根据股东的出资时间安排，认缴出资债权可以被具体划分为已到期的出资债权、未到期的出资债权和随时可以到期的出资债权三种不同的类型。我国现行《公司法》第 46 条和第 88 条明确规定公司章程必须准确、真实地记载股东出资时间，既不能记载缺失，也不能记载失实。无论公司的类型属于有限责任公司还是股份有限公司，股东的出资时间都是其公司章程中不可或缺的必要记载信息。但是，2013 年公司资本制度改革之后，我国与公司相关

---

〔1〕 参见柳经纬：《当代中国债权立法问题研究》，北京大学出版社 2009 年版，第 50 页。

的法律规范已经全面取消对股东出资时间安排方面的限制，既不要求首次出资达到特定比例，也不要求在一定期限内完全缴纳全部出资，所以在实际经营活动中，公司章程对于出资时间的规定方式愈发多元化，这也就导致何时可以要求股东实际对公司履行出资义务变得较有争议。

在现行资本制度背景下，公司对于出资时间的设置大致可以被分为两种方式。一种是以明确的期日来界定出资期限。比如，章程规定"出资期限为某年某月某日""出资时间某年某月某日"。在此种情形下，如果没有法律规定的特殊情形，股东仅在该期日届至时才负有实际向公司缴付出资的义务，因此认缴出资债权根据章程中的期日是否到来可以被轻松界分为已经到期的出资债权和尚未到期的出资债权两种类型。另一种是以期间的形式来界定出资期限。比如，章程规定"某年某月某日之前缴纳出资""出资时间为自营业执照签发日起十年到位""公司注册登记之日起十年内足额缴纳"。在此种情形下是否可以要求股东实际对公司履行出资义务就存在比较大的争议，出资债权的类型判断也较为复杂。有观点认为，出资期限如果是期间，在该期间内股东可以选择任意时间点履行出资义务，公司与债权人也可以在任意一个时间点请求股东实际缴付出资，因此要求股东在公司不能偿债时缴纳出资甚至无须以加速到期为理由。[1]这也就意味着如果公司章程是以期间的形式来界定出资期限，相应的认缴出资债权是随时可以到期的债权。但是，这一观点显然与民法理论中关于债务履行期限的认定存在冲突。因为根据债的一般理论，当债务履行期限表现为一段期间的时候，通常认为期间的末尾具有确定期限的意义。[2]事实上，目前实务界并没有肯定在以期间的形式界定出资期限的情况下公司可以随时要求股东实际缴付出资。例如，在"和润公司与陈某股东出资纠纷案"中，法院认为："公司章程明确规定股东应在公司注册登记之日起 50 年以内向公司缴付全部出资，直到原告向法院提出诉请的时间点，公司章程所确定的出资期限截止时间仍然没有超过，因此原告要求被告即刻向公司实际缴付出资的诉请并不具备足够的事实基础。"[3]在"东方天力合伙企业与钟某某、睿泰公司执行异议之诉"中，睿泰公司于 2014 年 9 月

---

[1]　参见刘铭卿：《股东出资义务加速到期研究》，载《政治与法律》2019 年第 4 期，第 160 页。

[2]　参见韩世远：《合同法总论》（第 3 版），法律出版社 2011 年版，第 258 页。

[3]　参见广东省深圳市宝安区人民法院［2015］深宝法民二初字第 6075 号民事判决书。

4 日设立，2015 年 10 月 16 日注册资本由 1000 万元增加至 1 亿元，出资时间为变更登记之日起 10 年内缴足。在睿泰公司已具备破产原因，却不申请破产的情形下，法院要求公司股东钟某某、睿泰公司对公司债权人承担补充赔偿责任，但也明确承认认缴出资债权本身未届出资期限，并没有认可公司及其债权人在一般情形下都可以随时请求股东出资。[1]笔者认为，法律的权威性要求其不能朝令夕改，既然 2013 年资本制改革赋予了股东自主约定出资期限的权利，就不应该事后随意剥夺股东的期限利益，以免破坏法律在社会范围内的公信力。所以，在以期间的形式界定出资期限的情形下，仍然应当遵循民事债权的一般理论，按照期间的末尾确定股东的出资期限，出资期限尚未届至的是尚未到期的认缴出资债权，反之则是已经到期的认缴出资债权。

除了上述以精确期日或者期间来确定出资时间的情形外，实践中还存在公司章程对股东出资时间未作明确规定的情况。在此种情形下，司法中出现了不同的处理方式，一种处理方式是要求公司股东协商确定出资期限，根据协商确定的期限判断认缴出资债权是否到期。在"丁某、同仁堂公司诉沈某、钱某股东出资纠纷案"中，精选案例编写人在裁判评析部分明确指出，在出资时间约定不明的情形下，股东出资是否到期应由公司股东协商而非法院确定，即按照股东意思自治的原则确定认缴出资债权是否到期。[2]"觉石公司、黄某某公司决议效力确认纠纷案"的一审和二审法院同样持此观点。一审法院指出："股东认缴出资额的缴纳时间需由全体股东协商一致后确定，但就该事项公司的三名股东并未形成一致意见，所以黄某某并不属于未按期足额缴纳认缴出资额的股东。"二审法院认为："公司出资时间约定不明，具体出资时间应由股东协商确定。故黄某某缴纳出资的时间尚未确定，不属于出资期限届满而不履行出资义务的股东。"[3]另一种处理方式是认为没有约定明确的出资时间的认缴出资债权属于可以随时到期的债权，作为债权人的公司可以随时主张权利。例如，在"金丰公司、罗某某等追收未缴出资纠纷、股东出资纠纷案"中，法院在判决部分明确指出，公司章程如果没有清晰记载股东

---

〔1〕 参见广东省深圳市中级人民法院 ［2020］ 粤 03 民初 3186 号民事判决书。

〔2〕 参见王冬青：《认缴资本制下股东出资义务应以实际约定为准》，载《人民法院报》2016 年 2 月 18 日。

〔3〕 参见云南省大理市人民法院 ［2018］ 云 2901 民初 2626 号民事判决书，云南省大理白族自治州中级人民法院 ［2019］ 云 29 民终 522 号民事判决书。

出资的具体时间，即属于股东出资义务履行时间约定不明的情形。在此情形下，股东不能享有出资的期限利益，公司有权利在任意时间节点主张股东对其实际缴纳出资。[1]笔者更为赞同后一种应对方式，即在股东出资时间约定不明的情形下直接认为相应的认缴出资债权是可以随时到期的认缴出资债权，允许公司作为债权人随时对出资时间不明的股东主张权利。理由在于以下两点：

第一，当股东未就出资期限作出约定或者约定不明确时，将认缴出资债权认定为可以随时到期的不定期债权是符合商事加重责任理念的应然结论。商事责任加重理念是界分民法与商法的核心理念之一，其内涵是指商事主体需要承担比一般民事主体更加严格的义务和更为严苛的法律责任。[2]法律对于民事主体的行为要求一般较低，民事主体在参与民事活动的过程中通常只要符合一般理性人的标准即可。但是，商业活动是风险性活动，所以法律对商事主体的行为标准提出了更高的要求，将其作为理性的"经济人"看待。"经济人"这一抽象概念完全超脱了自然意义上的人格概念，每个人的自然个性都被抹去，在法律上一律被视为会计算、有创造性、能寻求自身利益最大化的人。[3]出资是典型的商事活动，所以股东的认缴行为当然应该按照比一般理性人标准更严格的"经济人"标准来评价。作为私法基本法的《民法典》在第511条第4项接受了不定期之债可以根据债权人的请求随时到期的一般债法原理，明文规定在合同履行期限不明确的情形下债务人可以随时履行，债权人也可以随时请求履行，只要给债务人必要的准备时间即可。公司法上的股东的行为的评价标准不应比上述民法规定更为宽松。现行公司法律规范已经明确将出资时间设定为章程必要记载事项，在此背景下股东仍然不就此进行约定或者约定不明，自然可以合理认为这是股东作为理性经济人决策放弃期限利益，故而相应的认缴出资债权应被界定为可以随时到期的债权。

第二，在出资时间不明的情形下认为认缴出资债权是随时可以到期的债权，允许公司作为债权人随时主张权利，这是抑制股东投机倾向的应然选择。

---

〔1〕　参见广东省深圳市中级人民法院［2020］粤03民初7133号民事判决书。

〔2〕　参见李建伟、李亚超：《商事加重责任理念及其制度建构》，载《社会科学》2021年第2期，第86页。

〔3〕　参见赵万一：《商法的独立性与商事审判的独立化》，载《法律科学（西北政法大学学报）》2012年第1期，第55页。

我国《公司法》明文将出资时间设定为章程必要记载事项，股东未明确约定出资时间本身并不符合立法意旨，应当受到法律的否定评价。如果在股东未就出资时间作出明确约定的情形下，要求股东重新就出资时间协商一致，依据协商结果判断出资债权属于已到期认缴出资债权还是未到期认缴出资债权，实际上就意味着股东无论事先是否清楚约定出资时间都不会丧失期限利益，不事先约定明确的出资期限反而能够保留在公司经营前景不佳的情形下重新商定超长出资期限，逃避履行出资义务的可能。这无疑会激励股东不事先约定明确的出资时间，是对立法意图的偏离。为了有效对股东出资行为形成正向激励，理应规定如果没有明确约定出资时间，相应的认缴出资就是随时可以到期的认缴出资债权。如此一来，丧失期限利益的风险自然会对股东出资行为形成内在心理约束，激励其严格依法明确出资时间。

综上所述，认缴出资债权根据股东出资形式的不同，可以被分为货币认缴出资债权和非货币认缴出资债权；根据股东对于出资时间的不同安排，可以分为已经到期的认缴出资债权、尚未到期的认缴出资债权和可以随时到期的认缴出资债权。其中，只要股东明确约定出资时间，无论该时间表现为期日还是期间，都不影响对股东出资债权的类型判断，即期日届至或者期间届满之前是尚未到期的认缴出资债权，期日届至或者期间届满之后是已经到期的认缴出资债权。如果股东没有明确约定出资时间，不宜要求全体股东协商一致再判断认缴出资债权的类型，而是应直接认为相应的认缴出资是可以根据公司请求随时到期的认缴出资债权。

## 第三节　认缴出资债权实现的法律逻辑

对认缴出资债权的基本法律构造加以分析当然具有重要的学术价值，但是如果将研究内容完全局限于权利本体论的框架内，片面侧重于分析认缴出资的权利性质、特征、类型等问题，显然不足以真正回答当前公司法律实践所聚焦的出资问题，即如何确保认缴出资债权妥当实现，有效巩固公司资本充实。法律在社会实践中诞生，脱离实践的法律必然会失去其基本的生命力。法学家雅维茨曾深刻地指出法的实现对于法律的基础性意义。他认为，假如法律所规定的内容根本无法在人们及其组织的活动还有社会关系中真正得以实现，法的意义也就无从谈起。[1]站在法律机制构筑的视角探究认缴出资债权实现的问题，这是回应在认缴制下巩固公司资本充实这一现实诉求的必然选择。

从文义角度分析，"实现"一词的核心语义范畴是"使成为现实"。对"实现"的内涵可以从动态和静态两个角度进行理解。从动态角度出发，"实现"可以被理解为描述某事物从观念性的存在转变为客观实然存在的过程；从静态角度出发，"实现"可以被理解为上述转变过程的最终结果。由此可知，认缴出资债权实现的含义可以分别从以下两个层面理解：一方面，从动态过程的角度理解，权利的实现过程即由可能性向现实性的转化过程。[2]"认缴出资债权实现"也就是指认缴出资债权的权利存在形态从法定权利向实有权利转化的过程。另一方面，从静态结果的角度理解，"认缴出资债权实现"就是对上述权利存在形态转化过程的结果描述，即认缴出资债权所保护的利益从得到法律规范确认的抽象化内容转变为客观上切实为权利人所享有的实然利益。一般的观点认为，债权关系的首要目的是将债权变成物权或者与物权具有相等价值的权利。所以，静态结果意义上的认缴出资债权实现含义就是指，公司作为认缴出资债权的权利人实际获得出资货币或者非货币财产的物权，或者获得了与上述物权具有相等价值的权利。认缴出资债权的实现涉及理论价值取向和现实利益关系等一系列复杂多元的考量要素。要在兼顾多元考量要素的基础上构筑起行之有效的认缴出资债权实现法律制度，首先有必要从基础理论视角厘清认缴出资债权实现的体系与功能定位、价值目标与基本原则。

## 一、认缴出资债权实现的法律定位

### （一）认缴出资债权实现法律制度在公司法律体系中的定位

认缴出资债权实现法律制度在公司法律体系中的定位也就是指其作为一个具体的微观公司法律制度从属于哪些调整范畴更广的公司法律制度，以及在其中处于何种位置。笔者认为，认缴出资债权实现法律制度不仅是公司资本制度的重要内容之一，也是公司治理制度中不可忽视的组成部分。

---

〔1〕　参见［苏联］Л.С.雅维茨：《法的一般理论——哲学和社会问题》，朱景文译，孙国华校，辽宁人民出版社 1986 年版，第 170 页。

〔2〕　参见公丕祥：《论权利的实现》，载《江苏社会科学》1991 年第 2 期，第 55 页。

第一，认缴出资债权实现法律制度是公司资本制度的重要组成部分。资本是公司作为一个独立的商事法律主体得以形成的基石，既是其最为原始的信用来源，也是其能够参与商业活动的物质基础。公司资本制度是围绕公司资本而形成的一系列法律制度与具体规则，覆盖了公司资本的形成、增加、减少、维持等多方面的具体内容，一直以来都是世界各国公司法律规范的核心构成内容之一。认缴出资债权实现法律制度既是公司资本形成制度的关键内容，也与公司资本维持制度紧密相关。一方面，认缴出资债权实现法律制度是公司资本形成制度的关键内容。公司资本形成是指覆盖资本确定并增加的整个过程。资本形成过程中的核心环节包括股份的发行环节、出资认购环节以及出资缴纳环节。与此相对应，公司资本形成制度涵盖资本发行制度、资本认购制度以及资本缴纳制度。在实缴资本制下，投资人认购之后必须不加迟延地立即向公司实际缴付出资，实缴资本到位是公司能够得以合法设立的前提条件，因此认缴出资并不会以债权的形态保持存在。但是，在认缴资本制背景下，情况发生了根本性改变，投资人在设立阶段无需实际向公司实际缴纳出资，只要发行的出资被全部认购，公司即可依法设立。这意味着，公司注册资本数额中的大量股东出资长期以债权形态存在成为常态。公司资本的形成在很大程度上取决于认缴出资是否能够恰当从法定债权形态转化为公司实际享有的货币或者非货币财产，抑或是与上述物权具有相等经济价值的权利。换言之，在认缴制背景下，认缴出资债权的实现机制成为确保公司资本形成的关键法律支撑。另一方面，认缴出资债权实现法律制度与公司资本的维持制度息息相关，二者之间存在不可忽视的紧密联系。公司资本的维持长期以来都被视为公司资本法律制度的灵魂所在。尽管在全世界范围之内，围绕资本维持原则存废问题所爆发的学理争论从未止息，但是整体看来，多数的欧洲学者都不认为偿债能力测试能够彻底取代资本维持原则。[1]资本维持原则的法律内涵包括两方面的内容：一是股东向公司真实出资；二是维持股东出资的真实性。[2]由此可见，虽然从汉语词源的角度考察，"维持"确实是"使继续存在"之意，但是"公司资本维持"的法律内涵绝非要求公司

---

[1] 参见黄辉：《公司资本制度改革的正当性：基于债权人保护功能的法经济学分析》，载《中国法学》2015年第6期，第162页。

[2] 参见冯果：《慎重对待"资本维持原则"的存废》，载《中国法律评论》2020年第3期，第150页。

必须维持资本，不得使其在数额上发生任何减损，而是强调禁止公司以非法的方式将资本返还给股东。[1]在我国已经步入认缴制的背景下，资本的维持显然不能仅仅着眼于实缴资本维持，如何维持大量以债权形态存在的股东出资真实性同样是资本维持制度所应聚焦的问题。如何避免股东在认缴之后利用股东内部人的身份优势侵害债权形态的认缴出资使其不能实现，以及如何防范公司的股东利用实现认缴出资债权的方式将资本返还于自身，这些都成了认缴制下公司资本维持制度所不可忽视的现实问题。由此可见，认缴出资债权实现法律制度与公司资本维持制度的调整范围存在交叉重合之处，认缴出资债权实现法律制度中防范公司资本不正当流向股东的规则内容同时也是公司资本维持制度的重要构成。

第二，认缴出资债权实现法律制度是公司治理制度中的重要组成部分。公司治理制度与公司资本制度共同构成了支撑起公司法律制度的两大基石，我国公司法近几十年来的修订和改革始终聚焦于这两大制度。[2]"治理"一词的原意是在特定的范围之内行使权威，往往是指与公共事务相关的管理活动。公司治理即关于公司权力制衡的制度安排。[3]正如前文所论证的，认缴出资无论是否到期，其法律性质均属于债权性质的公司财产。认缴出资债权能否实现以及以何种方式实现直接牵涉公司财产的安全性与利用正当性。但是公司是一个组织体，其行为必然依赖具体的机构和自然人来实施，实现认缴出资债权的行为当然也不例外。那么，究竟哪些具体的公司机构享有代表公司实现认缴出资债权的权利？这些公司机构在代表公司实现认缴出资债权的过程当中又应该遵循怎样的行为准则？如果公司机构代表公司实现认缴出资债权的行为缺乏正当性，给公司的利益相关者带来损害，该公司机构又应当承担怎样的责任？认缴出资债权实现法律制度要准确回应以上问题，必然需要从公司权力制衡角度进行规则考量与设计。由此可见，认缴出资债权实现法律制度的一个重要内容就是在认缴出资债权实现事务中对公司权力制衡

---

〔1〕　参见张保华：《资本维持原则解析——以"维持"的误读与澄清为视角》，载《法治研究》2012 年第 4 期，第 73 页。

〔2〕　参见赵旭东：《公司法修订中的公司治理制度革新》，载《中国法律评论》2020 年第 3 期，第 119 页。

〔3〕　［美］罗伯特·A. G. 蒙克斯、尼尔·米诺：《公司治理》（第 5 版），李维安等译，中国人民大学出版社 2017 年版，第 3 页。

进行高效合理的制度安排。认缴出资债权实现法律制度可以被视为公司治理制度在认缴出资债权实现事务中的一个具象化内容。

综上所述，认缴出资债权实现法律制度不可简单地被归属为公司资本制度或者公司治理制度的一部分。它不仅是公司资本制度的重要内容之一，也是公司治理制度中不可忽视的组成部分。在当前认缴制的背景之下，认缴出资债权实现法律制度不仅直接关乎公司资本缴纳，是公司资本形成制度的关键构成部分，也关系到公司资本的维持，是公司资本维持制度中不可忽视的一环。

（二）认缴出资债权实现在公司运营中的功能定位

所谓法的功能也就是指法律规范内在蕴含的功用，也是立法者意图让法律给实际生活带来的正面影响与积极作用。在认缴资本制之下，股东出资这一过程从即时的实际缴纳，被切割为"认购"与"实缴"两个独立步骤。投资人认购之后公司只能获得呈现为债权形态的股东出资，但是对于股东出资所指向的货币或者非货币财产却并不享有物权，无法直接支配利用。认缴出资债权实现法律制度旨在促使认缴出资恰当地从法定债权形态转化为公司实际享有的货币或者非货币财产，抑或是与上述物权具有相等经济价值的权利。事实上也就是着眼于通过促使公司能够充分且有效地实际获取并利用股东出资，确保股东出资所固有的制度目的不因"认购"与"实缴"之间的时空差距而落空。对股东出资所固有的制度目的可以从直接目的和深层目的两个方面进行理解，直接目的当然是为公司自身的经营和对外债务的承担提供基本物质基础，深层目的则是确保完成股东个人财产和公司财产之间的切分，以稳固有限责任这一公司法的理论基石。以此为认识基础，对于认缴出资债权实现法律制度的功能定位，笔者认为可以从以下两个方面进行理解：

第一，认缴出资债权实现法律制度的直接功能在于保障公司能够根据需求获得认缴出资债权所蕴含的经济利益，进而为公司自身经营活动和对外承担债务提供必要的物质基础。股东出资的功能体现于两点：其一是经营功能，作为公司开展经营活动的手段；其二是偿债功能，作为公司对外独立负担债务的手段。[1]认缴制下的股东出资有大量是债权形态的认缴出资。认缴出资债权能够实现，即股东认缴出资恰当地从法定债权形态转化为公司实际享有

---

〔1〕 参见赵旭东：《从资本信用到资产信用》，载《法学研究》2003年第5期，第115页。

的货币或者非货币财产，抑或是与上述物权具有相等经济价值的权利才意味着公司实际获得了股东出资所蕴含的经济价值，股东出资的经营和偿债功能才随之实现。

第二，认缴出资债权实现法律制度的深层功能在于避免股东出资陷入虚无化，动摇有限责任制度这一公司法律的基础。公司法本身应当既是组织法也是能够实现财产区隔的"财产法"。[1]使得股东个人财产与公司财产相互区隔正是稳固有限责任制度这一公司法基石的核心所在。在 2013 年《公司法》修改之前，我国始终致力于以法律手段严厉追究虚报注册资本、虚假出资以及抽逃出资行为，而且对股东实际缴付出资的最长期限作出了明确的规定。上述手段虽然不能彻底根除公司与股东财产混同的问题，但不可否认的是，其确实可以对股东与公司的财产边界含糊问题起到相当强的抑制作用。[2]随着我国转入完全的认缴制，公司资本事实上陷入了不确定状态。股东认缴之后，在尚未实缴出资的状态下陷入负债，那么该股东个人财产到底是作为对股东个人债权人承担清偿责任的责任财产，还是作为对公司承担出资责任的责任财产？这一问题在法律上并不清楚。这种股东个人财产与公司财产边界不清的状态对有限责任原则这一公司法理念基石形成了挑战。因为有限责任制度的本质在于将一部分原本应由股东负担的经营风险转嫁给公司的债权人，而这正是以出资人放弃出资的财产权利为前提的。[3]如果股东个人与公司的财产边界不确定，那就意味着出资人可能在不向公司让渡出资财产权利的前提下获取有限责任的制度保护，这显然破坏了有限责任的正当性基础。认缴出资债权实现法律制度旨在促使股东认缴出资恰当地从法定债权形态转化为公司实际享有的货币或者非货币财产，抑或是与上述物权具有相等经济价值的权利。实质上就是在确保股东认缴的这一部分财产能够实现与自身其他财产的分割，并成为公司经营与偿债的基础，以此巩固股东受到有限责任保护的基础合理性。

---

〔1〕　H. Hansmann & R. Kraakman, "The Essential Role of Organizational Law", *Yale Law Journal*, 2000, 110（3），387~440.

〔2〕　参见甘培忠、徐可：《认缴制下的资本违法责任及其困境——以财产混同为视角》，载《北京大学学报（哲学社会科学版）》2015 年第 6 期，第 122 页。

〔3〕　See Robert W. Hamilton（1991），*The Law of Corporation in a Nutshell*，West Publishing Co. 3rd Ed，转引自张小龙：《历史演绎正义：论有限责任制度之伦理进路》，载《河北法学》2012 年第 11 期，第 165 页。

## 二、认缴出资债权实现的价值目标

纵观法律历史进程中的各个阶段，无论是处于古代还是近代时期，法律人的主要活动始终以价值准则为中心展开，或是对价值准则进行论证、批判，或者是以符合逻辑的方式对价值准则进行具体适用。[1]价值准则的核心便是价值目标。法律的价值目标体现为受到广泛认同与期待的法律价值关系运动方向与前途。[2]认缴出资债权实现的价值目标，也就是法律的价值目标在认缴出资债权实现中的具象化体现，是立法者构建认缴出资债权实现法律规范不可或缺的理论基础。以此为指针才能确保认缴出资债权实现的具体法律规则保持内在统一性，防止具体规则相互之间发生价值取向上的冲突，同时也能为相关法律主体在认缴出资债权实现过程中的实践行为提供基本的方向引导，对其行为方式的选择起到指引作用。

（一）认缴出资债权实现的多元价值目标

正义是法律所追求的终极目标，所以从宏观视角审视，认缴出资债权实现当然也是以正义为最终价值依归的。但是，法律所应对的场景千变万化，涉及内容纷繁复杂，所以"正义"这一高度抽象化的终极价值目标在不同的法律领域必然存在差异化的具体表现形式。一般认为，在公司法这一领域，"正义"这一法律的终极价值目标可以被具象化地理解为自由、效率、公平与安全等四项特定价值目标。[3]认缴出资债权实现法律制度是公司法中的重要内容，其价值目标自然与公司法的共性价值目标相统一。这也就意味着，要确保认缴出资债权实现法律制度符合"正义"的根本价值目标，就需要在认缴出资债权实现的范畴内探寻自由、效率、公平与安全等四项具体价值目标的平衡支点，以确保上述四项价值目标得到适当整合。

首先，自由的价值目标要求在认缴出资债权实现法律制度中合理界定公司、债权人、股东等各方法律主体的行为边界，以权利义务方式明晰其自由的范围与实现方式，排除上述主体相互之间发生强制与侵害以及对自身自由

---

〔1〕 参见［美］庞德：《通过法律的社会控制》，沈宗灵译，商务印书馆1984年版，第55页。

〔2〕 参见谢鹏程：《基本法律价值》，山东人民出版社2000年版，第18页。

〔3〕 参见毛卫民：《一人公司"法人格滥用推定"制度的法理评析——兼论公司立法的价值抉择》，载《现代法学》2008年第3期，第166页。

的滥用。自由的概念起源于西方文化，就其在西方文字中的词义来说，指的是从束缚的状态下得到解放，或者可以将其理解为一种不受拘束的状态。法学领域中的自由是指一种法律上的权利，边界在于不可从事为法律规范所禁止的行为。早在罗马法时期，法律对于自由的界定就重在强调法律主体在法律允许范围内的意志与行为不受拘束。罗马法对自由的界定是"得以实现其意志之权利而不为法律所禁止者"。[1]18世纪的思想家孟德斯鸠同样是从行为的合法性角度对自由进行定义。他认为："自由就是做法律所许可的一切事情的权利；公民如果做法律禁止之事，他就不再享有自由，因为其他人同样有此权利。"[2]在认缴出资债权实现的过程中，公司、债权人、股东等多个法律主体之间存在一系列复杂的利益关系。各个主体在行动自由方面难免会出现相互冲突和侵害的倾向，或者滥用自身自由的冲动。例如，站在公司和公司债权人的角度审视，实现认缴出资债权是公司筹集资金保障经营与偿债的重要路径，所以自然存在根据经营与偿债的状况强制要求股东履行出资义务的倾向。站在股东的角度审视，在法律没有明确规定最长出资期限的情形下，当然会普遍倾向于利用法律赋予的自由设置漫长的出资期限以缓解实际缴付出资的经济压力。为了避免上述问题，最为可行的办法就是构建科学的认缴出资债权实现法律机制来确认并保障各方法律主体的自由不受侵害，同时约束各方滥用自由的行为。认缴出资债权实现法律机制可以采取以下三种方式确认与保障自由：其一，通过权利义务的形式设定公司、债权人、股东等相关法律主体在认缴出资债权实现方面所享有的自由范围和实现方式。其二，设定法律责任否定任何妨害他人自由或者滥用自身自由的行为，确保公司、债权人、股东等相关法律主体都能妥当遵循认缴出资债权实现法律机制中的权利义务规范所设定的自由活动方案。其三，设定自由被侵害时的救济方案。从法律调整的角度来看，公司、债权人、股东等任意一方法律主体在认缴出资债权实现中的自由得到法律确认之后就成为其享有的权利，当权利遭受侵害之时，法律理应提供妥当的救济，否则权利的确认将毫无实际意义。

其次，效率的价值目标要求在认缴出资债权实现法律制度中以有利于提升效率的方式分配权利、权力等法律资源，在设定公司、债权人、股东等相

[1] 参见张文显主编：《法理学》，高等教育出版社、北京大学出版社1999年版，第264页。
[2] ［法］孟德斯鸠：《论法的精神》（上册），张雁深译，商务印书馆1963年版，第154页。

关法律主体在认缴出资债权实现过程中的权利义务之时，以效率为价值引导确定资源的个体配置。效率作为经济学上的概念是指以价值极大化的方式配置和使用资源。具体可以体现为两种形式：一是获取同样的收益付出最小的资源代价；二是消耗同样的资源代价获得最高的收益。在现代社会当中，效率已经成为包括公司法在内的各类立法中的普遍价值目标。效率的价值目标要求法律规范遵循合理的经济逻辑，采取有助于提升效率的方式安排资源的分配，同时以确定权利与义务为手段促进资源的优化配置。具体到认缴出资债权实现当中，无论是股东出资自由，还是公司筹集资金自由，如果完全不加限制，都可能会对认缴出资债权实现的效率目标形成冲击。认缴出资债权的实现过程本质上就是公司资本筹集和利用的过程，所以从效率目标出发，认缴出资债权的实现应该最大限度地与公司经营需求相匹配。这就要求公司作为债权人积极结合公司实际经营需求及时实现认缴出资债权，即对公司消极不筹集资金的自由进行必要限制。认缴出资债权实现的重要方式是对作为债权人的股东行使请求权，所以要确保效率目标能够达成，对股东的出资自由也需要进行相应的限制，让股东出资义务的履行不至于与公司的实际经营需求彻底脱节。

再次，安全的价值目标要求认缴出资债权实现法律制度适度采取干涉主义，必要时合理运用强行法规则对认缴出资债权实现问题加以调整。公司以营利为核心目的，[1]认缴出资债权的实现自然必须契合效率目标。但是，如果脱离了安全，效率也将没有意义，认缴出资自债权的实现同样需要兼顾安全的价值目标。事实上，维护商事活动的安全性是包括公司法在内的商事法律的基本价值取向之一。保障商事活动的安全性就是要减少商事活动中的不安全因素，确保商事活动行为的法律效用和法律效果都具有可预见性。[2]在认缴出资债权实现中合理界定公司、债权人、股东等相关法律主体行为自由的限度正是消解商事活动不安全因素的必要选择。从公司的视角来看，认缴出资债权是公司注册资本的构成部分，认缴出资债权的不当减损会为公司的交易相对人增加风险，进而破坏正常的市场安全秩序。为了避免股东借助其

---

〔1〕 《民法典》第76条规定："以取得利润并分配给股东等出资人为目的成立的法人，为营利法人。营利法人包括有限责任公司、股份有限公司和其他企业法人等。"

〔2〕 参见赵中孚主编：《商法总论》（第4版），中国人民大学出版社2009年版，第32页。

身份的便利控制公司行为，进而以不合理方式实现认缴出资债权，法律有必要对公司实现认缴出资债权的行为自由进行必要的限制。从股东的视角来看，在股东完全掌握出资期限设定权的背景下，如果坚守股东出资自由不受限制，其事先设定的超长出资期限无疑可能阻碍公司及时筹集资金清偿债权人，导致公司经营的风险被不正当地转嫁到公司债权人身上，动摇市场安全秩序。为了避免公司经营风险外化，法律有必要对股东出资自由进行必要的限制，股东出资义务的履行不能仅仅依据出资协议之约定，也需要接受法律的强制调整。

最后，公平的价值目标要求对多元利益相关者的差异化利益取向进行综合权衡，在统筹考量不同主体利益取向的合理性与重要性基础上，理性构建认缴出资债权实现的一般规则。公平原则包括两层含义：一是立法者与裁判者在立法与司法当中维持法律主体之间的利益平衡。二是法律主体，尤其是法律活动中处于优势地位的法律主体，在从事法律活动的过程中遵循社会公认的公平理念，从而维持当事人之间的利益平衡。[1]由此不难看出，公平的法律内核在于民事法律主体之间的利益均衡。从契约的视角来看，要在认缴出资债权实现中达成公平目标似乎仅仅牵涉债权人公司和债务人股东之间的利益关系平衡。但事实上，由于公司这一组织体构成一个多方利益交汇的平台，所以认缴出资债权实现中牵涉的利益主体非常多元，实际涉及股东、公司、公司的债权人乃至于公司职工等一系列利益相关者。上述多元化的主体在认缴出资债权实现中的利益取向存在非常显著的差异，对于认缴出资债权实现的范围和方式都存在不同的期望。例如，在公司无力清偿对外负债的情形下，公司债权人为了实现其受偿的利益目标必然希望公司不受制于出资期限的规定，充分实现认缴出资债权以筹措资金，而未到期出资的股东为了维护其期限利益必然会对公司实现认缴出资债权存在排斥态度。内部债权人占据先天的信息优势，可以轻易知悉哪些未完全出资股东的实际履行出资能力最强。为了充分受偿，内部债权人自然会希望能够直接对未履行出资义务的股东主张补充赔偿，以此方式实现认缴出资债权清偿自身债务。外部债权人通常难以及时并充分地了解公司股东资信能力，行动速度也往往不及内部债权人，所以允许公司债权人直接对未完全出资股东主张权利可能导致公司财产快速被内部债权人瓜分，对其后续受偿产生不利影响。通过上述例证不难

---

[1] 参见王利明主编：《民法》（第5版），中国人民大学出版社2010年版，第31页。

发现，认缴出资债权实现中的利益格局呈现出极为复杂的结构，不同利益相关者对认缴出资债权实现规则的期望往往是不同的，甚至是背道而驰的。这意味着认缴出资债权实现的规则设计只要稍有不慎就有可能引发连锁性的利益失衡。所以，认缴出资债权实现应当遵循全局考量的基本思维。在立法过程中要对股东、公司债权人等不同类型的利益相关者，以及同一类型中实际处境不同的利益相关者（如内部债权人与外部债权人）差异化的利益取向进行全面分析，在综合权衡不同利益取向的合理性与重要性的基础之上设计认缴出资债权实现的一般规则。

（二）认缴出资债权实现多元价值目标之间的关系

认缴出资债权实现法律制度的价值目标呈现出多元化格局，包括自由、效率、公平与安全等多元要素。上述每个单一的价值目标都是值得追求的，因此最为理想化的认缴出资实现机制当然是能够保障自由、安全、效率和公平价值都不受限制地充分实现。但是，这是一种客观上无法达成的理论预期，因为各种价值目标之间存在极为复杂的关联。一方面，认缴出资债权实现法律制度多元化的价值目标之间本身就存在竞合关系。通过分析自由、安全、效率和公平等四个价值目标的内在含义与相互关系可以发现，认缴出资债权的价值目标虽然有时是无涉或者是耦合关系，例如认缴制下允许股东自行决定出资期限，在期限届满前一般不允许强制其履行实际缴付出资的义务，不仅拓宽了股东在认缴出资债权实现中的自由度，也避免了出资过早注入公司造成闲置，在一定程度上可以促进认缴出资债权的实现符合效率原则。但是在很多情形下，认缴出资债权实现法律制度多元化的价值目标之间也会处于竞合状态。价值目标竞合的基本内涵是指，不同的价值目标发生交汇并相互竞争，彼此之间的消长呈现反向的关联。例如，如果不对股东的出资自由进行任何必要限制，必须"按期"实现认缴出资债权，公司就难以"按需"筹集资金。如此一来，自由与效率的价值目标之间即会发生碰撞。另一方面，公司本质上是一个各方相关者利益发生交集与碰撞的组织平台，认缴出资债权的实现牵涉多元的利益主体，这使得价值目标之间的冲突更为常见与复杂。由于公司的各方利益相关者在认缴出资债权实现中的价值偏好存在差异，部分利益相关者可能强烈期待实现特定的价值目标，但是另一部分利益相关者可能怀有同样强烈的不同期待，由此必然导致不同价值目标之间发生冲突。

例如，股东期待基于其出资自由所形成的期限利益得到充分实现，公司债权人期待公司可以不受出资期限的限制实现认缴出资债权以保障对外债务清偿，从而提升其交易安全性。此外，由于利益会不可避免地在主体间发生分化，不同利益主体之间也会在同一项价值目标上发生利益竞争。例如，公司的筹资自由与股东的出资自由之间的冲突就属于自由这一价值目标内的不同主体利益竞争。

### 三、认缴出资债权实现的基本原则

自由、效率、公平与安全等四项认缴出资债权实现价值目标之间的竞合在所难免。因此，进一步探讨在认缴出资债权实现的过程中应当遵循哪些原则与理念来处理上述四种具体价值目标之间的竞合与冲突实有必要。法律原则是法律的基础性真理与原理，为其他规则提供基础或者本源的综合性规则或原理，是法律行为、法律程序、法律决定的决定性规则。[1]确定认缴出资债权实现的基本原则才能为认缴出资债权实现具体规则设计提供必要的理论指引，进而促使自由、效率、公平与安全的法律价值能够协调、均衡地融入各项具体规则，从根本上保障认缴出资债权实现整体上不至于偏离正义的终极价值目标。如果说明确价值目标是为构建认缴出资债权实现法律制度奠定宏观的理论基调，那么廓清基本原则就是为构建认缴出资债权实现法律制度提供具体的方法论指引。法律原则作为法律的本源性真理能够为认缴出资债权实现法律制度中的具体规则设计指明出发点和基本思路。

#### （一）公司利益最大化原则

认缴出资债权实现主要牵涉公司本身以及公司债权人、公司股东等几方法律主体，其中无论是公司股东还是公司债权人都属于公司的利益相关者。可以说在认缴出资债权的实现过程中，公司不仅是一个独立的法律主体，同时也是各方参与者多元利益相互发生交集和碰撞的平台。虽然在认缴出资债权实现过程中，股东与债权人的利益取向各有侧重，但是整体而言是可以在公司这一平台内实现相对统一的。换言之，虽然二者在利益取向方面并非完全重合，但是公司整体利益的提升无论是对于股东的利益还是对于债权人的

---

〔1〕　*Black's Law Dictionary*，West Publishing Co.，1983，p. 1074.

利益都是有百益而无一害的。因此，确立以公司利益最大化作为认缴出资债权实现法律制度的基本原则，有利于综合统筹各方法律主体的利益诉求，最大限度地缓和与协调认缴出资债权实现中不同主体对多元价值目标的偏好差异所引发的冲突。

首先，必须明确，公司利益与股东利益不是同一概念，公司利益最大化原则绝非片面地强调股东利益至上。公司一旦设立就会成为具有独立法律人格的法人，具有独立于股东的利益取向。虽然公司初始存续和经营的物质基础是股东的出资，公司也在事实上充当股东获取投资收益的工具，但是公司的利益绝不等同于公司股东的利益，二者不能等而视之。原因在于股东设立公司的初始动机就是通过营利活动而获取利润，追求利润的最大化可以认为与股东的利益相契合。但是，公司能够作为一个客观存在的组织体保持存在与运营绝对不仅仅依靠股东的出资，公司职工投入的人力资源、所处社区环境资源等一系列生产要素都是其赖以存续的必备条件，这也就决定了公司在经营中不可能单纯追逐利润最大化。公司作为一个独立法的法律主体，其利益虽然与内部成员（即股东）的个人利益存在密切关联，但是并非完全相同。事实上，作为独立法律主体的公司之利益与公司成员（即股东）个人利益的区别在我国《民事案件案由规定》中得到了充分印证，该规定第 275 条和第 276 条分别规定了损害股东利益责任纠纷与损害公司利益责任纠纷两种不同的民事案由，并未将二者混为一谈。当然，股东利益与公司利益也并非毫无牵涉，事实上，二者之间确实存在紧密联系。股东作为公司组织成员，是公司最重要的利益相关者。虽然在特定情形下，股东与公司的利益目标会存在分歧，但是从整体上看，公司利益越趋向于最大化，就意味着公司作为一个独立的商事主体在市场活动中的竞争力越强，也就越有机会产生利润，从而为公司股东带来创造收益。因此，从宏观上看，公司利益与股东利益虽然存在区别，但是并非相互对立。通常而言，公司利益实现的充分程度越高，股东利益得到提升的概率就会越大。

其次，"公司利益"不代表任何一个特定类型利益相关者的单独利益，也不是对所有利益主体全部利益诉求的妥协，而是从创造企业价值和促进企业发展的角度对各类型利益相关者多元化利益诉求进行衡平和整合的结果。"公司利益"一词在我国现行《公司法》第 22 条、第 163 条、第 180 条、第 189 条、第 265 条中均有提及。除此之外，《公司法》中还有更多与公司利益相似的表达，如"公司的利益""公司合法权益""公司合法利益"等，但是《公司法》中并没有任何一条规定对公司利益的具体内涵作出明确界定。司法实践中，我国对公司利益的保护不可谓不重视，早在2008年的《民事案件案由规定》当中就已经明文将"公司的控股股东、实际控制人、董事、监事、高级管理人员损害公司利益赔偿纠纷"单列为独立案由。但对于公司利益的具体内涵，司法同样一直没有给出正面回应，由此也导致在既有的个案裁判中不乏将公司利益等同于公司的有形财产或者股东利益的现象。公司是多元参与者差异化利益取向相互交汇碰撞的平台。[1]这样的现实意味着，单纯站在法律关系的视角审视公司及其利益相关者之间的关联性，可能会陷入抽象化的误区，脱离实践。站在利益关系的视角审视公司及其利益相关者之间的关联与互动关系或许是更为实在可行的选择。要从利益关系的视角理解公司及其利益相关方之间的互动关系，并尝试探索各方利益的平衡点，首先必须明确公司利益的含义。笔者认为，2013年出台的《德国公司治理准则》第4.1.1条对公司利益的界定为我们提供了有益的参考。根据本条规定，公司利益应当被理解为"公司价值的持续提升"。为了达成公司利益的最大化，董事会须同时顾及公司股东、公司员工及其他利益相关者的利益并以这些利益的持续增加为目标。由此定义来看，我们可以对公司利益做出两个方面的概念理解：其一，公司利益的要素构成是多元化的。公司利益并不等同于任何一个类型利益相关者的个体利益，但又同时与各类型利益相关者的个体利益存在密切关系，可以说是兼容着公司股东利益、公司员工利益以及其他类型相关者利益等多元利益要素。其二，公司利益是多元利益要素整合平衡而非简单累加的结果。正是因为公司利益要素构成是多元的，所以并不能单独以某个类型的利益相关者的利益实现充分性来判断公司利益是否最大化。由于股东、债权人、员工等主体的利益取向是不同的，甚至是竞争的，因此公司利益也不宜被理解为各个类型利益相关者利益的简单相加。为了强调各种类型利益相关者的利益统筹共存于公司这一利益平台之中，公司利益应被理解为在不超越法律规范的框架内，各类利益相关者多元化利益诉求整合与均衡的结果。

再次，公司利益是否最大化本质上属于商业判断的范畴，因此公司利益最大化原则要求在认缴出资债权实现中充分尊重公司的商业判断。从上述公

---

〔1〕　参见梁上上：《论公司正义》，载《现代法学》2017年第1期，第73页。

司利益的概念不难发现，公司利益是一个难以精确量化的概念，那么如何判断认缴出资债权实现是否达到了公司利益最大化的标准？公司的本质是商事主体，公司利益在认缴出资债权实现中是否实现最大化本质上当然是一个商业判断，原则上理应尊重公司的自身判断结果。笔者认为，各个公司经营的实际情况千差万别，对于在认缴出资债权实现中作出怎样的决策才是最符合公司整体利益的自然不能一概而论。因此，认缴出资债权实现法律制度的构建固然应以提升公司整体利益作为具体规则设计的着眼点，但是不宜直接对公司利益最大化在认缴出资债权实现中的具体表现作出僵化的界定。公司自身显然比立法者更清楚在特定情形下作出怎样的决策是更符合自身利益的，因此认缴出资债权实现法律制度的内容重点应当是明确由哪个公司机关代表公司在认缴出资债权实现中作出判断，并对其履行职务的行为提出相对具体的标准。在一般情况下，只要代表公司进行利益判断的公司机关符合法定履职标准，就应当相信其作出的认缴出资债权实现决策不违背公司利益最大化原则。

最后，公司利益最大化原则要求对认缴出资债权是否充分实现采取灵活包容的判断标准，而非一味关注公司是否获得了与认缴出资债权名义数值相等同的财产。认缴出资债权是公司注册资本的重要构成部分，是归属于公司的债权性质财产。为了确保公司财产的完整性，法律有必要保障认缴出资债权能够充分完成从法定状态向实有状态的转化。明确以何种标准去评价认缴出资债权是否充分实现，直接决定了公司能够采取哪些方式实现认缴出资债权，实际上也就划定了公司处置认缴出资债权的行为自由度。例如，如果公司必须实际获得出资协议所规定的出资标的才能被认定为相应的认缴出资债权充分实现，那也就意味着公司不能以抵销、转让债权的方式实现债权。但从债法的一般原理来讲，债权之处分正是实现债权的一种重要路径。[1]笔者认为，为了更好地发挥认缴出资债权作为公司注册资本的组成部分所应有的经营与偿债功能，公司法律规范应该以更有包容性的态度确定认缴出资债权实现的评价标准。一方面，权利的基础在于利益。利益不仅是权利的基本要素与根本内容，也是权利目标指向，是人们享有权利的起始动机。[2]权利的

---

[1] 参见王泽鉴：《债法原理》（第1册·基本理论　债之发生·契约、代理权授予、无因管理），中国政法大学出版社2001年版，第20页。

[2] 参见吕世伦、文正邦主编：《法哲学论》，中国人民大学出版社1999年版，第544页。

实现实际上也就是利益的实现。[1]因此，认缴出资债权实现最直接的评价标准当然是让作为权利人的公司充分获取出资权所指向的经济利益。具言之，如果公司按照出资协议的内容，实际获取了出资协议中所规定的货币或者非货币财产的物权，或者获得与上述物权具有相等价值的权利，那么当然可以认为认缴出资债权得到了充分实现。另一方面，与普通的民事债权不同，认缴出资债权形成于组织性契约之中，本质上是股东的出资。因此，从公司组织运行的角度审视，认缴出资债权的实现应当充分发挥股东出资所负载的功能。具体包括两个方面：一是充当公司经营活动物质基础的经营功能实现，二是支撑公司对外承担独立责任和股东承担有限责任的偿债功能实现。从逻辑上分析，公司作为债权人能够按期足值实现认缴出资债权所蕴含的经济利益，并不完全等同于认缴出资债权能够充分发挥股东出资所负载的经营与偿债功能。因为要确保认缴出资债权实现这一目标能够达成，核心要求并非出资债权的"如约"实现，而是出资债权"按需"实现，即认缴出资债权实现的数额与时间节点能够与公司的实际运营状况相互匹配。但是，人类理性的有限性决定了股东在出资之时不可能完全预见未来公司经营过程中所产生的资金需求，出资协议中预先设定的出资期限与公司实际运营状况完全保持同步注定是一个可望而不可即的理想化目标。如果公司为了满足资金需求要先于出资期限以转让、质押等处分方式实现债权，便有可能导致公司实际获得的经济利益数值低于该认缴出资债权的名义数额。例如，10 年后才到期的 30万元认缴出资债权，在当下债权转让中的市场价值可能只有 20 万元。为了防范公司财产不当流失，法律对低于认缴出资债权名义数额进行处分的行为当然需要严加约束。但是为了最大限度地提升公司筹资的自由度，在符合法律规定的条件下，即使公司没有获得与认缴出资债权名义数额价值相等的经济利益，但是所获经济利益数额符合认缴出资债权当时的应有市场价值，则也应该评价为认缴出资债权得到充分实现。简而言之，公司利益最大化原则意在保持多元价值目标冲突相对缓和的前提下给公司资金筹措留下更大自由空间，为了贯彻这一初衷，有必要以更加包容、灵活的态度确定认缴出资债权实现的评价标准。如果公司通过债务人履行或者处分出资债权获得与认缴出资债权名义数额完全等值的经济利益，当然可以得出该认缴出资债权得到充

---

[1]　廖哲韬：《论权利的实现》，载《河北法学》2009 年第 3 期，第 79 页。

分实现的评价和结论。但是，如果公司在出资期限届满之前，在符合公司法规定的条件下选择以转让或者质押的方式实现认缴出资债权，只要所获得的经济利益与该认缴出资债权当时应有的市场价值相等，即使低于出资协议中所确定的认缴出资自债权名义数额，也不宜认为认缴出资债权实现不充分并据此认为该情形违背公司利益最大化原则。

（二）合作主义原则

基于公司内外部的复杂利益构造，立法者在公司法具体规则设计中往往倾向于采取竞争主义的思维，即将公司与利益相关者之间存在普遍化的相互竞争作为逻辑前提，公司法规则的设计则侧重于纠正各种类型的过度与不当竞争。[1]不可否认，公司以及各类利益相关者之间的利益取向差异是客观上现实存在的。站在公司组织的外部视角审视，公司毫无疑问是一个具有独立地位的法律主体。公司的人格与其内部组织成员的人格相互区分，公司能够以其自身名义参与商事活动并承担责任。但每一个公司组织成员仍然有其个体的独立性，每一个组织内的个体都会怀有与其他组织成员以及公司组织整体不同的利益目标。公司组织的成员与公司的债权人作为不同类型的公司利益相关者，在利益取向上的差异自然更为常见。但公司以及不同类型利益相关者在利益取向上的差异难道必然意味着彼此的利益完全对立，毫无共存的余地，必须采取竞争的手段协调彼此之间的利益关系？事实上，无论是投资人选择以设立公司的方式参与商业活动，还是公司以独立商事主体的身份与债权人之间发生商事交易，本质上都是建立在"合作"而非"竞争"基础之上的。站在公司自身组织结构的微观视角审视，公司组织的本质就是由各种内外部契约相互交织而造就的合作体，公司在设立、运营直至解散的每一个环节都嵌入了合作的基因。站在商业社会的宏观视角审视，公司作为营利性商事法律主体，不可能脱离合作而参与市场竞争，公司在各类商业活动中无可避免地需要依赖合作的观念来凝聚伙伴、团结其他从业者以及消费者。[2]由此可见，在公司法律规范的设计中过度执着于竞争的思维实际上并不符合

---

〔1〕参见蒋大兴：《走向"合作主义"的公司法——公司法改革的另一种基础》，载《当代法学》2021年第6期，第82页。

〔2〕参见蒋大兴：《走向"合作主义"的公司法——公司法改革的另一种基础》，载《当代法学》2021年第6期，第91页。

公司形成和经营所强调的合作基调。在承认公司、股东、债权人等不同法律主体之间存在差异化利益取向的基础上，强调合作而非竞争的理念来平衡公司与利益相关者之间，以及不同类型利益相关者彼此之间的利益关系是更符合商业社会实践的制度选择。

以合作主义理念而非竞争主义理念来协调各方利益相关者在认缴出资债权实现中的利益关系是彰显公司利益最大化原则强调兼顾和包容不同利益相关者差异化利益取向的应有之义。在认缴出资债权实现法律制度中凝注合作主义原则可以从以下几个方面出发：其一，在应对认缴出资债权实现问题时，法律宜避免采取全然对立的竞争思维对公司、股东、债权人等不同法律主体之间的利益关系进行调整，即避免以牺牲某一部分主体的利益为代价去实现另一部分主体的利益追求。例如，彻底否定股东约定出资期限的利益，随时要求其履行出资义务以确保公司债权人的受偿或者公司的资金需求得到满足，这一过于对立化的竞争性利益调整规则会对公司内外部关系中的合作基调产生破坏作用，不值得倡导。其二，法律需要对各种不同法律主体在认缴出资债权实现过程中的行为限度加以界定。认缴出资债权的实现既牵涉公司股东、公司债权人等不同类型的利益相关者的利益关系协调，还涉及每个个体股东和每个不同的公司债权人之间的利益取向统筹。由此可见，要在公司利益最大化的理论框架下实现认缴出资债权需要形成较为广泛的群体合作。而实现群体合作的一个基本前提就是承认合作价值相对于个体自由价值具有一定的优先性，即只有允许对每个个体的自由作出必要限制，才能够为群体合作奠定基础。[1]其三，立法者需要为认缴出资债权实现过程中不同法律主体之间的差异化利益在合作主义的框架下实现均衡提供具体的制度依托。立法积极引导社会经济中的个体参与者开展合作对于国家经济的发展具有不可忽视的意义，但是个体之间的合作关系并非总能自发生成。[2]根据合作主义私法的观点，个体在自主展开合作方面必然存在系统化的障碍，因此对于自主开展合作水平很低或者难度很高的情形，需要立法积极介入合作关系的形成过程。

---

〔1〕 参见石佑启、李锦辉：《生存与合作：进化论视角下法律的元价值》，载《世界哲学》2018年第5期，第100页。

〔2〕 See Mancur Olson, "Big Bills Left on the Sidewalk: Why Some Nations Are Rich, and Others Poor", 10 *J. Econ. Perspectives* 3 (1996)，转引自熊丙万：《私法的基础：从个人主义走向合作主义》，载《中国法学》2014年第3期，第154页。

例如，以法律的形式强制潜在共同体成员加入合作，或者为共同体成员提供制度诱因，促使其产生参与合作动机。[1]认缴出资债权的实现与公司经营和偿债能力息息相关，直接关乎公司是否能够长久存续。但是，股东、债权人等各方法律主体利益取向的差异必然会对这一过程中合作关系的缔结形成挑战。因此，采取立法的手段引导并巩固"合作"这一公司形成和经营的基础至关重要。公司法有必要通过出资责任、催缴制度等各种具体的制度设计和规则安排来确定并巩固不同法律主体在公司形成和经营过程中所形成的合作关系，避免各方主体片面着眼于自身私利，在认缴出资债权实现过程中破坏公司赖以生存与发展的合作关系基础。

---

〔1〕 参见熊丙万：《私法的基础：从个人主义走向合作主义》，载《中国法学》2014 年第 3 期，第 153 页。

# 第二章

# 认缴出资债权的担保

　　担保是传统民法中保障债权实现的常见手段。从理论角度来分析，认缴出资的法律性质是债权，具备诸多民事债权的一般特征，与普通的民事债权在法律构造上存在一定程度的共通性。因此，将民法中债的担保制度作为塑造认缴出资债权实现保障机制的参考蓝本具备学理上的可行性与正当性。担保的概念意蕴丰富，在不同的语境下可以进行差异化理解。民法中的担保主要有两种含义：其一是对特定事项的保证，如出售人的产品瑕疵担保责任就是指商品的出售人对于产品品质的保证；其二是对于债务人履行债务的保障，也就是债的担保。认缴出资担保立足于担保的后一种含义，是指对于股东切实履行出资义务的担保。债的担保可以被区分为债的一般担保与特别担保两种不同的类型。债的一般担保是债的法律效力的自然延伸，是对一般债权人债权的担保，主要包括债的保全制度和民事责任制度。债的特别担保则是法律为保证特定债权人的债权能够实现而规定的担保，目的在于强化债务人的清偿能力和打破债权人平等的格局。认缴出资担保即属于债的特别担保，旨在保障公司从股东那里充分获取股权的对价或者优于股东的其他债权人受偿，是为了保障公司认缴出资债权实现而特别设置的担保。综上所述，认缴出资担保可以被界定为：法律为了确保公司对股东所享有的认缴出资债权能够实现，要求股东以第三人的信用或者以特定的财产保障股东对公司履行出资义务。

## 第一节　认缴出资债权担保的理论基础与现实意义

### 一、认缴出资债权担保的理论基础

　　认缴出资担保的基本运作方式是：在股东仅仅对公司作出愿意以一定的

对价获取公司相应股份或者股权的承诺，没有实际向公司缴付出资的情况下，就其没有实际支付给公司的出资提供适格的担保，以此来保障其缴付出资的承诺能够得到实际履行。运用债的担保方式来保障认缴出资债权实现的法理基础在于两方面：

第一，股东出资义务的法定强制性特征决定了要求股东为其认而未缴的出资提供担保具备理论上的正当性。我国《公司法》第 2 条明确该法所指公司仅指"依照本法在中华人民共和国境内设立的有限责任公司和股份有限公司"。上述两种类型公司都具有一个共同的法律特征，即股东仅承担有限责任，这一点在《公司法》第 3 条中也已经得到印证。故而股东有限责任原则理当被视为我国《公司法》立法所遵循的一个基本原则。股东有限责任的实质其实就是允许股东以其从个人财产中分割出来的特定部分作为其对公司承担责任的边界，公司经营风险不涉及分割部分之外的股东个人财产。而股东个人财产与公司财产的完全区隔必须依赖于股东对公司履行出资义务这一行为。因此，保障股东出资义务能够得到实际履行是巩固我国公司立法中股东有限责任原则的关键所在。事实上，我国《公司法》确实对股东出资义务的履行提出了严格的要求。现行《公司法》第 46 条和第 88 条均明确规定出资额、认购的股份数、出资方式和出资时间是公司章程的必要记载事项，既不能记载脱离实际情况的虚假内容，也不能对相关信息留下空白，否则将影响整个公司章程的法律效力。同时，《公司法》第 49 条和第 88 条均明确要求股东严格遵照公司章程中记载的出资期限按时足额缴纳出资。由上述规定可以看出，与普通民事合同义务相比，股东出资义务呈现出鲜明的法定性和强制性特征，股东出资义务的实际履行理当受到比普通民事合同义务履行更有力的保障。鉴于债的保全制度属于债的一般担保，是保障全体债权人利益的，并不能为公司认缴出资债权的实现提供任何特殊保障。保证、质押、抵押等债的担保形式已经在保障普通民事合同义务履行中得到广泛运用，对于提升交易安全性起到了不可忽视的积极作用。汲取保障普通民事合同债权实现的法律经验，将保证、质押、抵押等方式引入保障认缴出资债权的实现，无疑可以作为认缴制下保障资本充实的有益选择。鉴于认缴出资义务具备法定性与强制性特点，认缴出资债权担保自然不能完全遵循当事人意思自治原则。普通民事合同中的担保设定遵循自愿的基本原则，即当事人可以依据自身的意愿自主选择是否设定担保，采用何种担保方式以及担保多大范围的债务同样由当事人自行决定。[1]认缴出资债权的实现直接关系到公司资本的充实，如果将上述事项交由股东意思自治，则可能导致认缴出资债权保障力度不足，动摇公司资本的充实性。综上所述，鉴于股东出资义务具有法定强制性特征，股东出资义务的履行状况直接关系到公司资本的充实程度，法律在一定情形下强制股东为认缴出资提供担保具备理论上的正当性。

第二，公司对股东所享有的认缴出资债权具备作为担保主债权的条件，故以债的担保方式来保障股东出资债权实现具备理论上的可行性。根据担保的一般理论，被担保主债权，即担保合同的标的，应当是已经或者将来会成立的且数额可以确定的债权，认缴出资债权完全符合以上要件。一方面，认缴出资债权是已经成立的债权。在完全认缴的资本制度之下，股东不仅不必在认缴后立即向公司实缴，而且可以自主约定实际缴付出资的时间，"认"与"缴"实现了时空上的完全分离。认缴环节完成之后公司对股东的出资债权即成立，实缴阶段则是债权的实现，认而未缴的股东出资毫无疑问是已经成立但尚未实现的债权。另一方面，认缴出资债权是数额确定的债权。股东如果用货币对公司出资，所形成的认缴出资债权种类是金钱债权，数额当然是确定的。股东如果以非货币形式出资，所形成的认缴出资债权类型虽然是非金钱债权，但同样不违反数额确定的要求。因为法律并不要求担保主债权数额绝对确定，只要被担保的债权数额达到一定程度的确定即可，意在以此判断担保物的负担额、保护第三人利益并适当维护担保人权利。[2]我国《公司法》第48条已经规定，如果股东以实物、知识产权、土地使用权等非货币财产对公司出资，相应财产必须符合能够以货币评估作价并能够依法转让的条件。认缴出资债权的标的是能够评估作价的实物、知识产权、土地使用权等非货币财产，债权数额达到相对确定程度自然不存在根本障碍。

## 二、认缴出资债权担保的现实意义

要求股东为认缴出资债权提供相应的担保不仅是避免股东滥用出资自由，捍卫民商事法律禁止权利滥用原则的必要选择，也是改变当前认缴制配套机

---

[1]　参见王利明主编：《民法》（第5版），中国人民大学出版社2010年版，第334页。

[2]　参见叶金强：《担保法原理》，科学出版社2002年版，第101页，转引自杨会：《担保法》，北京大学出版社2017年版，第16页。

制供给不足的现实需要。适时构建认缴出资担保制度对于在认缴制下保障公司资本充实具有重要的现实意义。

第一，要求股东提供担保以保障认缴出资债权的实现是遏制股东滥用出资自由的必要选择。禁止权利滥用是民法领域的基础原则之一，其核心含义在于不允许权利主体以损害其他社会成员和社会整体的利益为代价提升自身利益，从而促使法律关系的当事人之间，以及法律关系当事人与社会之间的利益关系达成一个相对平衡的格局。[1]2013年公司资本制度改革之后，《公司法》关于首次出资比例、出资期限等方面的强制性规定都被取消。此举本是为了鼓励股东结合公司实际资金需求进行灵活的出资安排，但是部分股东却借此认缴完全脱离自身实际缴付能力的出资数额。事实上，在资本制度改革之后，股东完全不考虑自身实际缴付出资的能力，非理性认缴数千万甚至上亿注册资本的情形并不少见。此类认缴行为虽然从形式上看并不违反特定法律条文，但是显然不符合公司法赋予股东更多出资自由的初衷。股东完全不考虑自身实际缴付出资能力认缴巨额出资，然后通过设置漫长出资期限规避实际履行出资义务，这样的非理性认缴行为实际上几乎已经与欺诈别无二致。公司对股东所享有的出资债权是注册资本的重要构成。认缴出资债权的实现是确保公司经营存续和债权人交易安全的物质基础。股东作出几乎无法兑现的出资承诺意味着公司经营所生风险会被转嫁到公司债权人身上，非理性认缴的股东实质上就是以损害他人利益和社会的整体利益为代价追求自身利益。在法治视野下，自由绝非毫无边界。如果任由股东滥用出资自由，终将对商事交易的整体运行秩序造成不可估量的破坏。认缴制拓宽了股东出资自由的空间，必然需要采取相应的法律措施遏制对股东出资自由的滥用。要求股东为自己认而未缴的出资提供担保并不影响股东自由设定出资数额和出资期限。即使股东提供担保的能力较弱，由于最低注册资本的限制已经取消，投资者设立公司参与商事活动同样不会遭受阻碍。因此，要求股东为认缴出资提供担保并没有束缚股东出资自由，也没有提高设立公司成本，只是对股东滥用出资自由，盲目认缴脱离自身实际缴付能力出资的必要约束。要求股东为认缴出资提供适当担保可以抑制股东滥用出资自由的投机倾向，是禁止权利滥用的基本精神在股东出资问题中的具体化彰显。

---

〔1〕 参见钱玉林：《禁止权利滥用的法理分析》，载《现代法学》2002年第1期，第57页。

　　第二，要求股东提供担保以保障认缴出资债权的实现是改变当前认缴制配套机制供给不足的现实需要。在制度经济学领域，包括法律规范在内的各类社会行为准则都被视为"公共产品"的供给。[1]制度供给达到能够满足制度需求的平衡点就是制度均衡状态。在制度均衡状态中，供给制度的一方没有继续提供制度这一公共产品供给的意愿，需求制度的一方也没有继续获得制度这一公共产品的动机。[2]从制度供需关系的视角来分析资本制度改革后股东出资制度，最关键的问题就是探究当前的出资法律制度与市场主体的需求是否匹配。保障公司资本充实的思路无非两种：一是严格的前端控制，即在公司设立和增资过程当中对股东的实缴数额、实缴比例、缴付期限等从严约束。二是周全的后端保障措施，通过追究未充分履行出资义务股东的法律责任抑制股东非理性认缴行为，从而保障公司认缴出资债权的实现，间接保护公司债权人等利益相关主体的合法权益。完全认缴制改革后，不仅首次出资比例、出资期限等事前法定限制条件被取消，以出资责任制度为核心的后端法律约束也骤然放宽。民事责任的补偿与救济效用在股东没有充足财产的情形下自然无从谈起，而在认缴制下股东也不再需要为非理性认缴超出自身缴付能力出资的投机行为承担刑事责任。[3]法律对股东非理性出资行为的约束严重不足，以至于股东非理性认缴高额出资、设置漫长出资期限的现象屡见不鲜。在股东认缴数额超过其实际缴付出资能力的情形下，公司的注册资本数额虚高，公司经营风险被转嫁到公司债权人身上的概率显著提升。在股东设置出资期限过长的情形下，不仅股东实际缴付出资的能力会面临各种不确定的风险，而且可能诱导股东在公司财务困难之时逃避实际履行出资义务。认缴出资债权虽然是公司财产，但是公司无权直接支配出资债权所指向的财产，在出资期限届满之前，股东有权对出资财产进行处分。目前，非破产情形下股东出资加速到期制度尚且缺乏明确的法律依据。所以，一旦公司经营状况恶化，认而未缴的股东便可能会尝试在出资期限届满之前转移财产，规

---

　　〔1〕参见姚作为、王国庆：《制度供给理论述评——经典理论演变与国内研究进展》，载《财经理论与实践》2005 年第 1 期，第 3 页。

　　〔2〕参见邓大才：《论当前我国制度供给现状及制度变迁方式的转换》，载《江苏社会科学》2002年第 6 期，第 67 页。

　　〔3〕《全国人民代表大会常务委员会关于〈中华人民共和国刑法〉第一百五十八条、第一百五十九条的解释》明确规定上述条文只适用于依法实行注册资本实缴登记制的公司。

避出资义务。股东逃避出资义务导致公司享有的认缴出资债权落空，公司对债权人偿债的物质基础随之削弱。综上分析可知，从制度供给状况来看，现行公司法中的出资制度处于事前控制缺位、后端控制失灵的尴尬状态。从制度需求状况来看，认缴出资债权落空切实威胁到了公司经营存续和公司债权人的合法权益，商事活动对强化认缴出资债权实现保障力度的需求进一步增加。要求股东提供担保以保障认缴出资债权的实现，既可以发挥"过滤违法"的功能，提前避免股东认缴超出自身实际缴付能力的出资数额，也可以避免后续股东缴付出资能力发生减损，危及认缴出资债权的实现，对于促进我国在保障公司资本充实方面达成制度均衡具有重要价值。

## 第二节　认缴出资债权担保的比较法考察与启示

### 一、认缴出资债权担保的比较法考察

从比较法的角度考察，要求股东为自身认而未缴的出资提供担保并非没有先例可循。德国和美国的立法中都曾采取此方法来保障公司资本充实。2008 年改革之前的《德国有限责任公司法》第 7 条明确要求一人公司股东为公司对其享有的认缴出资债权提供担保，以避免该债权落空导致公司资本虚高。根据本条的规定：假如有限责任公司仅仅只有一名股东，则该公司在获得注册之前，需要缴付的现金出资中必须至少有 1/4 的份额已经被支付，并且约定的任何实物出资已经被置于公司的处分之下。现金出资和任何形式实物出资的价值之和不得低于 1.25 万欧元，同时出资者必须对现金出资中尚且没有缴付给公司的剩余部分向公司提供担保。[1]长期处于公司法立法前沿的美国特拉华州也曾采用过要求股东为认缴出资提供担保的方法保障公司实现认缴出资债权，巩固资本充实。《美国特拉华州公司法》在 1974 年的修订中删除了原先第 8 编第 152 节的全部内容，并插入了新的第 152 节代替该节。更新的内容要求没有支付全部股权对价的股东就其未支付的余额向公司提供约束性义务（binding obligation）。[2]本规定一直延续到了 2004 年《特拉华州法

---

〔1〕参见［挪威］马德斯·安登斯、［英］弗兰克·伍尔德里奇：《欧洲比较公司法》，汪丽丽、汪晨、胡曦彦译，法律出版社 2014 年版，第 60 页。

〔2〕See "The Delaware Code Online", http://delcode.delaware.gov/title8/c001/sc05/index.html.

典》第 8 编第 152 节再次修订。

## 二、认缴出资债权担保的比较法启示

虽然德国和美国特拉华州目前立法都已经不再强制要求股东为其认而未缴的出资提供担保。但是，在一段时期以内，两地立法不约而同地采取担保的方式来保障认缴出资债权的实现还是表明这一方法确有实践价值。公司法律制度是要伴随社会经济实践而不断调整的。德国和美国特拉华州不再要求股东为认而未缴的出资提供担保只能说明当地对出资担保制度的需求已经不再强烈。正如前文分析的，当前我国认缴出资债权保障法律机制尚处于制度供给不足的状态，股东非理性认缴行为的约束不足导致认缴出资债权的安全性存在较大风险，此时借鉴域外经验适时确立认缴出资债权的担保规则不失为有益的法律探索。通常而言，在民事经济活动中，债权人之所以采取设置担保的方式保障其债权实现，主要目的是确保债务履行期限届满时债权人有充分履行给付义务的能力。而在认缴出资中运用担保，不仅仅意在消解股东履行出资义务的能力波动而给认缴出资债权实现带来的风险，同时也是为了事先控制股东盲目追求高额出资的商事冲动行为，防止其认缴毫无缴付可能的出资数额，背离出资的真实性要求。笔者认为，我国《公司法》在日后的修订中应明确认缴出资债权担保的应然功能在于保障认缴出资债权的真实性与安全性，并以上述两大功能定位为基本出发点，构建起体系化的认缴出资担保规则。

第一，认缴出资债权担保规则的构建应着眼于保障认缴出资债权的真实性。认缴出资债权能够得以实现的基本前提是，认缴出资债权本身具有真实性，即股东对公司所作出的认缴出资承诺与其实际履行出资义务的能力基本上相互匹配，并非完全脱离实际。在 2013 年公司资本制度改革之前，《公司法》对于股东的首次出资比例设置了最低标准，并对股东出资义务的履行设置了严格的时间期限。以上对于出资的刚性限制决定了股东如果认缴远超自身实际缴付能力的出资，需要付出较高的行为成本：一方面，股东在公司设立阶段就需要筹集资金以满足首次出资比例；另一方面，一旦出资期限届满不能实际履行出资义务就要承受相应的行政甚至刑事法律责任。在此阶段，股东的"任性出资"行为受到公司法律规范刚性限制条件的抑制，认缴出资债权的真实性尚可得到相当程度的保障。2013 年公司资本制度改革后，股东首次出资比例的最低标准被取消，法律也不再就出资期限作出限制，股东完全可以在认缴巨额出资的同时设置超长的出资期限，从而事实上规避承受巨额出资带来的经济压力。法律对于股东非理性认缴超出自身实际缴付能力出资的行为缺乏必要约束，这严重危及了公司所享有的认缴出资债权的真实性。目前"注册资本迷信"在我国尚未彻底消除，部分招标采购项目以及银行贷款业务甚至直接对公司的注册资本数额作出硬性要求。[1]基于谋求商业机遇和扩大公司市场竞争优势的目的，公司股东作出巨额出资承诺的倾向依旧客观存在，认缴出资债权的真实性面临严峻的现实挑战。法律要求股东为自身未实缴的出资提供适格担保，能够有效遏制股东盲目认缴天价出资，促使股东理性认缴与其经济能力相匹配的出资数额，从根本上避免股东的认缴承诺沦为无意义的数字游戏，动摇认缴出资债权的真实性。

第二，认缴出资债权担保规则的构建应着眼于保障认缴出资债权安全性。认缴出资债权担保不仅能够抑制股东盲目认缴超出自身实际交付能力的出资，为认缴出资债权的实现奠定必要基础，还能有力地防范股东实际缴付出资能力削减或出资的主观意愿变化导致的认缴出资债权落空。2013 年资本制度改革后，公司法允许股东自行约定出资期限。出资期限限制的放开给认缴出资债权的实现带来了更多元的风险。一方面，在股东设置了十几年甚至几十年漫长出资期限的情形下，股东资信变化的风险必然极大。认缴出资债权的真实性仅仅意味着，根据一般理性标准来判断，股东作出认缴出资承诺并非完全不可能实现。但由于股东自身的经济状况处在不断的动态变化之中，股东的实际缴付能力可能随着时间的推移而发生削减，最终无力向公司充分实际履行出资义务。另一方面，漫长的出资期限更易于在公司困境下激发股东的道德风险。债权的请求权属性决定了公司不可能直接支配出资债权所指向的货币与现物，股东认缴出资后依然可以根据自身意志自由处分出资财产。公司经营一旦陷入困境，未到期出资股东难免会在自利心的驱使下产生转移财产、规避出资的倾向，不愿意继续履行其出资义务。认缴出资债权的担保是以第三人的信用或者以特定的财产保障股东对公司履行出资义务。即使股东缴付出资能力或者缴付出资意愿发生变动，公司仍然可以依靠第三人的信用

---

〔1〕 参见蒋大兴：《质疑法定资本制之改革》，载《中国法学》2015 年第 6 期，第 155 页。

或特定的财产实现其认缴出资债权。认缴出资债权担保制度应承担起消解风险，保障认缴出资债权安全性的功能。

## 第三节　认缴出资债权担保的具体规则构建

认缴出资债权担保即由股东本人或者第三人为认而未缴的出资债权设立担保。公司是主债权人和担保权利人，提供抵押、质押的股东或者提供抵押、质押、保证的第三人是担保人。从法律关系的结构上来看，认缴出资债权担保与一般的民事债权担保并无不同。但认缴出资债权担保中的主合同毕竟不是一般的民事交易合同。认缴出资债权担保规则有必要在一般民事担保规则的基础上作出适应性改变，这成了认缴出资债权担保制度构建的主体内容。

### 一、认缴出资债权担保的类型

并非所有的出资债权都需要以担保的方式保障实现，部分数额小、期限短的认缴出资债权本身就不存在明显的风险，"一刀切"地要求股东为所有认而未缴的出资设置担保既无必要，也不符合商事交易的效率原则。为节约制度运行成本，认缴出资担保制度应当采取强制与任意相结合的模式。对于可能对公司经营和偿债能力产生较大影响，且实现风险较高的认缴出资债权，法律应强制股东提供担保，至于在其他情形下是否设置出资担保则交由股东自行权衡决定，即认缴出资债权担保有必要被界分为法定必要出资担保与意定非必要出资担保两种类型。

出资债权实现风险的主要考量标准应当是股东出资期限。在认缴出资制度背景下，股东获取股权与实际缴付对价在时间上存在间隔，这导致公司对出资债权的期待可能落空，进而诱发出资信用危机。通常而言，股东出资期限越漫长，认缴出资债权实现的风险越高。首先，漫长出资期限的债权数额更可能脱离股东实际缴付能力。在出资期限很短的条件下，股东一旦在有限的时间内不能如期实际缴付出资，就要承担相应的法律责任，股东实施非理性认缴行为成本较高。而在漫长出资期限的情形下，股东可以长期逃避实缴的经济压力，不考虑自身缴付能力非理性认缴巨额出资的冲动几乎不会受到有效约束。因此，"天价认缴"所形成的"高危出资债权"往往都是出资期限漫长的长期出资债权而非短期债权。其次，漫长的出资期限意味着股东资信状况的不确定性更强。股东资信状况会随着时间的推移而发生改变。短期出资债权到期快，受股东资信变化的影响也就相对较小。但长期出资债权则恰恰相反，股东认缴时也许确实具备与其认缴数额相匹配的实际缴付能力，但是漫长的出资期限届满时，股东的实际缴付能力可能已经远远低于其认缴数额，无力实际履行出资债务。最后，漫长的出资期限会给股东逃避出资债务提供便利，进一步削弱出资债权的安全性。短期出资债权一旦到期，公司可立刻要求其履行出资义务，公司债权人可要求股东承担补充赔偿责任，股东逃避出资的行为受到相对有效的约束，出资债权安全性相对比较可靠。相比之下，长期出资债权的安全性受到股东逃避出资行为的影响更大。认而未缴的出资是公司对股东所享有的债权，债权并不具备支配性，出资债权所指向的财产仍由股东而非公司实际支配。目前，我国仅在《企业破产法》第35条规定了加速到期制度，非破产情形下的加速到期目前仍然是理论层面的讨论，要求股东在非破产情形下提前履行出资债务并无明确的法律依据。这意味着，如果股东出资期限尚未届满，公司经营遭遇困境，认而未缴的股东完全可能通过转移财产来逃避履行出资债务。综合以上三点，笔者认为，短期出资债权的实现风险相对可控，出于降低制度运行成本的考量，不必强制股东为短期认缴出资债权提供担保。长期认缴出资债权所蕴含的潜在风险性较大且难以控制，因此有必要要求股东为可能对公司经营和偿债能力产生较大影响的长期出资债权提供担保。

认缴出资债权对公司经营和偿债能力的影响力应当从绝对数额和相对比重两个方面来判断。其一，认而未缴的出资数额。认而未缴的出资数额能够最直观地反映出资债权对公司经营和偿债能力所具有的影响力，应当作为决定是否适用法定必要出资担保的重要因素。如果认而未缴的出资数额很小，即便股东资信状况有所波动，通常也不会影响其实现。而且，即使无法实现，对公司生产经营状况以及清偿债务能力所产生的负面影响通常也比较有限，不至于引发系统性的出资信用风险。在风险整体可控的条件下，价值权衡的天平理应倾向于减轻股东的负担，降低公司设立门槛。这既是释放完全认缴制改革红利的要求，也符合激励大众投资的基本导向。因此，对于数额很小的未缴出资，即使出资期限很长也并无必要强制要求股东提供担保。反之，如果认而未缴的出资数额很大，并设置了较长的出资期限，那就意味着股东资信状况稍有波动，出资债权就无法充分实现。而且，哪怕只有部分债权不能得到实现，也会对公司生产经营状况以及对外清偿债务能力产生重大影响。在此种情形下，出资债权的落空可能全面破坏公司内部经营秩序和外部交易安全，诱发大规模的系统性风险，因此法律有必要强制股东为出资期限较长的大额未缴出资提供担保。其二，认而未缴的出资在注册资本总额中的相对占比。认而未缴的出资在注册资本总额中的相对占比可以作为出资债权影响力的补充判断依据。如果未缴出资数额虽然不大，但是在注册资本总额中的相对占比很高，则说明该债权能否实现会对公司经营和偿债能力产生显著影响。如果此类出资债权期限较长，实现风险较大，同样有必要强制股东为其提供担保。

综合以上分析，笔者认为，法定必要出资担保可作如下设计：

公司设立或者增加注册资本时，出资者尚未实缴的认缴出资符合下列情形之一的，公司登记机关应当要求提供相应的担保方可办理设立或者变更登记：（一）认缴期限超过一年的未实缴出资数额达到五百万人民币以上，或占注册资本总额百分之二十以上；（二）全体股东认缴期限超过一年的未实缴出资数额累计达到两千万人民币以上，或占注册资本总额百分之五十以上。

认缴期限超过一年的未实缴出资数额不足十万元人民币的，可以不提供担保。

法定必要出资担保带有强制性，其适用范围严格限定于上述列举的情形。其他情形下是否设置出资担保完全由股东自行权衡决定，无论是否提供担保，都不影响其办理公司的设立或者变更登记手续。

## 二、认缴出资债权担保的设立规则

### （一）担保设立方式的选择

考虑到相关法律规则的成熟性和系统性，认缴出资债权担保的方式不宜突破现行民事债权担保体系中所规定的典型担保范围。在民事担保规则体系中，典型担保有五种，即抵押、质押、留置、保证和定金。结合认缴出资债权自身的特征以及效率与自由的商事价值导向，笔者认为，保证、抵押和质押都能够作为认缴出资担保的方式。但鉴于在质押关系中，债权人必须直接占有质物，不仅会增加物的管理费用，也会对物的利用产生阻碍，所以认缴出资权担保原则上虽不禁止采用质押的方式，但是应当更加鼓励采取保证或者抵押两种方式。在设立认缴出资担保时，具体担保方式的选择权应当属于股东，如果没有特殊约定，股东可以任意选择提供抵押、质押或者是保证，甚至可以选择同时提供人的担保与物的担保。理由在于，担保本身并不是当事人所追求的目标，只是实现目标的一种手段，当事人真正追求的目标是担保带来的后果。[1]具体到认缴出资担保问题，公司追求的目标是担保为公司资本充实带来的保障效果，而不是获得认缴出资担保本身。有义务提供认缴出资担保的股东，其义务的实质是让公司获得担保对认缴出资债权所产生的保障效果，而不是特定形式的担保本身。因此，无论股东选择何种担保方式，只要能够使公司对股东所享有的认缴出资债权获得了充分的保障效果，那么股东就已经充分履行了提供认缴出资债权担保的义务。而从担保带来的后果来看，无论是保证、抵押还是质押都能够为债权的实现提供保障，在效用上并不存在优劣之别。换言之，保证、抵押、质押都能起到保障债权实现的效果，效用上具有同质性。因此，股东到底采取何种方式来达到保障出资债权实现的效果并不是关键性问题，没有必要限制股东选择担保方式的自由。

以保证方式为认缴出资债权提供担保的，应当注意以下两个方面：第一，法定必要出资担保中，应当适用连带责任保证，意定非必要出资担保中可以适用连带责任保证或者一般保证。从公司经营的现实需求来看，在法定必要出资担保中适用连带责任保证是保障公司经营物质基础的必要手段。在法定必要出资担保中，股东未实缴出资的绝对数额较大或者相对占比较高，此类出资债权不能及时实现会直接影响到公司的生产经营活动，如果陷入迟延的出资债权数额巨大，甚至有可能造成资金链断裂，对公司的生存产生威胁。公司出资如果不能及时到位，以借贷维持经营会增加利息支出，无疑会继续加剧资金紧张的状况。因此，出于保障商业生产的考虑，理应尽量减轻公司实现出资债权的程序负担。按照一般保证的规则，公司必须先行起诉未履行出资债务的股东，股东财产依法强制执行后仍不能履行出资债务，公司才能请求认缴出资债权的保证人承担保证责任，认缴出资债权的实现效率较低，对公司经营活动的冲击程度大。按照连带责任保证的规则，只要出资期限届

---

〔1〕 参见薛军：《论"提供担保"义务的履行规则》，载《法学》2006年第4期，第139~143页。

满，股东不履行实际缴付出资的义务，公司即可直接要求保证人承担保证责任，能够显著提高公司实现认缴出资债权的效率，有利于保障公司正常运营，更符合商业活动的效率原则。从比较法的角度来看，在商事领域中采用连带责任保证也是通行的做法。[1]出资合同属于典型的商事合同，认缴出资担保具有商事担保的性质，不少国家和地区都在商事担保领域中强调适用连带责任。例如，《日本商法典》第511条规定，在债务产生于主债务人商行为的情形下，担保人需对该债务负连带责任。[2]意定非必要出资担保中，股东未实缴出资的绝对数额或者相对比重较小。此类出资债务的履行状况对公司整体运营和外部债权人的受偿影响较小，法律也并不强制股东就此类出资债权提供担保。股东自愿以提供担保的方式为这部分认缴出资债权的实现提供保障，对保护公司债权人有益，不宜设置过高标准，以免打击其主动设立意定非必要出资担保的积极性。因此，意定非必要出资担保不宜强制适用连带责任保证。第二，保证人不仅须符合我国《民法典》对保证人资格的一般规定，而且不能是公司内其他尚未全额缴付出资的股东。保证的机理在于扩大保障债务履行的责任财产范围，即在债务人所拥有的一切财产之外另行寻觅第三人可用于承担责任的财产，从而增加债权的受偿概率。如果尚未全额缴付出资的股东互相作为保证人，虽然单个股东出资债权所对应的责任财产得到了增加，但是公司所享有的全部出资债权所对应的责任财产总量并未实际增加。一个未全额缴付出资的股东资信状况发生波动，不仅可能会影响公司对其本人出资债权的实现，还会造成由其作为保证人的其他股东的出资债权安全性难以得到保障。

以抵押、质押方式为认缴出资债权提供担保的，抵押物、质押物以及质押权利不仅要符合《民法典》的规定，还应当受到特殊的限制：其一，原则上不能以公司的资产为认缴出资债权设定抵押、质押。设定认缴出资担保的目标就是保障公司对股东所享有的出资债权能够得以实现，保障认缴资本制下的资本充实。如果以公司自有资产作为抵押或者质押的客体，实际上并不能起到保障财产注入公司的作用，不符合认缴出资担保制度的基本制度目标。

---

〔1〕 参见曾大鹏：《商事担保立法理念的重塑》，载《法学》2013年第3期，第10~17页。

〔2〕 参见《日本最新商法典译注》，刘成杰译注，柳经纬审校，中国政法大学出版社2012年版，第101页。

其二，不能以股东对公司享有的债权为认缴出资债权设定质押。如果以股东对公司享有的债权为认缴出资债权设定质押，当股东不能实际缴付出资时，实际上便等于任由公司对股东所享有的出资债权与股东对公司所享有的一般债权相互抵销。但是，出资债权的基础不仅在于出资协议，更在于公司法的明文规定。股东向公司实际缴付出资是一项法定义务，显然不能轻易抵销。

### (二) 担保设立信息的公示

在认缴出资担保的法律关系中，享有担保权利的主体是公司，而非公司债权人。但是，归根结底，股东出资同时负载着对内保障经营和对外清偿债务的双重功能，公司认缴出资担保的设置情况与公司债权人的利益有着紧密关联。根据《民法典》的规定，保证担保、动产质权不必登记，动产抵押权仅以登记作为对抗要件，只有不动产抵押权以及没有权利凭证的权利质权必须以登记的方式设立。现行《公司法》和《企业信息公示暂行条例》也并未要求公司公示认缴出资担保信息。这意味着，公司债权人虽然是与认缴出资债权担保具有密切利益关联的主体，却没有统一、便捷的渠道获知认缴出资债权担保信息。事实上，公开的认缴出资债权担保信息对于促使公司债权人理性决策，保护其债权免受内部人侵害具有难以替代的价值。在交易前期，公开的认缴出资担保信息能够帮助债权人相对准确地判断公司未来清偿能力，促使其在正确认知交易风险的基础上理性进行商业决策。目前，公司债权人通过营业执照、公司章程、企业信用信息公示系统等公开渠道所能获知的出资信息仅有注册资本、股东或者发起人认缴和实缴的出资额、出资时间、出资方式等。认缴出资只是股东的原始出资承诺，对判断公司实际偿债能力的参考价值有限。实缴资本虽然能够反映实际注入公司的股东出资数额，帮助债权人了解公司资产状况，但实缴出资同样可能在公司经营中不断减损，也不能作为体现公司未来偿债能力的准确参考。相较之下，股东认而未缴的出资不会在经营中被损耗，反而更能作为债权人的依靠。认缴出资担保是对公司以及股东的增信，认缴出资担保信息能够帮助债权人相对准确地判断待缴股东出资能够实际到位的概率，从而对自身债权实现的风险系数作出合理预测，在此基础上进行理性的商业决策。在交易后期，公开的认缴出资担保信息能够对公司担保权利的实现起到保障作用，防范公司消极行使担保权利给债权人带来不利影响。在认缴出资担保中，股东既是承担最终责任的债务人，又是作为担保权利人的公司的内部成员，这导致股东可能利用内部优势阻碍公司行使担保权利。公开的认缴出资担保信息能够为债权人监督公司行使认缴出资担保权利提供必要的信息基础，避免股东与公司之间的牵连关系导致公司私下消极行使权利，架空认缴出资担保对股东出资债权实现的保障作用。

为降低债权人商业决策中的信息获取成本，强化债权人对认缴出资担保的外部监督作用，构建统一的公司认缴出资担保信息公示规则实有必要。认缴出资担保信息的公示应当注重内容的完整性和方式的便捷性。在公示内容方面，应当保证公司外部的债权人能够完整、充分地掌握公司认缴出资担保的设定情况，担保人、担保方式、担保数额、担保期间、抵押物、质押物和质押权利的信息以及担保的类型是法定必要出资担保还是意定非必要出资担保都应当对外公示。在公示方式方面，为确保公司债权人能够高效、便捷地获知公司认缴出资担保的相关信息，应当要求公司登记机关在办理公司设立或者变更登记业务时，将申请人提供的上述出资担保信息全部在企业信用信息公示系统中公示。对于必须经登记设立的担保权利，即不动产抵押权和没有权利凭证的权利质权，企业信用信息公示系统中的公示应当以权利设立的登记为基础。对于以登记作为对抗要件的动产抵押权，企业信用信息公示系统中的公示应当注明是否进行了登记，以提示公司债权人该动产抵押权是否具有对抗善意第三人的效果。公司章程对公司外部人公开，有较强的公示效果。为丰富公司债权人获知公司认缴出资担保状况的渠道，认缴出资债权的担保信息亦应当被记载于公司章程。

（三）担保设立效果的维持

认缴出资担保的维持，即保障股东出资债权所受到的担保效果维持在担保设立时的水准。在设定法定必要出资担保的情形下，股东就其认而未缴的出资负有向公司提供适格担保的义务。此种担保提供义务的实质是让作为债权人的公司获得担保的"效果"，而不是特定方式的担保本身。作为股东提供出资担保义务的必要延伸，股东出资债务履行完毕之前理应对出资债权所受到的担保"效果"负有维持义务。在意定非必要出资担保的情形下，股东本身并不负有提供担保的义务，因此也就不必承担由此延伸而来的担保维持义务。

在完全认缴制下，担保对出资债权的保障效果面临两方面挑战。一方面，未实缴出资股权的转移可能削弱认缴出资担保的效果。在认缴制下，股东资格的获取与实际缴付出资之间的联系被切断，股东只要作出出资承诺就可以获得相应的公司股份。现行公司法并未明确禁止转让未实缴出资股权，根据法无禁止即自由的私法基本精神，股东转让自己依法享有期限利益的未实缴出资股份理当合法有效。然而，假如未实缴出资股权发生转移，相应的认缴出资债权担保即失效，认缴出资债权的担保对于认缴出资债权实现的保障力度势必被大幅削弱。另一方面，股东设置超长认缴期限时，保证人代偿能力和担保物价值的不确定性增加，可能削弱认缴出资担保的效果。认缴制下股东可以自行决定出资期限，漫长的出资期限不仅意味着股东自身实际缴付出资的能力可能发生较大变化，保证人代偿能力和担保物价值同样充满变数。保证人代偿能力下降，或者担保物价值减损，认缴出资担保对出资债权的保障效果必然会受到影响，认缴出资债权的安全性随之降低。

要在未实缴出资股权发生转移的状况下保证出资债权所受担保效果不受影响，可以采取的制度设计思路有两种：其一，限制未实缴出资股权的转让。倘若未实缴出资股权的受让人不能重新提供认缴出资担保或者原出资债权担保人同意继续担保的书面凭证，不得办理变更登记。其二，突破民事债权担保规则中债务承担对担保责任影响的规定，针对认缴出资担保作出特殊规制，即出资债务伴随未实缴出资股权发生转移不影响原担保权利的持续存在。笔者认为，为了保障公司存续，提升商事交易的效率，采取第二种制度设计思路为宜。从公司存续的角度权衡，股权的自由转让是维系公司存续的重要工具，为避免个别股东无意继续经营而直接导致公司解散，不宜对未实缴出资股权的转让设置过多限制。从商事交易效率的角度来考虑，在完全认缴制下，股东认而未缴绝非个例，未实缴出资股权的转让将成为普遍现象。若采取第一种规制路径，股权转让中耗费的交易成本将大为提升，拖累股权转让的整体效率。第二种规制路径是否会给担保人施加不公平的负担，抑制市场主体作为出资担保人的意愿，导致认缴出资担保制度难以为继？笔者认为，当法律明确规定股东转让未实缴出资股权不影响公司继续享有出资担保权利时，实际上就已经为担保人提供了判断风险的指引。担保人在可以正确认识自身行为风险性的前提下仍然决定为某项出资债权提供担保，即表明其自愿承受由此而生的全部风险，而不是承受不公平的负担。而且，认缴出资担保归根结底只是保障出资债权安全的手段，而非目的。在不设置最低注册资本的条件下，即使市场主体作为出资担保人的意愿受到抑制，股东也可以通过少量认缴设立公司，公司设立难度不会因股东难以提供出资担保而提升。

为避免保证人代偿能力下降，或者担保物价值减损导致出资债权所受担保效果弱化，笔者认为，应当赋予担保权利人补充担保请求权和替代担保请求权，即如果担保人代偿能力下降或者担保物价值减少，足以危害认缴出资债权安全性，公司作为担保权人有权要求股东补充提供担保或者另行提供担保。在请求权行使条件方面，公司要求股东补充或者另行提供出资担保应当符合以下条件：其一，担保人代偿能力下降或者担保物价值减损。判断保证人代偿能力是否下降、担保物价值是否减损应当注意两个问题：一方面，认缴出资担保的维持旨在保障股东出资债权所受到的担保效果维持在担保设定时的水准。因此，代偿能力是否下降、担保物价值是否减损都应当以认缴出资担保设定时的保证人代偿能力和担保物价值为比较标准。另一方面，此处的担保人代偿能力下降或者担保物价值减损应当是确定的，而非一时性的。通常来说，保证人破产或者担保物损毁或者灭失就意味着担保人代偿能力下降或者担保物价值减损已经成为既定的、确然的事实，此时应当赋予担保权利人补充担保请求权和替代担保请求权。但假如根据社会生活的一般经验，担保人代偿能力和担保物价值并未发生实质变化，只是发生阶段性波动，则不宜赋予担保权利人补充担保请求权和替代担保请求权。例如，抵押人拆旧建新导致抵押物价值在一段时间内减少，或者保证人现金流变化导致代偿能力阶段性下降等。其二，所发生的担保维持事由必须足以危害认缴出资担保权人的权利。所谓足以危害担保权人的权利即认缴出资担保的效果确实遭到削弱，不再能够充分保障认缴出资债权的安全性。如果担保人代偿能力下降或者担保物价值减损后，公司认缴出资债权仍然能够得到充分保障，则不构成"足以危害"。例如，以价值 500 万元的房屋为 200 万元的认缴出资债权设定第一顺位抵押，即使房屋价值减少到 300 万元，也不影响公司充分实现其认缴出资债权。如果认缴出资债权上设有多个担保，特定保证人丧失代偿能力或者特定担保物价值减损，其他担保仍能够保证认缴出资债权得到充分实现，同样不能认定为"足以危害"认缴出资担保权人的权利。其三，担保权人对担保维持事由的发生并无过错。[1] 自己责任是民法的基本原则，如果公

---

[1]　参见邹碧华：《论担保维持义务》，载《法学》2002 年第 11 期，第 44~48 页。

司因自身过错导致担保物损毁，影响认缴出资债权的实现，理应自负其责。在请求权行使对象方面，如果未实缴出资股权发生转移，公司应当请求受让股东补充或者另行提供担保。从相关规定来看，我国《公司法》贯彻商事外观主义，只认可股东名册上的主体具有股东身份（隐名股东设有特殊规则）。一旦股权发生转移，办理变更登记后，受让股东即获得股东资格，需要履行股东的各项义务。符合法定必要出资担保条件时，股东负有为其认缴出资提供适格担保的义务。虽然未实缴出资股权转让不影响原担保权利的存续，受让股东不必在受让股权时重新提供担保，但是受让股东仍然应当承担由担保提供义务延伸而来的担保维持义务。当原保证人代偿能力下降或者担保物价值减损时，公司有权要求其补充或者另行提供认缴出资担保。在请求权行使后果方面，在符合上述条件时，只要股东及时补充或者重新提供担保，认缴出资担保即可恢复圆满状态，股东自然可以享受法定的期限利益。但如果股东不能及时补充或者重新提供担保，无担保部分出资债务的清偿机会就会受到影响，此时为确保公司资本的充实，防止公司出资债权落空，应当要求股东在一定期限内提前清偿无担保部分出资债务。

### 三、认缴出资债权担保权利的行使规则

认缴出资债权担保权利的实现直接关系到公司以及公司债权人等利益相关者的利益。因此，公司应作为一个积极担保权利主体行事，积极维护并实现认缴出资债权担保权利。法定必要出资担保的担保人代偿能力下降或者担保物价值减少，公司作为担保权利人应当行使补充担保请求权或替代担保请求权，以避免认缴出资债权的实现难以得到保障。当股东在认缴出资期限届满后不实际缴纳出资或者发生其他约定的实现担保权利的情形时，公司应及时向担保人主张实现认缴出资担保权利。为了防止公司怠于维护或者实现认缴出资担保权利影响日常经营和对外偿债，有必要赋予公司股东和公司债权人代位诉讼的权利。在情形急迫、迟延主张权利或者提起诉讼将会使公司利益受到难以弥补损害的情况下，应允许持股比例或者持股时间达到一定标准的股份有限公司股东，有限责任公司股东或者公司的债权人以自身名义直接向法院提起诉讼以主张补充或者替代担保以及实现担保权利。

关于行使认缴出资担保权利的时间限制，有观点认为，除认缴出资质押

不适用担保期间，认缴出资债权保证和抵押均可借鉴民事担保规则中关于保证期间的规定，由担保人与代表债权人公司的出资人团体自由约定担保期间，保证期间未约定或者约定不明的，担保期间拟定为认缴期限届满之日起 6 个月。[1]笔者不完全赞同以上观点。一方面，笔者赞同认缴出资债权的质押不适用担保期间。理由在于质押标的物占有会发生转移，适用担保期间的规定与该特殊性并不契合。确定该质押权仅在股东履行出资债务、质押物变卖清偿或发生灭失的状况下消灭更为合理。另一方面，笔者认为，认缴出资保证和抵押同样不宜参照适用民事担保规则关于保证期间的规定。目前，我国民事保证期间的规定采取法定主义，即保证期间为保证债务的固有属性，当事人若有约定，则根据约定确定保证人承担保证责任的期限，若无约定，将法定保证期间推定为当事人意思。由于立法技术欠缺，法定主义的保证期间制度已陷入人为复杂化的恶性循环之中，与诉讼时效的纠缠更是加剧了人们的困惑。司法实践也表明，在保证纠纷案件中，保证人在保证期间上几乎有无穷的抗辩理由，债权人疲于应付。[2]因此，参照保证期间的规定对认缴出资担保权利的行使作出时间方面限制，可能会阻碍公司实现出资担保权利，不利于保障资本充足。笔者认为，在认缴出资债权保证和抵押中，担保债务是否受期间限制可以交由当事人自行约定，若无约定则是不定期间的担保，担保人不得以权利人怠于行使权利为由拒绝承担担保责任。但为平衡担保人和担保权利人之间的利益关系，应当考虑赋予担保人催告权，即认缴期限届满后，担保人可以催告公司在合理期限内行使担保权利，如果公司逾期未行使担保权利，担保人不再承担出资担保责任。

### 四、董事在认缴出资债权担保中的义务与责任

董事会以及执行董事是公司经营活动的主要领导者。认缴出资债权的担保状况直接关系到公司经营存续所依赖的物质基础是否稳固。只有董事积极代表公司对公司认缴出资债权担保的状况进行检查核实、持续监督，并及时主张权利，认缴出资债权担保才能真正发挥保障公司资本充实的应有效用。

---

[1] 参见刘敏、温长庆：《论认缴出资担保制度的构建》，载《社会科学家》2018 年第 11 期，第 120 页。

[2] 参见高圣平：《担保法论》，法律出版社 2009 年版，第 112 页。

具体来说，董事在认缴出资债权担保中的义务至少应该包括以下内容：

第一，检查确认担保提供状况的义务。"一刀切"地要求股东为所有未实缴出资设置担保既无必要，也不符合商事交易的效率原则。为节约制度运行成本，认缴出资担保制度应当采取法定必要出资担保与意定非必要出资担保相结合的模式。对于可能对公司经营和偿债能力产生较大影响，且实现风险较高的出资债权，法律应强制股东提供担保，至于在其他情形下是否设置出资担保则交由股东自行权衡决定。但是，简单强调法定担保的强制性并不能保证股东自发履行提供适格担保的法定义务，出资担保的充分落实仍然有赖于公司组织的内部监督。在法律明确要求股东必须就其未实缴出资提供担保的情形下，董事应肩负起相应的担保情况监督职责，调查确认股东是否依法提供了担保，并且就担保的适格性和充分性进行核实验证，如果股东提供的担保不符合法律的要求，则应当及时要求相应股东另行提供符合法律规定的担保。

第二，监督公示认缴出资担保信息的义务。股东为其认而未缴的出资提供担保的状况直接关系到公司出资债权实现的风险性。一个公司所享有的出资担保越是充分且可靠，其享有的认缴出资债权安全性越高，公司经营和偿债的能力也就能得到更稳固的物质保障。因此，认缴出资担保信息对于市场参与者作出合理的商业决策具有现实意义，有利于帮助公司的交易相对人快速、有效地判断公司财务安全性。为了提升商事活动的效率，降低市场参与者作出商业决策的信息成本，应当要求公司及时通过章程与企业信用信息公示系统等公开渠道公示认缴出资担保信息。监督公司对外公示担保相关信息的任务应当落实在董事的职务践行当中。

第三，调查监督出资担保效果的义务。即使在公司设立或者增资阶段股东依法提供了符合规定的认缴出资担保，也并不意味着可以一劳永逸地保障认缴出资债权得到充分实现，因为无论是人的担保还是物的担保都存在一定的风险。人的担保即信用担保，是担保人以其信用为担保标的所设置的担保。第三人的信用是浮动状态，财产状况处于不断变化中，如果担保人财产状况恶化，则相应的担保效果也会随之削弱。物的担保是在供与担保的财产上为债权人设立某项特定权利以保障债权实现的担保方式，担保标的是债务人或者第三人提供的特定财产。如果特定财产发生损毁或者灭失，担保的效果也会随之消减。法律强制要求股东为能够显著影响公司经营和偿债能力且实现风险较高的出资债权提供担保，目的在于为认缴出资债权的实现提供稳定的保障。为实现这一核心目的，必须确保未实缴出资债权所受担保效果保持稳定。只有董事随时对股东出资债权担保效果保持关注，才能确保在担保效果削弱的情形下能够及时作出妥善应对。因此，在认缴出资担保中，董事不仅要对担保进行确认审核，还要承担起常态性的担保监管之职，践行调查监督股东出资债权担保效果的职务。

第四，适时代表公司主张出资担保权利的义务。如果公司只是充当一个消极的债权人，不积极维护和实现出资担保权利，则担保对认缴出资债权实现的保障效果将无从谈起。要推动公司成为积极的担保权利人就需要在法律中明确，认缴出资担保设立并登记后，董事负有代表公司妥善行使担保权利的义务。法定必要出资担保的担保人代偿能力下降或者担保物价值减少，足以危害担保权人权利时，公司董事应代表公司行使补充担保请求权或替代担保请求权，维护认缴出资担保权利的圆满状态。出资到期股东仍然不履行实缴出资义务之时，董事应代表公司主张实现出资担保权利，充实公司资本。

在认缴出资债权担保中，董事如果未能履行上述法定义务导致公司认缴出资债权无法充分实现，则要承担相应的赔偿责任。但是，需要注意的是，在认缴出资债权担保中，公司认缴出资债权无法实现最为直接的原因还是在于股东没有充分履行出资债务，而不是董事没有充分尽职。董事没有充分履行法定义务只是未有效控制股东不履行出资义务给认缴出资债权实现带来的风险，而不是制造了上述风险，即仅能构成认缴出资债权落空的次要原因。对公司缴付出资本身仍然是股东的法定义务而不是董事的义务。因此，如果董事在认缴出资债权担保中未勤勉尽职导致担保不适格或者不充分，在股东未履行出资义务的情形下未能避免公司认缴出资债权落空，董事只在认缴出资债权因担保不足而落空的范围内与股东连带补足公司的出资，但并不作为最终责任承担者。董事承担责任后有权利向未充分履行出资义务的股东进行追偿。

### 五、认缴出资债权担保与发起人出资补缴责任的协调

我国《公司法》多处规定了公司发起人的出资补缴责任，即一方发起人违反出资义务，其他发起人均要承担连带补足责任，这实际上就是要求公司

发起人对公司享有的出资债权承担担保责任。笔者认为，构建认缴出资担保制度之后，股东为其本人认缴出资债权提供担保将成为常态，公司所享有的出资债权安全性足以得到有效保障，没有必要为保障债权人利益而强制公司发起人承担连带的出资补缴责任。

目前，学界支持公司发起人承担出资补缴责任的理由主要是以下几个：其一，发起人之间是合伙关系，故应对外承担连带责任；[1]其二，在设立阶段，发起人享有获取报酬权、现物出资权、创立大会召集权等普通股东无法享有的特权，理应承受较重的责任负担。[2]其三，发起人承担出资补缴责任是确保股东出资到位、避免出资风险外化到债权人的必要选择。笔者认为，前两个理由缺乏基本的理论合理性，而在认缴出资担保制度下，第三个理由也难以成立。首先，发起人之间的关系并不能被理解为合伙。当事人订立合伙协议意在共享收益、共担风险；而发起人签订发起人协议，设立公司意在隔离风险。[3]因此，发起人协议与合伙协议在法律属性上存在本质差异，发起人之间不形成合伙关系。其次，发起人不是特权享有者。实物出资不是只有发起人独享的权利，创召集立大会是发起人履行职务的行为，也并不是特权。设立阶段的发起人是基于其公司机关的角色获得报酬，而非其发起人身份。最后，在认缴出资担保制度下，股东如果不能履行出资承诺，在认缴期限届满时无法实际缴纳出资，公司完全可以通过实现担保权利的方式保障资本充实。既然认缴出资担保已经为认缴出资债权安全性提供了相对可靠的制度支撑，公司债权人的利益也得到了相应的维护，继续强制公司发起人就出资承担连带责任也就失去了必要性基础。

认缴出资担保制度构建完成后，不再要求发起人承担出资补缴责任，既能够避免司法适用中出资补缴责任法律依据混乱的问题，也回归了有限责任原则的公司法基本精神。一方面，我国现行法律文本关于发起人出资补缴责任的规定可谓错综复杂，极易造成司法适用混乱。《公司法》第 50 条和第 99 条对有限责任公司发起人和股份有限公司发起人的出资补缴责任作出了差异性规定，即有限责任公司发起人的出资差额补足责任仅适用于非货币出资价

---

[1] 参见石冠彬、江海：《论公司发起人的出资补缴责任——兼评〈公司法解释三〉第 13 条》，载《法商研究》2014 年第 2 期，第 78 页。

[2] 参见冯果：《论公司股东与发起人的出资责任》，载《法学评论》1999 年第 3 期，第 45 页。

[3] 参见印通、李新天：《重访资本充实责任》，载《江汉论坛》2015 年第 8 期，第 129 页。

值偏低这种实质意义上的股东未出资情形，股份有限公司发起人的出资差额补足责任不仅适用于上述实质意义的股东未出资情形，同时也适用于股东不按章程充足缴纳出资这种形式意义上的股东未出资情形。尽管有限责任公司发起人和股份有限公司发起人所负担的出资补缴责任范围有所不同，但二者都是针对"应当缴纳出资而未缴纳"这一情形。《最高人民法院关于适用〈中华人民共和国合同法〉若干问题的规定（二）》第 22 条不再对有限责任公司发起人和股份有限公司发起人的出资补缴责任范围作区分，但将发起人承担出资补缴责任的情形扩展到其他发起人不违反出资义务，只是未届满缴纳期限而未出资。《公司法司法解释（三）》第 13 条将连带补缴出资责任的范围扩大到了未尽出资义务部分的孳息。不违反出资义务，只是未届满缴纳期限而未出资的情形下，能否适用本条存在争议。[1]综上可知，关于发起人出资补缴责任的条文不仅相互之间存在差异，同一条文的理解也不尽相同。另一方面，适时放弃发起人出资补缴责任，是对有限责任原则的公司法基本精神的回归。现代公司法遵循的基本原则是有限责任，要求发起人承担出资补缴责任，实际上意味着股东出资义务的范围扩张到了公司设立时间点所有股东认缴的出资总额，导致股东可能实际"缴"的出资数额大于其本人"认"的数额，有悖于股东有限责任。[2]如果说在没有认缴出资担保制度的条件下，要求公司发起人承担出资补缴责任是为了防止出资风险外化、保护公司债权人而不得不作出的妥协。那么构建认缴出资担保制度后，公司出资债权的安全性已经得到较高程度的保障，自然没有理由继续保留此种与股东有限责任相冲突的责任制度。适时放弃发起人承担出资补缴责任机制，是对有限责任原则的公司法基本精神的回归。

特别需要指出的是，法律不再要求公司发起人承担出资补缴责任并不意味着不再要求发起人对公司资本充实承担任何法律责任。笔者认为，《德国股份法》第 46 条为我们提供了可供借鉴的立法思路，即强化发起人作为设立中

---

〔1〕《公司法司法解释（三）》第 13 条第 3 款规定："股东在公司设立时未履行或者未全面履行出资义务，依照本条第一款或者第二款提起诉讼的原告，请求公司的发起人与被告股东承担连带责任的，人民法院应予支持；公司的发起人承担责任后，可以向被告股东追偿。"第 2 款中的"未履行或者未全面履行出资义务"是否包括未届满缴纳期限而未出资存在争议。从文义角度，"未履行或者未全面履行出资义务"当然包括未届满缴纳期限而未出资，但是本条第 1 款中的"未履行或者未全面履行出资义务"显然不包括未届满缴纳期限而未出资，第 1 款与第 2 款之间就出现了相互矛盾的情况。

〔2〕参见傅穹：《分期缴纳规则下的公司诉讼》，载《当代法学》2008 年第 4 期，第 69~70 页。

的公司机关的定位，要求其发挥一定的基础监督职能以保障公司资本充实，如果未能尽到基础监督义务影响公司资本充实就应对公司承担相应的法律责任。[1]但是，如果公司发起人在公司设立过程当中已经尽到了基础监督职能，其他股东依旧未能完整履行对公司缴付出资财产的义务，由此形成公司的注册资本不充实欠缺归咎于发起人的正当性，应该由该股东自负其责，发起人不必无条件承担补足相应出资数额的法律责任。

---

[1]《德国股份法》第46条要求发起人要求其发挥一定的基础监督职能以保障公司资本充实，例如本条第（4）款规定："因股东无支付能力或者无力履行实物出资义务而致使公司产生亏损的，那些知悉其无支付能力或者无履行能力而仍然接受其参股的设立人作为连带债务人对公司承担赔偿义务"。参见《德国商事公司法》，胡晓静、杨代雄译，法律出版社2014年版，第83~84页。

# 第三章

# 认缴出资债权的催收

公司对股东进行催缴一直是保障出资到位的重要方式。认缴出资的性质是债权，债权人是公司，债务人是认而未缴的股东。因此，"认缴出资的催缴"与"认缴出资债权的催收"其实是同一法律制度的一体两面。催缴制度，对于债务人股东来说是向公司缴付认缴出资的制度，对于债权人公司来说则是收取认缴出资债权的制度。公司法司法解释及修订草案均采用"催缴"的表述，为与司法解释和修订草案的行文保持一致，本章将"认缴出资债权催收"表述为"认缴出资催缴"。

认缴出资催缴的含义可以被界定为"公司要求已经认购股份但分期付款的股东交付股份价款，或者公司要求已经分得新发行股票但股份价款尚未全部交齐的股东交付股份价款"。[1]我国的司法解释早就已经存在公司催缴股款的相关规定。《公司法司法解释（三）》第6条、第13条与第17条均与认缴出资催缴相关。应当承认，以上规定有助于避免认缴出资债权的安全性因股东后续实际缴付能力减损而动摇，对于保障公司资本充实具有一定的积极意义。但是，上述较为碎片化的催缴规则与国际立法例中常见的系统化催缴制度仍有很大差距。我国在《公司法》修订过程中可考虑进一步丰富认缴出资催缴制度的内容，使其成为巩固认缴出资债权安全性并提升公司资金供需匹配程度的制度依托。

---

[1] 薛波主编：《元照英美法词典》，潘汉典总审订，北京大学出版社 2017 年版，第 185 页。

## 第一节 认缴出资催缴的现状检视

### 一、认缴出资催缴的现状

认缴出资催缴的相关制度实践在我国早已有之。2011 年 2 月 16 日起施行的《公司法司法解释（三）》第 6 条、第 13 条和第 17 条均规定了约束股东出资义务履行行为的公司催缴。《公司法司法解释（三）》第 6 条规定，当股份有限公司的认股人没有按照约定的时间向公司实际缴纳认购股份所对应的股份价款，并且在公司的发起人对其实施催缴之后仍然没有在合理期间内向公司缴付股份价款，公司发起人对相应股份另行募集的行为有效。《公司法司法解释（三）》第 13 条第 1 款规定，股东如果没有履行出资义务或者履行出资义务并不充分，公司有权请求其全面履行缴付出资的义务，实际上也就是确定了公司有权对上述股东实施催缴。《公司法司法解释（三）》第 17 条规定，如果有限责任公司已经对没有按照公司章程履行出资义务的股东实施了催告缴纳，但是该股东在合理的时间之内依旧没有对公司实际缴纳出资，公司只要经过股东会决议就可以解除该股东的股东资格。《公司法司法解释（三）》第 13 条第 4 款虽然在字面上并没有出现"催缴""催告缴纳"等表述，但其实际表明了董事在公司增资过程中对于股东出资的催缴负有信义义务，如果未能尽到忠实与勤勉的义务即要承担相应的民事责任。根据本款条文的规定，如果公司股东在增资过程中没有履行或者没有充足履行缴付出资的义务，公司或者其他股东根据本条文第 1 款请求该股东对公司充分履行缴付出资的法定义务，或公司债权人根据本条文第 2 款请求该股东承担补充赔偿责任，可以一并请求未尽到忠实和勤勉义务而导致出资没有充分缴付给公司的董事和高级管理人员承担相应责任。董事、高级管理人员在对公司或者公司债权人承担责任之后，可以请求没有履行出资义务或者履行出资义务不充分的股东对其支付的金额予以偿还。

### 二、认缴出资催缴的现状检讨

虽然我国已经就认缴出资催缴作出了一定的制度探索，但是相关规则呈现出高度碎片化、空泛化的状态，零散破碎的规则之间也并没有形成效用上的互动关联。整体看来，我国认缴出资催缴方面的法律规则仍然存在以下比较明显的缺陷。

第一，公司催缴的内部决策和执行主体不明确。在认缴出资债权债务关系当中，公司是债权人，尚未完全缴付出资的股东则是义务人。从法律本质上分析，认缴出资催缴就是作为债权人的公司向债务人股东主张实现债权的行为。作为法律拟制的组织体，公司要完成主张实现债权的行为必然要依靠具体的公司机构来就此事项承担相关的决策和执行职能。但是，《公司法司法解释（三）》第 13 条第 1 款与第 17 条均简单确定公司是享有催缴出资权利的主体，没有进一步明确由哪一个公司机关代表公司就出资催缴事项进行决策和执行。《公司法司法解释（三）》第 13 条第 4 款要求负有勤勉义务的公司董事与高级管理人员承担起保障股东在增资时全面完整地对公司履行出资义务的职责，否则就要承担相应的民事责任。根据权责一致的普遍原理，既然未勤勉尽职的董事与高级管理人员需要为未能保障股东全面履行出资义务而承担责任，其似乎就应当是代表公司行使催缴权的主体。但是，这样理解又会产生以下疑问：一是根据《公司法》第 265 条的规定，经理、副经理、财务负责人，上市公司董事会秘书和公司章程规定的其他人员都属于"公司高级管理人员"的概念范畴。代表公司作出催缴决策并执行催缴是涉及公司资本筹集的重要事务。笼统地认为公司董事和高级管理人员在增资时都享有出资催缴的决策和执行权显然过于宽泛。二是从《公司法司法解释（三）》第 13 条第 1 款与第 17 条来看，无论股东没有充分履行出资义务的行为是发生在公司设立还是增资阶段，公司都有权催告股东缴纳出资。如果公司董事和高级管理人员全面负责催缴的决策与执行，不纠正公司设立过程中股东未全面履行出资义务的行为当然同样应承担责任。但是，《公司法司法解释（三）》第 13 条第 4 款关于董事和高级管理人员未尽催缴责任的规定仅针对公司增资的情形。综合上述分析可知，《公司法司法解释（三）》第 13 条第 4 款对于董事和高级管理人员在催缴中的责任追究，并不意味着肯定公司催缴的内部决策与执行权归属于董事和高级管理人员，公司催缴的内部决策和执行主体仍然没有正式得到明确。

第二，催缴的适用空间过于狭窄。《公司法司法解释（三）》于 2011 年 2 月 16 日起施行。在当时的公司资本制度下，股东的出资期限尚且受到法律的严格限制。根据最高人民法院的解释，本司法解释第 13 条中的"股东未履行或者未全面履行出资义务"并不包括出资期限尚未届满之时股东未实际缴付出资的行为。[1]所以，本司法解释所规定的催缴适用情形仅限于两种：一是股东没有按照公司章程与出资协议所明确规定的时间对公司实际履行缴纳出资的义务；二是股东超过了当时公司法所规定的最长出资期限仍然没有对公司实际履行缴纳出资的义务。换言之，《公司法司法解释（三）》虽规定公司催缴只能算是矫正股东未按期出资的法律手段，与国际立法例中常见的保障公司自主筹资的催缴制度相比存在很大的差距，实际适用的空间非常有限。

第三，催缴的具体操作方法和配套保障措施缺乏具体规定。简单肯定公司享有对未充分履行出资义务的股东实施催缴的权利并不能有效保障公司借助催缴顺利实现认缴出资债权。要真正发挥出催缴的作用，还需要法律为公司实施出资催缴提供精细化的操作指引，并对股东不服从公司催缴的行为进行有力约束。但是，目前我国对于催缴的实体和程序规则并未作出详细规定，对于股东催而不缴的行为也缺乏周全、合理的约束规则。《公司法司法解释（三）》第17条所规定的解除股东资格可以算是对股东催而不缴的一种比较有力的惩罚手段。但是，越是严厉的惩罚，越需要明确、清晰的程序规则来保障其公正性。目前现行法对于解除股东资格的具体程序没有具体的规定，对被解除资格的股东缺乏必要与合理的程序保护，不符合基本的正义要求。此外，公司通过催缴充分实现认缴出资债权的前提是股东确实尚有负担出资债务的经济能力。如果股东本身无力缴纳出资，催缴就不可能发挥其预期功效。此时当然需要考虑通过出售股份等方式来对催而不能缴的状态加以补救，以确保公司资本充实，但是目前我国尚且没有对此类救济方式的具体操作方法进行规定。

整体来说，在认缴出资催缴制度的构建方面，我国具备一定的法律基础。公司法司法解释中早已存在认缴出资催缴的相关规则，《公司法司法解释（三）》第6条、第13条和第17条均规定了股东违反出资义务情况下的公司催缴。但是，由于上述条款是在有限认缴制的公司资本制度背景之下出台，而且在转向完全认缴制后未进行相应的调整，因此并未形成一套体系化的认缴出资催缴规则，在制度构造上存在显著的不足：既没有明确董事作为催缴

---

[1] 参见最高人民法院民事审判第二庭编著：《最高人民法院关于公司法司法解释（三）、清算纪要理解与适用》，人民法院出版社2011年版，第204~208页。

决策与执行主体的地位及其在催缴中的具体职务，过于狭窄的催缴出资适用范围还与完全认缴制的需求脱节，更没有针对催而不缴的情形设置周全可行的配套救济手段。

## 第二节 认缴出资催缴的改革动向

### 一、《公司法》修订中认缴出资催缴规则的内容变动

2013 年的公司资本制度改革极大拓宽了股东在出资中的自由度，法律不再严格限定出资实缴比例、最低出资数额和股东出资期限。上述出资规则的革新虽然有利于降低公司设立门槛，在一定程度上能够起到活跃经济的作用，但也让股东在出资中实施投机行为的风险骤增。股东不再需要立刻缴付出资即可获得股东身份，后续公司经营出现资金短板，股东往往会对出资事宜绝口不提甚至推诿规避。认缴出资的本质是公司所享有的债权性质财产，不仅是公司经营的经济资源保障，也是保障公司债权人受偿的物质基础。如何遏制股东认而不缴，进而保障公司根据自身需求适时实现认缴出资债权，成了认缴制下亟待回应的问题。《公司法》修订过程中，立法者持续对认缴出资催缴方面的规则不断进行细化和改进，尝试为消解股东认而不缴的负面影响提供更有力的法律支撑。

《公司法（修订草案）》第 46 条专门对有限责任公司的认缴出资催缴问题作出了规定，并在第 109 条特别指出第 46 条关于认缴出资催缴的规定同样可以在股份有限公司中适用。根据《公司法（修订草案）》第 46 条，公司设立完成之后应核查股东履行出资义务状况，假如股东并没有严格按照公司章程与出资协议规定的时间及时对公司充足缴纳出资，或者非货币出资的实际价值明显不及其认缴出资数额，公司负有对相应股东实施催缴的义务，催缴的具体方法是对股东发出书面形式的催缴书。公司可以在向股东发出的催缴书上记载补缴出资的宽限期限，该限期的时间长度至少为 60 天，起算时间是公司发出书面的出资催缴书之日。一旦催缴书所载宽限期间届满，被催缴的股东依旧没有对公司缴纳出资，公司就有权对其发出丧失股东权利的书面通知。股东未缴纳出资部分的股权自通知发出之日起即正式丧失。对于上述股东未全面履行出资义务而丧失的股权，公司应在 6 个月之内转让或者选择办

理相应的减资手续。

《公司法（修订草案二次审议稿）》第51条整体上沿用了《公司法（修订草案）》第46条的内容，但是有以下几方面的改动：其一，明确了对股东出资情况进行核查和催缴的公司机关是董事会；其二，将非货币财产出资价额显著低于认缴出资数额的情形排除于催缴的适用范围；其三，明确了在催而不缴的情况下，未缴纳对应出资的股权如果未能按期转让或者注销，其他股东需要按照出资比例足额缴付出资。

《公司法（修订草案三次审议稿）》将公司催缴和催而不缴的股东失权规则分置于第51条与第52条，内容上沿用了将董事会作为催缴机关的规定，并在第51条中明确了未尽催缴职责的董事需要承担相应赔偿责任。

## 二、《公司法》修订中认缴出资催缴规则变动的评析

相较于《公司法司法解释（三）》关于出资催缴的碎片化规定，《公司法》新增的认缴出资催缴规则已经体现出了显著的进步性。首先，公司行使催缴权得到了更加准确、清晰的行为指引。《公司法（修订草案）》第46条明确了公司必须以发出书面催缴书的方式对股东实施催缴，而且对于催缴中所能给予股东的宽限期时长都作出了明确规定，明显提升了催缴规则的可操作性。稍显遗憾的是，本条文仅强调"公司"是催缴的决策与执行者。公司作为组织体，其行为必然要依靠具体的公司机关来落实，而催缴的决策与执行权究竟归属于哪个公司机关却依旧未能得到明确。《公司法（修订草案二次审议稿）》第51条首次正面回应了这一核心问题，直接规定董事会是催缴出资的公司机关。明确了董事会主导催缴的角色定位，不仅有利于防范公司机关在催缴出资事项上相互推诿，避免公司机关为争夺催缴的决策和执行权而产生不必要的矛盾，也为用明确的主体法律责任约束懈怠和不适当的催缴行为奠定了基础。《公司法（修订草案三次审议稿）》第51条正式增加了关于未履行催缴义务董事所负法律责任的规定。其次，针对股东催而不缴的约束和救济机制逐步完善。在约束股东催而不缴方面，《公司法司法解释（三）》第17条简单确定了公司有权解除催而不缴股东的股东资格，但是具体解除股东资格要遵循哪些程序规则，如何确定解除股东资格的生效时间，条文中却未明确提及。《公司法（修订草案）》第46条不仅规定了股东失权这一约束

催而不缴股东的规则，而且清楚说明了公司必须以书面方式通知股东失权，股东丧失股权的时间按照通知发出之日确定。在催而不缴的补救方面，《公司法（修订草案）》第46条明确规定了应当在股东失权后的6个月内转让催而不缴的股权或者注销相应股权。在此基础上，《公司法（修订草案二次审议稿）》第51条和《公司法（修订草案三次审议稿）》第52条进一步规定了丧失的股权若未限期转让或注销，其他股东须按出资比例足额缴纳出资。最后，催缴的适用空间得到了更大的拓展。在《公司法》修订过程中，股东出资期限与公司经营需求的错配问题得到了回应。虽然《公司法（修订草案）》第48条、《公司法（修订草案二次审议稿）》第53条和《公司法（修订草案三次审议稿）》第53条关于股东出资加速到期的适用要件规定有所差异，但是都为公司突破股东出资期限的制约要求出资期限尚未届至的股东提前缴纳出资保留了充足余地，这为拓展认缴出资催缴的适用空间奠定了基础。这意味着，认缴出资的催缴可以不再局限于对股东未按期出资行为进行矫正，对未到期出资进行催缴同样具有法律上的可能性。

必须承认的是，《公司法》关于认缴出资催缴的规定设计仍然存在一定的不足之处。其一，催缴适用情形方面的规定尚有欠缺。催缴事关公司资本筹集，不仅与公司的经营存续紧密关联，同时牵涉对公司债权人的保护。对于究竟在哪些情形下公司应当实施催缴，在哪些情形下公司可以自主决定是否催缴，法律理应给出更为细致的指引。其二，关于催缴的具体实施方法以及催而不缴的约束和补救方法的规定仍然不够细致。从比较法视角考察，不少国家和地区的立法都对催缴的具体实施方法以及催而不缴的约束和补救方法作出了非常细致的规定，甚至具体到补缴出资期限的公告要进行几次，每次之间的间隔时间要达到什么标准、催缴挂号信必须说明哪些内容、需要登报公布哪些信息以及股票公开竞价拍卖的操作方法。[1]与其他国家和地区立法的催缴法律规则对比，《公司法》所设计的认缴出资催缴规则仍然显得过于单薄。笔者认为，提升催缴规则的具体程度有利于确保公司实施催缴行为的规范性。他山之石，可以攻玉。既然域外在认缴出资催缴的制度架构方面已经积累了丰富经验，我国完全可以在借鉴比较法中有益经验的基础上，尝试对催缴的适用情形、实施方法以及催而不缴的约束和补救方法作出细化规定。

---

〔1〕　参见《德国股份法》第64条，《法国商法典》第R228-24条、第R228-25条、第R228-26条。

## 第三节　认缴出资催缴的比较法考察与启示

### 一、认缴出资催缴的比较法考察

考察世界各地的公司立法实践，不难发现，采取资本分期缴纳制度的国家和地区在公司法律实践中普遍存在一个共性：纵使立法已经对股款缴纳期限或者分期缴纳比例等事项作出限制性规定，通常还是会另外设置完备的催缴制度以保障公司能够高效筹措资本，以满足经营需求。

《德国股份法》和《德国有限责任公司法》均对出资催缴作出了周详的规定。《德国股份法》第36a条规定采取资本分期缴纳制度，并对出资的实缴比例、缴付期限作出了限制，同时该法第63条、第64条和第65条对催缴的具体方法、催而不缴的后果等都进行了详细的规定。[1]第63条规定了股东催缴期限届满未缴纳出资时的利息支付义务。第64条规定了给予未及时缴纳催缴出资股东的补缴宽限期，以及如何开除补缴期限届满仍然欠缴出资的股东。第65条是关于股票转手之后的催缴规则，明确了股票前手的支付义务以及前手无法缴纳之时的拍卖规则。《德国有限责任公司法》第7条第（2）款规定采取资本分期缴纳制度，并对出资数额和实缴比例都作出了限制。同时，在本法第20~24条对公司的催缴作出了周全的规定。[2]第20条规定了股东如果没有及时缴纳催缴的基本出资数额，必须支付延迟利息。第21条规定了股东催而不缴情形下的失权规则。第22条规定了股权发生转移情况下如何对前权利人的进行催缴。第23条规定了前权利人也不能缴纳情形下营业份额的拍卖规则。第24条规定了出资义务人无法缴纳基本出资并且不能通过出售营业份额抵偿之时如何筹集欠缴出资。第25条专门强调21~24条规定的法律结果具有强制性，股东不能得到免除。

《法国商法典》第L223-7条和第L225-3条明确规定有限责任公司与股份有限公司均采取资本分期缴纳制度，并对实缴比例、实缴期限等作出了一定的限制。同时在第L228-27条明确了公司催告缴纳出资的权利。《法国商法

---

〔1〕　参见《德国商事公司法》，胡晓静、杨代雄译，法律出版社2014年版，第91页。

〔2〕　参见《德国商事公司法》，胡晓静、杨代雄译，法律出版社2014年版，第35~36页。

典》第 L223-7 条的规定，有限责任公司的实物出资必须全部缴纳完毕；货币出资至少缴纳其数额的 1/5，其余出资按照公司经理的决定，一次或者分次向公司缴纳，但是出资期限不能超过自公司在"商事及公司注册登记簿"上注册登记起 5 年。[1]第 L225-3 条规定，股份有限公司的货币出资在认购时至少要缴纳面值 1/2 的股款，其余出资按照董事会或管理委员会的决定，一次或者分次向公司缴纳，但是出资期限不能超过自公司在"商事及公司注册登记簿"上注册登记起 5 年。[2]第 L228-27 条规定，如果股东未能遵照董事会、管理委员会或者公司经理决定的时间缴纳股权价款，公司有权就股东需要缴纳的款项发出催告通知。催告通知发出 1 个月仍旧没有结果，公司可以不经过法院批准出售股票。上市股票在交易所交易，未上市股票公开竞价交易。未充分履行缴纳出资义务的股东可以获取差价。为了给执行第 L228-27 条规定提供更加具体的操作指引，《法国商法典》第 R228-24 条、第 R228-25 条、第 R228-26 条专门就催告缴纳的操作方法、催而不缴的约束以及催告中的时间计算等问题作出了详细规定。[3]其中，第 R228-24 条明确了催告缴纳出资的挂号信必须说明哪些内容、需要登报公布哪些信息以及股票公开竞价拍卖的操作方法等。第 R228-25 条规定了不履行出资义务的股东如何除名以及相应的法律后果。第 R228-26 条规定了催告缴纳出资的时间计算。

《英国 2006 年公司法》第 586 和第 587 条对公众公司的股份缴付比例以及长期承诺的缴付都作出了限制。第 586 条规定，公众公司至少被缴付其名义价值的 1/4 以及全部的任何溢价方可配售股份。第 587 条规定，如果配售对价是或包括将被或可以被配售日期后超过 5 年履行的承诺，公众公司不得以货币缴付以外的方式配售全额或部分缴付股份。[4]催缴的具体细则原则上交由公司章程自治，如果公司章程相关规定存在缺失，即可补充适用立法附件"公众公司的标准章程"中关于催缴的具体规则。

美国作为联邦制国家，各个州的公司法并不统一。其中，《美国特拉华州普通公司法》是比较具有影响力的公司立法。该法第 163 条规定了董事会可

---

〔1〕　参见《法国商法典》（上册），罗结珍译，北京大学出版社 2015 年版，第 214 页。

〔2〕　参见《法国商法典》（上册），罗结珍译，北京大学出版社 2015 年版，第 229 页。

〔3〕　参见《法国商法典》（下册），罗结珍译，北京大学出版社 2015 年版，第 1251 页。

〔4〕　参见《英国 2006 年公司法》（第 3 版），葛伟军译注，法律出版社 2017 年版，第 471~472 页。

以催收出资并在第 164 条规定了对于催而不缴的补救。根据第 163 条的规定，对于尚未得到完全支付的股票股份，董事可以随时要求股东根据董事会的决定向公司支付，但是这一金额不能超过全部未付清的价金，同时价金应按照董事会的意见在规定的若干时间分期交付给公司。公司董事有义务在指定支付时间至少 30 天之前书面通知股东支付时间和地点。[1] 根据第 164 条的规定，如果分期付款或者催付款数额没有及时支付，董事可以将拖欠股东的股份公开售出，如果没有出价人支付股票到期数额，上述股票以及拖欠债务股东之前已支付数额均由公司没收。

## 二、认缴出资催缴的比较法启示

认缴出资债权的实现具有相当浓厚的法定色彩，不能排斥来自法律的必要干预，也不能完全依赖传统民法中的合同法规范来保障认缴出资债权的实现。通过比较法角度的分析可以发现，各国即便已经对股款缴纳期限或者分期缴纳比例等事项作出限制性规定，普遍还是确立了催缴制度以保障认缴出资债权的实现。假如说我国 2005 年确立部分认缴制后，认缴出资债权的法定性体现于出资期限、首次实缴比例等限制条件方面，2013 年确立完全认缴制后，认缴出资债权的法定性就应依靠构建周全的催缴制度得到彰显。虽然 2011 年 2 月施行的《公司法司法解释（三）》已经存在催缴的相关规则，但是司法解释关于催缴的规定较为笼统，而且催缴主要是被作为矫正股东不按公司章程规定时间履行缴纳出资义务的法律手段，与国际立法例中保障公司高效筹措资金的催缴制度存在显著差异。2023 年《公司法》对催缴的具体方法和催而不缴补救措施的规定渐趋完善，但是与域外规定相比尚不够详细。更重要的是，整体看来仍然侧重矫正不按期缴纳出资的行为，未能充分释放出催缴对于提高公司资本筹集灵活性的积极作用。其实，既然 2023 年《公司法》始终明确公司在特定条件下可以要求股东提前缴纳出资，催缴就更不应被局限为矫正股东未按期缴纳出资的手段，而应该被作为公司掌握认缴出资债权实现节奏，促进认缴出资债权实现与公司经营需求相匹配的法律制度支撑。笔者认为，我国亟须在《公司法》中明确认缴出资催缴制度的功能在于保障认缴出资债权充分实现以及提升公司资金供需匹配程度，并以此功能定

---

[1] 参见虞政平编译：《美国公司法规精选》，商务印书馆 2004 年版，第 348 页。

位为逻辑线索，构建起体系化的认缴出资催缴具体规则。

一方面，认缴出资催缴制度宜继续通过矫正不按期履行出资义务的行为保障认缴出资债权得到充分实现。《公司法司法解释（三）》第 6 条、第 13 条和第 17 条均规定了约束股东出资义务履行行为的公司催缴，上述规定虽然无法提升认缴出资债权实现与公司需求的时间匹配程度，但由于股东是否严格按照公司章程和出资协议的规定履行出资义务与认缴出资债权的安全性存在相当程度的关联，上述关于出资催缴的规定通过矫正股东违反出资义务的行为在一定程度上有助于避免认缴出资债权的安全性因股东后续实际缴付能力减损而动摇，客观上具有保障认缴出资债权充分实现的功能，有其可取之处。具而言之，在出资期限届满股东仍然未实际履行出资义务的情形之下，股东可能无力实际缴付出资的风险在出资期限届满后仍然持续。这不仅意味着相应的认缴出资债权实现要承受超出原定时间段的风险，而且此种额外风险即使是一个理性的市场参与者也无法事先通过章程记载事项等公开信息判断出来，即其对于公司债权人而言属于隐藏风险。期限届满即要求公司积极催缴到期出资，使其不再承受股东实际缴付能力削减的风险，显然是保障相应认缴出资债权充分实现，避免本可实现的认缴出资债权落空给公司债权人带来不公平损害的有效之策。因此，笔者认为，应当汲取我国目前法律实践中运用认缴出资催缴制度矫正股东违反出资义务行为的经验，在股东出资期限届满而未实际缴纳的情形下，原则上要求公司承担起催缴义务，防止已到期出资债权的实现面临更长久的风险，从而发挥催缴制度保障认缴出资债权充分实现的功能。

另一方面，认缴出资催缴制度应承载起提升公司资金供需匹配程度的功能。从比较法角度考察，域外立法普遍将提升公司资本筹集灵活性作为出资催缴制度的基本功能。采取资本分期缴纳制度的国家和地区在公司法律实践中普遍存在一个共性：纵使立法已经对股款缴纳期限或者分期缴纳比例等事项作出了限制性规定，通常还是会另外设置配套的股款催告缴纳制度，以保障公司能够有效筹措资金满足经营需求。从我国当前的制度需求角度分析，认缴出资催缴制度这一功能定位是我国当前公司资本制度的现实需求。在完全认缴制下，股东在公司设立阶段即对出资的实际缴付时间作出安排。但是，公司经营中的资金需求是不断变化的，人类理性的有限性决定了要对公司资金需求节奏作出全面预测，并预先设置与之完美匹配的资金供给安排，在实践中注定是难以完成的目标。基于认缴出资债权的法定性特征，允许公司在特定条件下对股东实际缴付出资的时间进行适当的调整，对包括尚未到期的出资进行催告缴纳，无疑是克服这一棘手问题的有效路径。

## 第四节　认缴出资催缴的法律规则完善

### 一、催缴的适用情形

公司经营没有固定标准，采取诸如"何种情形必须进行催缴""何种情形不能进行催缴"等过度具象化的规定，势必导致公司自主决策的空间被过度压缩。而且，列举法总是面临着残缺不全的和暂时掌握法律材料的危险。[1]以列举的方式确定出资催缴的适用情形可能引起决策结果与公司实际需求脱节。允许公司根据实际情况判断特定情形下是否适用催缴，这无疑是最具灵活性的做法，但"理性决策"这一高度原则性的要求难以为公司实施催缴提供任何实质性的指引信息，可能导致出资催缴的适用随意程度过高。出资催缴具体应在哪些情形下得到适用，这一问题仍然需要依靠法律给出更为有效的指引，避免"应催不催"或"盲目催缴"。

既然以高度具象化的情形列举方法和高度原则化的授权公司理性决策的方法都难以确保出资催缴的适用贴合现实需求，不如从理论层面梳理作出催缴决策时所应遵循的基本思路，为公司在不同情形下决策是否适用出资催缴提供更具操作性的方法论指引。如此一来，既可以打破列举法先天的封闭性缺陷，也可以克服"理性决策"这一原则要求的抽象性局限，为公司判断特定情形下是否适用出资催缴提供更加易于把握的指引。具而言之，可以依据软家长主义的立法思路，由立法者承担起"家长"的角色，预先明确不同情形下决定是否适用出资催缴应考虑的要素，并根据不同情形下催缴决策的结果对公司内部和外部关系的影响，对公司进行催缴决策的自由度进行差异化控制。如果在特定情形下的催缴决策牵涉的利益主体多元，并且可能产生显著负外部性，法律宜对公司催缴给出相对确定的结论引导。即法律明确指示在特定情形下，应当适用出资催缴。反之，如果特定情形下的催缴决策牵涉

---

〔1〕　参见［德］卡尔·恩吉施：《法律思维导论》，郑永流译，法律出版社 2004 年版，第 153 页。

的利益主体相对单一，不涉及公司债权人等公司外部关系，法律完全可以为公司的催缴决策保留更充分的自由空间，对是否适用催缴给出倾向性或原则性的引导。即法律提示在特定情形下，可以适用出资催缴。

（一）涉及公司外部关系时的出资催缴适用

在公司不能清偿债务的情形下，是否催缴认缴出资会直接影响到公司外部第三人即公司债权人的利益实现。为了防止催缴决策不当产生严重的负外部性，法律在此情形下需要适当约束公司适用催缴的自由度，对是否适用出资催缴给出确定性的结论引导。笔者认为，公司不能偿债情形下的出资催缴适用规则可作如下设计：在公司不能偿债的情形下，应当审慎评估公司经营前景与财务状况。若公司显然不能获得足额资金以偿付可预见的债务，应当及时申请破产。若公司能够获得足额资金以偿付可预见的公司债务，则应当及时对尚未实际缴付的出资进行催缴。上述规则可以从以下方面进行理解：

第一，在公司不能偿债的情形下，是否适用出资催缴应考虑的核心要素是公司对于可预见债务的偿付能力。在公司无力清偿债务的情形下，适用出资催缴的目标在于恢复公司偿债能力，保障公司存续。但是，如果公司毫无存续价值，那么盲目实施催缴无疑就偏离了其基本目标定位。公司不能偿债这一外在表征并不足以全面反映公司的实际经营状况。公司究竟是已经彻底陷入穷途末路、回天乏术的状态，还是仅仅面临阶段性的周转困难，公司外部人基本无从知晓。如果公司虽然可以通过催缴来应对眼下的债务危机，但是整体财务状况和经营前景堪忧，根本无力应对可以预见的其他债务负担，那么就说明公司不能清偿的状态是持续性的。在这种情况下，允许公司通过催缴出资的方式对外偿债事实上并不能真正使公司恢复偿债能力，公司这一组织体的运行状态并不能因实施催缴而得到实质性改善。此时的催缴对于公司而言只是治标不治本的"强行续命"之举，反而可能导致破产之前的偏颇清偿。与此相反，如果公司对于可预见范围内的债务具备偿付能力，那么就说明公司目前偿债能力的缺失主要是由于资金流转和负债到期时间的错配，不能偿债的状况只是阶段性的。此时要求公司及时适用出资催缴显然符合催缴旨在促使认缴出资债权实现与公司实际需求相匹配的基本制度定位。

第二，如果公司显然已丧失对可预见范围内的债务偿付能力，应当及时申请破产。如果根据公司既有财务状况和经营发展前景，公司显然不能获足额资金以偿付既有的和可预见产生的公司债务，即公司不能偿债的状况将是持续性而非阶段性的，这也就意味着公司实际上已经失去了持续经营的价值。为了最大限度地避免公司财产在无意义的拖延中不断损耗，并保障偿债公平性，更优的办法是敦促其毫不迟延地提出破产申请。事实上，敦促无挽救希望的公司及时申请破产是各国立法和司法实践的常见做法。《德国民法典》第42条要求，在公司出现支付不能或负债过度的状况时，董事会必须提出启动支付不能程序申请。如果迟延提出申请，存在过错的董事会成员须就由此而生的损害对债权人承担责任。[1]《德国破产法》第15a条要求，资合公司和不存在自然人股东对企业债务负担个人责任的企业有义务申请破产。原则上，必须最晚于破产出现后的3周以内由代表机构不迟延地申请破产。如果法人无人管理，申请义务将发生扩张。例如，在有限责任公司中将该义务扩张到每个股东，除非能够证明其不知道支付不能或无人管理。[2]美国作为典型的英美法系国家，虽未以明文立法规定公司破产申请义务，但是司法中出现的"深化破产理论"（deepening insolvency theory）在一定程度上可以被视为创设了公司管理层间接承担清算破产公司的绝对义务。[3]根据该理论，如果公司濒临破产，公司的董事不及时申请破产而作出深化破产的经营决策，需要对公司债权人承担责任。2001年第三巡回上诉法院在"Official Committee of Unsecured Creditors v. R. F. Lafferty & Co. 案"中通过引用传统的侵权法格言"若有伤害，法必救济"，论证了"如果不断加深的破产对公司财产造成损害，……法院将通过承认该损害的诉讼原因提供补救"，从而正式认可深化破产是一项诉因。[4]此后，许多法院也承认，破产加深能够作为一种合法的诉因。[5]

第三，如果公司仍然具备对可预见范围内的债务偿付能力，公司应当适

---

〔1〕 参见《德国民法典》（第3版），陈卫佐译注，法律出版社2010年版，第17页。

〔2〕 参见［德］乌尔里希·福尔斯特:《德国破产法》（第7版），张宇晖译，中国法制出版社2020年版，第56页。

〔3〕 M. Schillig, "The Transition from Corporate Governance to Bankruptcy Governance Convergence of German and us Law", *European Company and Financial Law Review*, 2010 (1), 116~157.

〔4〕 J. Tully, "Plumbing the Depths of Corporate Litigation: Reforming the Deepening Insolvency Theory", *University of Illinois Law Review*, 2013 (5), 2087~2122.

〔5〕 T. K. Franklin, "Deepening Insolvency: What it is and Why it Should Prevail", *New York University Journal of Law & Business*, 2006 (2), 435~478.

时催缴出资。当公司陷入不能清偿境地，但整体仍然有能力偿付可预见范围内的债务时，要求公司适时催缴的合理性在于两方面：其一，在此情形下积极适用催缴而避免破产是企业维持原则的内在要求。如果根据公司既有财务状况和经营发展前景，公司尚且能够获得足额资金以偿付既有的和可预见产生的公司债务，即表明公司不能偿债的状况仅仅是阶段性的周转困难。这也就意味着公司实际上仍然具备持续经营的价值。在此情形下，根据企业维持的商事法律基本原则，当然有必要积极适用出资催缴制度以保障公司债权人及时受偿，防止其启动破产程序，将尚有经营价值的公司推向破产。其二，在此情形下明确要求公司实施催缴是抑制公司滥用催缴决策权，保护利益相关者和公司整体利益的必要手段。虽然权利总是包含着自由，但不能仅仅归结于自由。[1]如果权利人超出恰当的自由限度行使权利，而对其他法律主体的合法利益产生损害，就是对权利的滥用。具体来说，公司是认缴出资债权的债权人，当然有权决策是否通过实施催缴以实现认缴出资债权。但是，如果公司陷入无法清偿对外负债的状况，公司懈怠或者拖延进行催缴，以至于损及公司债权人的受偿权利，甚至导致有存续价值的公司走向破产，那么便可以被认为是对权利的滥用。法律确立公司在此情形下应当实施催缴，是保护利益相关者和公司整体利益的适当选择。

第四，在公司不能偿还负债的情形之下，公司不仅可以对已到期以及没有明确约定出资期限的股东出资进行催缴，也可以对出资期限尚未届至的出资进行催缴。认缴出资无论是否到期都不影响其作为公司责任财产的性质，因此在公司其他财产不能偿还负债的条件下，公司的催缴范围当然可以扩展到未到期出资。事实上，这也是巩固股东有限责任的基本原则，确保股东以其认缴的出资数额对公司承担责任的必然要求。如果在不能偿还债务的情形下，公司仍然不能催缴未到期出资，股东实际上便没有就其全部认缴数额对公司承担责任，而是仅仅以到期出资的数额对公司承担责任，这显然并不符合股东有限责任的要求。

（二）不涉及公司外部关系时的出资催缴适用

在公司资金充裕，能够充分偿还负债的情形下，公司是否必须对到期的

---

〔1〕　参见张文显：《法学基本范畴研究》，中国政法大学出版社1993年版，第76页。

出资债权进行催缴？目前学界对此问题并未达成共识。有学者指出，是否"催"，应视公司是否需要股东出资财产来承担对第三人的清偿责任而定。在不损害以债权人为主的公司外部第三人利益的条件下，催缴出资属于公司享有的权利而不是义务，理当遵循公司意思自治原则。[1]由此观点出发，出资期限届满之时只要公司能够正常清偿对外债务，公司便可以自主决定是否催缴股东到期出资。笔者不赞同此观点。笔者认为，即使出资期限届满之时公司具备偿还对外负债的能力，公司同样应当及时对出资期限届满的股东实施催缴，理由主要在于以下两点：其一，公司懈怠催缴到期出资可能对外部第三人利益存在非即时的潜在消极影响。出资期限届满时公司债务清偿能力充足并不意味着催缴决策完全不会对公司外部第三人利益产生负面影响。时间的继续往往意味着风险的继续，只要认缴出资债权尚未实现，就意味着作为债权人的公司持续面临不能受偿的风险。如果出资期限届满，而任由公司不对未实际缴付出资的股东进行催缴，实际上等于默许股东享有出资协议之外的期限利益，而将后续债权无法充分实现的风险完全留给公司，使公司承受公司章程与出资协议以外的风险。一旦股东实际缴付能力随时间发生减损，公司所享有的认缴出资债权落空，公司债权人等利益相关者的合法权益依旧可能遭受到负面影响。申言之，当公司具有充足的偿债能力时，公司不对到期出资进行催缴只是不会对公司债权人利益造成即时的确定性损害，但却可能带来潜在的可能风险。法律不能因为没有对外部第三人利益产生即时损害而放任长期潜在风险的存在。其二，认缴出资催缴制度不仅旨在提升认缴出资债权实现的适时性，同时也是认缴出资债权实现风险控制规则体系的一部分。因此出资催缴决策不能简单着眼于为公司及时实现出资债权满足经营需求提供保障，还要考虑通过催缴消除认缴出资债权实现的不确定性。即使公司不存在资金短缺的状况，法律仍有必要以更加清晰的规定引导公司积极防控出资债权实现风险，不能任由其懈怠催缴到期出资。综上所述，即使公司并不存在资金短缺的状况，法律仍然不宜对出资期限届满情形下是否适用出资催缴保持沉默。应当要求公司及时催缴已经到期的出资，以保障相应认缴出资债权的安全性。

〔1〕 参见袁碧华：《"认"与"缴"二分视角下公司催缴出资制度研究》，载《中国法学》2019年第2期，第206～207页。

## 二、催缴的操作规则

### (一) 催缴顺位的确定

为了保障催缴的公平性，在出资催缴中妥善平衡股东之间的利益关系，法律应明确规定催缴的顺位规则，以明确优先对哪些股东实施催缴。

第一，章程约定的催缴顺位应当优先适用。现代企业究其本质而言是章程企业，有赖于章程维系。[1]各个国家和地区的立法和实践普遍要求公司在设立之时必须制备章程，我国立法也明确将制定公司章程作为设立公司的必要条件之一。公司章程作为公司治理的"宪章"，公司经营管理者的基本行动指南，当然可以就催缴的顺序作出事先安排。而且，催缴的顺位安排仅涉及股东之间的利益，并不影响公司债权人等外部第三人利益的实现。在此条件下，法律当然应当充分尊重公司作为独立商事主体的意思自治。因此，如果公司章程事先已经对催缴顺位作出安排，公司应当遵循章程的规定制定催缴方案。

第二，在公司章程没有就出资催缴的顺位问题作出特别规定的情形下，应当按照出资到期先后顺序催缴未到期出资。这可以从两个方面理解：一方面，在符合法定和约定催缴未到期出资的情形下，公司应当优先催缴已经到期的出资和可以随时到期的出资。股东出资兼具法定性和约定性，缴付期限不仅是股东之间的约定，也受到法律的肯定。在特定情形下允许公司催缴出资期限尚未届满的出资，这主要是为了避免股东出资自由过度膨胀影响公司以及债权人等利益相关者合法权益的实现，并贯彻企业维持的商事法律基本原则，绝不意味着彻底否定股东享有的期限利益。因此，如果催缴已经到期的出资和可以随时到期的出资即可达成上述制度目标，显然再无必要牺牲股东的出资期限利益。另一方面，未到期出资的出资到期时间也有先后之分，在符合法定和约定催缴未到期出资的情形下，如果公司章程没有特别规定，原则上应按照出资到期先后顺序催缴未到期出资。例如，某公司催缴已经到期的出资和可以随时到期的出资仍旧不足以满足偿债需求。股东甲的出资 10 年后到期，股东乙的出资 15 年后到期，股东丙的出资 20 年后到期，董事应

---

[1] 参见刘俊海：《公司的社会责任》，法律出版社 1999 年版，第 15 页。

当优先对甲的出资进行催缴，不足部分对乙进行催缴，再不足的部分向丙催缴。理由在于，出资协议确定的到期先后顺序本质上也是股东对公司内部利益关系的一种契约安排，在不影响公司外部关系的情况下应该得到充分尊重。

### （二）催缴数额的确定

关于催缴的数额确定，应当根据催缴出资的类型不同采取差异性的规则。已经到期的出资，原则上公司应当及时全部催缴。未明确规定出资期限的出资，公司可以自行决定催缴数额。在符合章程或者法律规定的情形下，公司催缴未到期出资，其催缴数额须以应对问题的实际所需为限。针对不同类型的出资设置差异化的催缴数额确定规则，主要目的在于平衡公司、债权人与股东多元主体之间的利益。对未到期出资的催缴数额从严约束是为了在保障公司存续与债权人受偿的基础上最大限度尊地重股东依法享有的期限利益。

关于催缴数额的确定，另一个需要明确的问题是，在对未到期出资进行催缴时，股东是否可以主张从催缴数额中扣除从实际履行出资义务之日起至出资协议规定履行之日的利息数额，按照减去利息损失后的数额对公司实际缴付出资？笔者对此持否定的观点。其一，股东的出资本质上是其获得公司股份所应该支付的对价。出于降低公司设立门槛、激发市场活力的目的，公司法不再对股东实际缴纳出资的时间作出刚性要求，但这并不意味着股份对价可以不完全交付给公司。股东严格按照出资协议约定的数额向公司实际履行出资义务，这是保证出资协议基础公平性（即股东获取每一股份都支付相应对价）的基本要求。其二，从我国现有立法看来，利息收益请求权和期限利益相互伴生。[1]在特定情形下对股东享有的期限利益加以限制本身就蕴含着对其利息收益请求权的限制，股东在丧失期限利益的时候自然就不再单独享受利息收益请求权。其三，从实践角度考量，如果认可扣除利息，一旦股东约定的出资期限极其漫长，甚至可能出现扣减的利息数额超出股东出资数额的状况，即催缴未到期出资的数额成为负值。这既突破了基本公平性，也与倡导股东理性设定出资期限的认缴制改革初衷背道而驰。

---

[1]《企业破产法》第46条规定："未到期的债权，在破产申请受理时视为到期。附利息的债权自破产申请受理时起停止计息。"

（三）催缴的宽限期与效力发生

为确保股东能够及时获知催缴的决策并给股东筹措资金履行出资义务留下必要的准备时间，域外立法普遍对催缴的具体实施方法作出了明确规定，要求以书面方式实施催缴并为股东留下一定的宽限期。《德国有限责任公司法》第 21 条规定催缴要以挂号信的方式作出，宽限期必须至少为 1 个月。[1]《美国特拉华州普通公司法》第 163 条规定书面通知股票持有人或预订人预付款的时间和地点，宽限期不少于 30 天。[2]《英国公众公司的标准章程》清单 3 第 54 条规定的宽限期是不少于 14 天。[3]《日本公司法》第 36 条规定的宽限期是不少于 2 周。[4]

在催缴方法方面，鉴于口头催缴形式规范性程度较低，而且监督难度大，操作上的随意性难以控制。笔者认为，对于出资的催缴应当统一采取书面方式作出，但是不宜局限为挂号信或者某种特定的书面方式。除了传统的信件方式，电报、传真、电子邮件等数据电文均可作为适格的催缴通知方式。此外，如果出现股东下落不明、联系方式变更，无法以书面方式对其发出催缴通知的特殊状况，可参照民事债权债务关系中债权人无法催告的做法，即如果存在无从进行催告的状况，可以向法院请求公示送达。[5]

在催缴的宽限期方面，笔者认为，可参照相关立法经验，不早于通知发出后的 30 日。但是，鉴于公司不能偿债情形下的催缴进程直接关系到公司债权人的受偿，原则上应当对宽限期上限作出必要限制，具体可考虑设置为：公司不能偿债情形下的催缴，股东收到催缴通知之后的 90 日之内应当按照催缴

---

〔1〕《德国商事公司法》，胡晓静、杨代雄译，法律出版社 2014 年版，第 34 页。

〔2〕《美国特拉华州普通公司法》第 163 条规定："董事对预付款的时间和地点应当有书面通知发给每一位未付清价金的股票持有人或预订人，这通知一定要在制定的付款日期前 30 天按照董事会所知道的近日邮寄地址寄达上述股票持有人或预订人。"参见卞耀武主编：《特拉华州普通公司法》，左羽译，法律出版社 2001 年版，第 59 页。

〔3〕《英国公众公司的标准章程》清单 3 第 54 条（SI2008/3229，sch3art54）规定："董事可以向股东发出催缴通知要求股东向公司支付股份的应付数额。催缴通知所要求的该股东支付的催缴数额不得超过该股份的未缴付数额；并且催缴通知必须载明支付催缴数额的时间和方式，可以允许分期支付。股东必须遵守催缴通知的要求，但股东没有义务在该通知发出后的 14 日内支付任何催缴数额。"参见葛伟军：《英国公司法要义》，法律出版社 2014 年版，第 556 页。

〔4〕吴建斌编译：《日本公司法：附经典判例》，法律出版社 2017 年版，第 17 页。

〔5〕参见史尚宽：《债法总论》，葛支松校勘，中国政法大学出版社 2000 年版，第 397 页。

通知的要求向公司实际履行出资义务。

关于催缴的效力发生，笔者认为，原则上应当采取到达生效标准。理由在于，依据民事债权的一般理论，催告因到达相对人而发生效力。[1]由于认而未缴之出资本质上就是债权，出资缴纳催告效果的发生应当与之同理，即到达被催缴的股东而发生效力。公示送达的情形下，难以通过相对直观的标准判断催缴通知是否到达，故而法定期间经过，即发生催缴的效力。如果被催缴的股东没有在催告通知的指定期限之内将被催告的部分出资实际缴付给公司，则相应部分的出资义务会陷于履行迟延，股东需要承担相应的继续履行、赔偿损失等民事法律责任。

### 三、催而不缴的约束与补救

结合前文对出资催缴适用情形的分析不难发现，在商业经营活动中，适用出资催缴的一个主要目的就是应对公司资金不足的问题。"股东"的身份通常彰显着权利而非义务的意味，一旦商事风险从理论可能变为现实状况，尚未实际缴付出资的股东便会本能地滋生侥幸心理与逃避意图。[2]因此，认缴出资催缴制度的设计如果止步于明确催缴的适用情形和规定相应的实体与程序规定，注定无法从根本上保障公司充分实现认缴出资债权。假如股东在接收到公司发出的催缴通知后仍然可以轻易逃避实际履行出资义务，无非是让认缴制下的出资问题从"认而不缴"转变为"催而不缴"。为了避免认缴出资催缴制度流于纸面、徒存具文，法律必须针对"催而不缴"问题作出有力回应，约束股东催而不缴的行为，并为公司在催而不缴情形下补足出资额的空缺提供切实可行的路径，以实现对公司的救济。

#### （一）对股东催而不缴行为的约束

第一，允许公司限制催而不缴股东的权利，没收已经缴纳的出资，直至开除其股东身份。出资是出资人取得股东身份并享有相应权利的对价。股东拒绝支付股金，既违背了与公司之间形成的出资约定，也违反了其作为公司

---

〔1〕 参见史尚宽：《债法总论》，葛支松校勘，中国政法大学出版社 2000 年版，第 397 页。

〔2〕 参见刘燕：《公司法资本制度改革的逻辑与路径——基于商业实践视角的观察》，载《法学研究》2014 年第 5 期，第 53 页。

成员的法定义务，因此公司限制其基于股东身份享有的权利，没收已缴纳出资，甚至开除其股东身份当然具备正当性。通过前文的比较法梳理不难发现，在催而不缴的状况下允许限制股东权利，没收已缴纳出资，乃至开除其股东身份也是各国公司法的常见措施。在借鉴国际立法经验的基础上，我国可改进现有规则，强化对股东催而不缴行为的约束力度。首先，我国《公司法司法解释（三）》第16条虽然规定可以合理限制未履行或者未全面履行出资义务股东的股东权利，但条文中列举的三种股东权利都属于自益权，对于出席股东会议、参与表决等共益权是否可以限制并未作出明确规定。笔者认为，股东共益权是其基于公司成员身份而享有的一种利益，且权利的行使直接关系到公司的经营活动，根据权利与义务相统一的基本法律原则，股东不履行出资的基本义务，相应范围内的权利自然应该受到限制，且从比较法角度看，域外立法中存在明确限制迟延缴付出资股东的共益权之例。《意大利民法典》第2344条明确指出"关于缴纳，迟延的股东不得行使表决权"。[1]因此，应当明确催而不缴的股东不仅自益权受到限制，共益权的行使也要受到约束。其次，我国《公司法司法解释（三）》第17条虽然肯定了如果有限责任公司的股东未履行出资义务，催告缴纳后仍未出资，可以取消其股东资格。但是，股东在催缴前和催缴后都没有履行任何出资义务的情况毕竟是少数，多数股东催而不缴的情形可能只构成未完全履行出资义务，股东除名的适用范围实为苛刻。笔者认为，只要催而不缴的绝对数额或者占据公司注册资本额的比例达到一定水平，即可作为适用取消股东资格的条件。当然，必须强调的是，取消股东资格是对股东认而不缴行为最为激烈的制约手段，理当谨慎适用。在除名之前应对股东发出取消股东资格的警告，若其表示愿意在一定期限内补缴，则应允许。补缴期限届满后若仍未履行出资，再实施除名。最后，补充没收股东已经缴纳出资的规定。没收股东已经缴纳的出资意味着这部分财产成为股东投资行为不可回收的成本。在立法中肯定当股东催而不缴时，公司可以没收已缴付出资能够激励股东严守出资义务以降低沉没成本。

第二，允许公司对催而不缴的股东加收迟延缴付利息，并要求股东赔偿迟延履行所造成的其他损害。德国立法明确要求催而不缴的股东支付迟延利

---

〔1〕 参见《意大利民法典》，陈国柱译，中国人民大学出版社2010年版，第405页。

息，并要求其承担迟延给公司造成的损失。[1]笔者认为，我国有必要采纳德国的立法经验，加大对催而不缴股东的威慑力度。理由在于，假如股东此前完全没有实缴过出资，没收股东已缴付出资的约束措施根本不能对股东催而不缴形成任何有效威慑。假如恰逢公司经营情况不佳，股东本身不再追求获利，无论是分红权、表决权等权利的限制，还是股东除名，对其逃避出资义务的意图都难以形成有效威慑。在此情形下，如果不加重对催而不缴行为的责任追究力度，实际上无异于反向激励股东根据公司经营状况"见风使舵"，选择性履行出资义务。迟延缴付利息的计算标准可以由公司章程自行确定，如果章程并未作出规定则可依据同期银行贷款利率计算。此外，应当明确，催而不缴的股东对公司的损害赔偿责任不因其负担了迟延缴付利息、被限制股东权利、被没收已缴付出资或者被除名而被排除。

（二）对股东催而不缴行为的补救

公司在催而不缴情形下可以尝试采取对内和对外重新筹资方式补足出资额的空缺。根据《公司法司法解释（三）》第6条的规定，当股份有限公司的认股人未按期缴纳股款时，若经过催缴仍不缴纳，公司发起人可以对该股份另行募集。由此可见，我国对于以重新筹资的方式补足出资数额是具备一定的实践经验积淀的。笔者认为，我国可以在借鉴国际同类型经验的基础上，对公司重新筹集资金补足出资的具体规则作出进一步细化。

第一，在股东催而不缴的情形下，公司原则上应优先选择在公司内部筹资以补足出资额空缺。当某个股东催而不缴时，公司直接对外重新筹资容易对公司的人合性造成破坏，因此对内重新筹资应当优先于对外重新筹资。这要求公司准备重新筹资时，率先在公司内部征集其他股东认购未实缴出资股份的意见。其余股东如果都表示愿意认购股份、补足出资，则按照原先认缴出资的比例来分担未实缴出资股份。个别股东不愿参与重新筹资或者愿意分担的未实缴出资股份小于按照上述计算方法确定的比例，可以按照上述方法

---

[1]《德国有限责任公司法》第20条规定，股东未及时缴纳催缴的基本出资数额，负有依法支付迟延利息的义务。第21条第3款规定，公司因欠缴金额或者嗣后催缴的基本出资金额而遭受的损失，被除名的股东仍对公司承担责任。参见《德国商事公司法》，胡晓静、杨代雄译，法律出版社2014年版，第34页。《德国股份法》第63条第2款规定，未及时缴纳出资的股东应该自催缴期限届满起，按照5%的年利率支付利息。对其他损害的主张不受排除。参见《德国商事公司法》，胡晓静、杨代雄译，法律出版社2014年版，第91页。

继续由其他股东分担未实缴出资股份。如此可以最大限度地保障公司通过内部筹资的方式补足出资额空缺，维持人合性，同时兼顾股东之间就改变出资比例所形成的意思自治。

第二，在公司内部无法完全重新认购未实缴出资股份的状况下，公司可通过公开拍卖等方式出售未实缴的股份以重新筹资。公司（主要是有限责任公司）的人合性固然是其重要特征，但是股东出资的充分到位同样是维系公司存续所必不可少的基础条件。如果催而不缴所形成的出资数额空缺无法通过公司内部对未实缴股份的认购和补足出资来实现，则基于维护公司经营存续的物质基础之目的，不能固守公司的人合性，有必要允许公司从外部重新筹集资金。域外立法通常采用公开拍卖和公开出售未实缴出资股份的方式实现对外重新筹集资金，也有在特定情形下允许采取其他出售方式的立法例。[1]笔者认为，在公开竞价的形式下，股份的市场价值能够得到较为公允的体现，将股份出售给最高应价者的买卖方式最有利于保障公司充分补足出资数额的缺口。因此，公司原则上应该采取公开拍卖未实缴股份的方式确定新股东。

第三，如果公司内部不能完全认购未实缴股份，也没有外部购买人愿意收购未实缴股份，则公司应该不迟延地进入减资程序。从比较法上看，《意大利民法典》第 2344 第 3 款即对此作出了明文规定，要求未卖出的股份在迟延的股东被宣告失权的会计年度中不得再被置于流通场合，应使与其相当的资本减少一同消灭。[2]笔者认为，该立法经验值得借鉴，因为如果无论从公司内部还是外部都不能有效筹措资金填补催而不缴所形成的出资数额缺口，那便意味着公司几乎再无可能获得股份的应有对价，此时若不及时减资，可能

---

〔1〕《美国特拉华州普通公司法》第 164 条规定，如果股东没有如期充足支付催付款，董事可以提起司法诉讼，向相关股东收取催付款数额或者其中尚未支付的部分；或者可以公开出售该拖欠债务股东的股份，用售卖股份所得金额支付到期应付款数额、利息以及所有额外开支。参见虞政平编译：《美国公司法规精选》，商务印书馆 2004 年版，第 349 页。《德国有限责任公司法》第 23 条即规定，如果前权利人不能缴纳欠缴出资，公司可以通过公开拍卖的方式将相应的营业份额对外售出，且经过被除名股东的同意，可以采取其他的出售方式。《德国股份法》第 65 条第 3 款规定，拖欠的数额未能从前手处获得的，公司应将该股票不迟延地以股票市场价格，在欠缺股票市场价格时通过公开拍卖进行出售。参见《德国商事公司法》，胡晓静、杨代雄译，法律出版社 2014 年版，第 35、92 页。《意大利民法典》第 2344 条第 1 款明确指出，股东对其负有义务的负担部分不实行支付场合，董事在共和国政府公报公示警告之后经过 15 日时，得通过股份经纪人或者金融机关，以该股东的危险和计算使将股份卖出。参见《意大利民法典》，陈国柱译，中国人民大学出版社 2010 年版，第 405 页。

〔2〕参见《意大利民法典》，陈国柱译，中国人民大学出版社 2010 年版，第 405 页。

导致公司注册资本虚高，误导市场参与者的交易行为。

## 四、董事在催缴中的义务与责任

### （一）董事在催缴中的义务

为了对董事履行催缴职责的行为进行引导，理当进一步明确董事在出资催缴中的义务。董事的催缴义务实质上就是董事勤勉义务在出资催缴中的具象化，旨在对董事履行出资监管职务施加具体的指引，保障认缴出资债权真正有效地服务于公司经营与偿债。具体来看，董事在出资催缴中的义务应当包括以下几方面的内容：

第一，调查义务。在认缴出资催缴制度中，董事所负担的勤勉义务最基础的表现形式就是践行调查职务。正如世界上并无两片同样的树叶，每个公司的经营状况都不尽相同。在特定的情形之下是否需要对股东出资进行催缴，这归根结底是一个针对本公司的个性化商业判断，法律不可能就此问题给出一个放之于四海而皆准的标准答案。为了避免对高度专业化的商业判断采取粗暴的干扰，法律的理性选择只能是：充分尊重专业的商事活动参与者基于理性判断作出的决定。董事是代表公司对认缴出资债权实现事项进行决策的主体。科学合理的催缴决策必然建立在决策者充分知悉公司资金需求和公司享有的出资债权之内容的基础上。从商业活动的一般经验来看，充分而周详的调查是董事知悉公司资金需求和股东认缴出资状况的基本方法。由此可知，董事只有进行了调查，切实就公司资金需求和股东出资情况进行了解，才有理由认为其提请并参与公司关于催缴事项的决策是在秉持职业谨慎态度的基础上作出的理性履职行为，而非没有客观依据的恣意行为，进而为其判断结果受到法律上的尊重奠定合理性基础。因此，调查是董事在认缴出资催缴中所承担的最基本的职务内容，是妥当履职必不可少的根本保证。

第二，适时且理性地作出催缴决策的义务。为彰显公司的独立法律人格，防止在认缴出资债权实现过程中，公司债权人、股东等利益主体之间发生"混战"，有必要确定公司在认缴出资债权实现中的主导地位，在认缴出资催缴中也不能突破这一基本逻辑主线。公司的法律人格由法律拟制产生，公司催缴的适时性和正当性归根结底还是建立在董事适时且理性作出催缴决策的基础之上，因此有必要明确将适时与理性决策规定为董事在出资催缴中所负担的基本职务。适时决策的职务要求董事在充分履行前述调查义务的基础上，对公司资金需求状况和股东出资状况保持应有的关注，一旦公司出现资金需求短缺，即应适时决策是否进行出资催缴。若决定实施催缴，应及时制定相应的催缴方案，明确对哪些股东进行催缴，催缴的数额分配和时间限定以及催而不缴的情形下计划采取哪些约束措施等具体内容。理性决策的义务要求董事在作出催缴决策的过程中，必须保持身为董事的职业谨慎，结合履行调查职务所知悉的公司实际经营状况以及股东的出资状况等信息，就是否催缴和催缴方案进行理性判断。

第三，积极执行催缴决策的义务。董事在认缴出资催缴中的职务身份并不单一，即董事不仅扮演着决策者的角色，同时也扮演着执行者的角色。因此，董事在出资催缴中的职务不限于作出理性的催缴决策，还需积极执行催缴决策，督促股东落实催缴决策的内容，及时向公司实际履行出资义务。董事积极执行催缴决策主要包含以下几方面的具体内容：一是决策后及时对相应的股东发出催告缴纳的通知。公司催缴的意思表示传达到股东，这既是完成催缴的必要前提，也是保障被催缴股东知情权的应有之义。因此，公司催缴决策确定之后，董事应该毫不迟延地通知相应股东，而且通知的内容应当翔实。具体应当包括：作出催缴决策的基本依据、被催缴股东需要缴付的具体数额、缴付的时限以及到期不缴的后果。二是为股东履行出资义务提供必要的协助以及核验股东给付是否符合催缴通知内容。股东接到公司催告缴纳的通知之后，如果其出资义务以公司的协助为必要，例如股东交付的出资标的物需要公司受领的情形，董事作为催缴的执行者应积极提供必要协助。此外，董事还需毫不迟延地对股东出资义务履行状况进行核验，检查股东所为给付是否与对其发出的催缴内容相一致。三是对于没有按照催缴内容履行出资义务的股东施加相应的约束措施。由于对被催缴股东所发出的催缴通知上已经说明不按照通知履行义务的后果，充分保障了股东认知不利后果的知情权，所以当被催缴股东未按照出资催缴通知全面适当履行出资义务之时，董事作为催缴执行者当然有权利对其施加事先说明的约束措施，这也是董事积极履职的具体体现。

（二）董事在催缴中的责任

董事如果在出资催缴事务中未能尽到上述法定义务，自然需要接受来自法律的否定性评价，对公司承担相应的民事法律责任。就目前的司法实践来看，不同法院对于董事未尽出资催缴义务情形下的民事责任承担问题采取的裁判观点不尽一致。在"招商银行盐田支行、华晟达公司股东损害公司债权人利益责任纠纷案"中，法院以《公司法司法解释（三）》第13条第4款的规定作为裁判依据，要求未能提交证据证明自身已经勤勉尽职督促股东出资的董事与未充分履行出资义务的股东连带在其未履行出资义务的本息范围内对公司负债承担补充赔偿责任，并确认董事在承担责任后可以向未实际缴付出资的股东进行追偿。[1] 在"斯曼特公司、胡某某损害公司利益责任纠纷案"中，最高人民法院在再审中适用当时的《公司法》第149条，要求6名在催缴出资中未能充分尽到勤勉义务的董事连带对公司承担赔偿责任，赔偿的范围是公司因股东未出资到位而形成的相应资本缺口。[2] 笔者认为，以上两种裁判观点的核心区别在于：在认缴出资催缴中未能充分尽职的董事究竟是否被作为补足出资责任的最终承担者。前一种裁判思路实质上就是肯定在催缴中没有充分尽职的董事不是最终责任人；后一种裁判思路，实质上是将未完整实现的认缴出资债权视为公司因董事失职而遭受的损失，在催缴中没有充分尽职的董事就是填补该损失的最终责任人。笔者更为赞同前一种裁判立场，即在催缴中未尽法定义务的董事所要承担的法律责任不应是终局性责任。理由在于：对公司缴付出资归根结底是股东的法定义务而不是董事的义务。在认缴出资催缴中，公司认缴出资债权无法完整实现最为根本的原因在于股东本身没有充分对公司履行缴纳出资的法定义务，而不是董事在催缴中没有充分尽职。董事在认缴出资催缴中没有充分尽职只是未有效控制公司认缴出资债权落空的风险，而不是制造了上述风险，故在认缴出资催缴中没有充分尽职的董事不应被作为公司认缴出资债权未能完整实现的最终责任承担者。为了保护公司资本充实，执行职务行为不符合法律要求的董事毫无疑问需要与催而不缴的股东连带补足出资。但是，为了彰显缴付出资属于股东义务而非董事义务，法律应明确董事承担补足出资责任不具有终局性，董事可以在承担责任之后向催而未缴的股东追偿。

---

〔1〕 参见广东省深圳市中级人民法院［2015］深中法商终字第11号民事判决书。

〔2〕 参见中华人民共和国最高人民法院［2018］最高法民再366号民事判决书。

# 第四章

# 认缴出资债权的处分

公司结合自身经营中的实际状况，对尚未实际缴付出资的股东进行催缴，要求受到催缴的股东按照催缴通知对公司履行实际缴付出资的义务，这是公司实现认缴出资债权，保障自身存续与发展的重要方式。但是，催缴绝非公司实现认缴出资债权的唯一路径选择。根据债法的一般原理，债权之处分，亦蕴含实现债权之机能。债权处分的典型方式包括债权抵销、债权让与以及权利质权的设定等。[1]认缴出资债权虽然具有不同于一般民事债权的特点，但是由于其基本法律属性仍然是债权，因此公司选择以处分的方式实现认缴出资债权同样具有可行性。我国目前尚未从立法上专门设定认缴出资债权的处分规则，《公司法》也并未对此问题投入充分关注，但是从我国司法实践来看，公司采取抵销、转让等处分方式实现认缴出资债权的操作早已出现。认缴出资债权兼具法定性与约定性，与一般的民事债权有所差异。忽视认缴出资债权的特殊性，全盘照搬民事债权处分的一般规则可能导致出资债权贬损落空，影响公司资本的充分与真实。因此，结合认缴出资债权的特殊性设计有针对性的处分规则，将认缴出资债权的处分纳入《公司法》的规范调整范围，成了我国进一步优化认缴出资配套法律机制的重要内容之一。

## 第一节 认缴出资债权处分的法理基础与现实意义

### 一、认缴出资债权处分的法理基础

认缴出资债权处分的法理基础在于两点：一是认缴出资债权是公司财产，

---

〔1〕 参见王泽鉴：《债法原理》（第1册·基本理论 债之发生·契约、代理权授予、无因管理），中国政法大学出版社2001年版，第20页。

公司有权进行处分。根据财务会计制度，仅有实缴资本才被作为会计记载科目和基本数据，认而不缴的注册资本几乎没有财会上的意义，不被计入公司资产。[1]但从法律的视角审视，认缴出资债权的公司财产属性与其债权属性是同一事物之两面，而且无论该债权是否到期都不影响其财产属性。[2]理由在于，虽然认缴制下由于出资期限的存在，公司不能实际占有并支配未到期出资所指向的货币和现物，即未到期出资所指向的货币和现物仅仅是公司未来可以获取的财产。但只要股东完成足额认缴，公司依法设立之后即可以作为独立的法律主体享有出资债权，即公司已然通过股东的认缴获得包括未到期出资在内的认缴出资债权作为可处分的财产。二是认缴出资债权能够实现完全的财产化。债权的具体类型繁多，并非任何类型的债权都适宜以抵销、转让等处分方式来实现，这一点在我国《民法典》第545条关于债权转让的限制性规定中得到了反映。认缴出资债权能够通过抵销、转让等处分方式得以实现的正当性基础在于其能够实现完全的财产化。鉴于在当今商品经济高度发达的背景下，各种权利都可能财产化，故笔者采用"完全财产化"之表达，意在区别一般意义上的权利能够转化为一定的财产利益，强调认缴出资债权的非人格化是公司能够顺利以处分方式实现该债权的理论基础。所谓"财产化"即能够打破人身依附性的枷锁，实现从主观人身关系到客观经济关系的推移。[3]通常认为，债权要实现"彻底"的财产化，需要符合以下两个条件：其一是能够完全脱离基础关系而成为一项独立的可流通财产权利；其二是债权所蕴含的财产价值能以货币评估和支付。[4]根据前文对认缴出资债权法律特征的分析不难发现，认缴出资债权完全符合"完全财产化"的条件。就前一条件分析，认缴出资债权是基于出资这一商事行为而产生的债权，本

---

〔1〕 参见赵旭东：《资本制度变革下的资本法律责任——公司法修改的理性解读》，载《法学研究》2014年第5期，第24~25页。

〔2〕 参见丁勇：《认缴制后公司法资本规则的革新》，载《法学研究》2018年第2期，第156页。上海香通国际贸易有限公司诉上海昊跃投资管理有限公司等股权转让纠纷案，上海市普陀区人民法院［2014］普民二（商）初字第5182号民事判决书。浙江雅士迪真皮座套有限公司诉许为明等公司债权人利益责任纠纷案，浙江省宁波市鄞州区人民法院［2017］浙0212民初11131号民事判决书。

〔3〕 参见［日］我妻荣：《债权在近代法中的优越地位》，王书江、张雷译，中国大百科全书出版社1999年版，第20页。

〔4〕 参见孟勤国、戴盛仪：《论公司法上的债权出资》，载《社会科学战线》2013年第7期，第189页。

身就不具有无因管理债权、不当得利债权那样强烈的伦理属性，也不像基于委托、雇佣、赠与而生的合同债权那般具有强烈的人身附着性。此外，根据我国公司法律规范，股东认缴后即取得作为对价的股份，作为债权人的公司已经履行出资债权对应的合同义务，此时在出资的债权债务关系之中，债权人公司对债务人股东只享有债权。因此，在出资协议未明确约定不得对第三人转让的条件下，认缴出资债权完全具有脱离基础关系，依法独立流通的可能。就后一条件分析，我国《公司法》对股东出资形式提出了"可以用货币估价"和"可依法转让"的要求。[1]而且，随着市场经济的繁荣和发达，债权交易已经日趋成熟，估价操作早已具有实践层面的可操作性。

## 二、认缴出资债权处分的现实意义

认缴出资债权的处分不仅具有充分的法理正当性，同时还有重要的现实意义。在《公司法》的修订进程中，立法者尝试探索构建认缴出资债权处分制度对于提升公司资金筹资和利用效率，增强我国公司立法的竞争力，进而发挥公司法律制度对社会经济的推动与保障作用具有重要价值。

第一，加速到期本质上是对股东出资义务的加重，其适用情形必然受到严格的限制。当公司不能对出资期限尚未届满的出资债权进行催缴时，如果未到期出资的股东不愿主动做出期前履行，转让认缴出资债权可以帮助公司克服出资期限造成的资金筹集障碍，满足资金需求。当被催缴股东缺乏及时缴付出资能力且公司无法以行使担保权利等方式实现认缴出资债权时，转让认缴出资债权可以避免因个别股东短期的资金周转不灵而阻碍公司资金筹措进度。在股东面临破产的特殊情形下，抵销甚至可能成为公司实现认缴出资债权的最优方法。综上可知，抵销与转让等债权处分方式对于实现认缴出资债权具有重要现实价值。

第二，在全球一体化的浪潮之下，公司法所调整的对象即公司，其生存、运营和发展的各个阶段都要面向国际竞争。如果执着于以国内适应性审视一个国家的公司立法，其公司法势必与公司经营与发展趋向国际化的形势产生

---

[1]《公司法》第48条第1款规定："股东可以用货币出资，也可以用实物、知识产权、土地使用权等可以用货币估价并可以依法转让的非货币财产作价出资；但是，法律、行政法规规定不得作为出资的财产除外。"

脱节。[1]公司法律制度的改革不能仅仅着眼于为国内社会经济发展中遇到的问题提供应对方案，还有必要考虑到公司法律规范改革的内容对于全球范围内国际竞争的适应性。从其他国家和地区的公司法律实践来看，公司以抵销、转让等处分方式实现出资债权已经得到认可。例如，《德国有限责任公司法》第19条和《德国股份法》第66条即对出资债权的抵销问题作出了规定；英国普通法中同样存在关于出资债权抵销的内容。我国在公司法中就认缴出资债权处分作出了明确规定，有利于提升立法竞争力，改善我国的商事法治环境。

第三，公司是商业活动的重要参与者，是构筑社会经济的微观单元。公司法的改革不能拘泥于对应然性问题的应对，还需要投入更多的注意力到实然性问题当中，更多地聚焦于公司法的法律制度结构与现实的社会经济结构之间的关联作用，侧重于发掘社会经济发展对公司法律制度提出的现实需求，并通过公司法律制度的科学构建反过来引导和促进社会经济结构的优化调整。鉴于我国目前商事活动中已经出现以转让、抵销等处分方式实现认缴出资债权的实践，即实践已经走在了立法之前，我国《公司法》应适时回应现实需求，由此构建系统化的认缴出资处分制度就成了确保公司法律制度与社会经济结构保持匹配的应有之义。

## 第二节　认缴出资债权处分的现状检视

### 一、认缴出资债权处分的现状

虽然我国立法一直未就认缴出资债权的处分问题进行针对性规制，但是司法实践中已经出现通过转让、抵销等处分方式实现认缴出资债权的实践。就目前所能检索到的认缴出资债权处分相关案例来看，对于是否能够适用一般民事债权处分规则来应对认缴出资债权的处分问题，不同法院所持观点的差异较大。

部分法院直接依据民法中的债权转让、抵销等处分规则来应对认缴出资债权的转让和抵销问题。例如，在"华能时代公司与某某林等确认合同有效纠纷案"中，法院确定认缴出资债权转让协议有效的法律依据就是《合同法》

---

〔1〕　王保树：《竞争与发展：公司法改革面临的主题》，载《现代法学》2003年第3期，第15页。

第 79 条关于合同权利转让给第三人的规定。在本案中，2014 年 10 月 20 日，华能时代公司股东会基于公司运营需求决议增资 1.7 亿元。股东会决议次日，华能时代公司与某某林订立借款协议，协议内容是华能时代公司向某某林借款 2 亿元，其中 1.7 亿元借款的用途是为华能时代公司增资。2015 年 10 月 25 日华能时代公司与某某林正式签订《债权转让协议书》。华能时代公司与某某林约定，将公司增加注册资本中所形成的 1.7 亿元出资债权全部转让给公司债权人某某林，并由股东陈某坤、某某辉、郑某某分别依出资比例清偿某某林这 1.7 亿元债权，华能时代公司不再作为偿还 1.7 亿元借款的义务人。随后，华能时代公司向法院提起确认之诉，请求确认其与某某林所缔结的出资债权转让协议合法有效。黑龙江省哈尔滨市道外区人民法院在判决中认为，华能时代公司与其债权人某某林所缔结的《债权转让协议》并不存在违反《合同法》第 79 条之规定的内容。〔1〕而且，虽然华能时代公司没有通知公司股东已经将认缴出资债权转让给某某林，但是经由诉讼程序亦可视为进行了通知。故法院最终认定华能时代公司与某某林所缔结的《债权转让协议》确属合法有效。〔2〕在"冠沧公司与朱某某股东出资纠纷案"中，一审和二审法院均按照民事债权的抵销规则来处理认缴出资债权的抵销问题。江苏省靖江市人民法院在一审判决中认定，被告朱某某出资的 3 983 840 元中有 3 321 077.3 元是冠沧公司对其偿还债务的款项，被告以该部分资金对公司进行出资确为有效出资，即被告在此金额范围内已经履行出资义务。〔3〕江苏省泰州市中级人民法院在二审判决中支持了一审法院的观点，并在判决中论证道：冠沧公司在增资决议中并没有表示股东不可以将其对公司的债权作为出资，所以一审法院认定被告履行部分出资并没有不当之处。被告主张用自己对公司所享有的债权抵销对公司的出资义务既没有违反法律规定，也与公司章程内容并无冲突，所以应当确定被告已经履行了与其对公司所享有的债权数额相当的部分出资义务。〔4〕在"华粤宝公司、电子信息公司追收未缴出资纠纷、股东

---

〔1〕《合同法》第 79 条是关于合同权利转让的规定："债权人可以将合同的权利全部或者部分转让给第三人，但有下列情形之一的除外：（一）根据合同性质不得转让的；（二）按照当事人约定不得转让；（三）依照法律规定不得转让。"

〔2〕参见黑龙江省哈尔滨市道外区人民法院〔2018〕黑 0104 民初 6024 号民事判决书。

〔3〕参见江苏省靖江市人民法院〔2016〕苏 1282 民初 2641 号民事判决书。

〔4〕参见江苏省泰州市中级人民法院〔2017〕苏 12 民终 1675 号民事判决书。

出资纠纷案"中，一审和二审法院均直接依据《合同法》第99条关于债权抵销的规定来处理认缴出资债权的抵销问题。一审的广东省广州市南沙区人民法院和二审的广东省广州市中级人民法院均认为，华粤宝公司对其股东电子信息公司所享有的认缴出资债权，与电子信息公司对华粤宝公司所享有的借款债权，在性质上都属于金钱之债，也不存在法定或者约定不能抵销的情形，因此电子信息公司行使抵销权并无不妥之处。[1]

还有一部分法院认为，认缴出资债权的法律性质不同于一般的民事合同债权，因此不能盲目依据民法中的债权处分规则来应对认缴出资债权的处分问题，在个案审判之中需要结合案情并根据认缴出资债权本身的特殊性质作出特殊处理。目前所能检索到的涉及认缴出资债权转让的案例较少，但通过认缴出资债权抵销一类的裁判案例仍然可以发现，不少法院已经关注到了认缴出资债权的特殊法律属性，并积极利用司法裁量空间灵活应对认缴出资债权处分问题。例如，在"孟某甲、孟某乙等与李某某等债权转让合同纠纷案"中，黑龙江省哈尔滨市阿城区人民依据认缴出资债权与股权相对应，而股权具有身份属性的商事法理，认定股东不能以其对公司的民事债权抵销公司所享有的认缴出资债权。[2]在"伟丰公司与杜某股东出资纠纷案"中，上海市长宁区人民法院认为，认缴出资之债的性质与一般的民事债务存在根本性差异，直接抵销并不妥当。并且进一步指出，如果允许股东以其对公司的普通民事债权与公司对其享有的认缴出资债权相互抵销，等同于认可隐性的债权出资，与巩固资本充实的公司法目标格格不入。而且，在原告公司已经进入解散清算的背景下允许以抵销的处分方式实现认缴出资债权，难以避免对公司其他债权人的利益造成影响。[3]在"马某等与首和公司买卖合同纠纷案"中，北京市门头沟区人民法院在一审判决中指出，认缴出资债权具有法定性，与普通债权的性质存在差异故而不能相互抵销。并认为由于股东出资债务的履行情况直接牵涉到公司、公司的债权人以及其他股东等多方主体的利益，换言之，股东出资义务所对应的权利主体存在多元性，因此公司股东会不能

---

〔1〕 参见广东省广州市南沙区人民法院［2020］粤0115民初4334号民事判决书；广东省广州市中级人民法院［2021］粤01民终6540号民事判决书。

〔2〕 参见黑龙江省哈尔滨市阿城区人民法院［2018］黑0112民初5608号民事判决书。

〔3〕 参见上海市长宁区人民法院［2019］沪0105民初12191号民事判决书。

决定抵销出资债权。[1]北京市第一中级人民法院在二审判决中支持了前述判决，但是对于为何不允许股东主张以其对公司的民事债权抵销公司对其享有的认缴出资债权，二审法院的论证视角与一审有所差异。相较于一审法院强调认缴出资债权与普通民事债权存在性质差异而不可抵销，二审法院侧重于论证如果允许抵销会带来不公平的后果，以此否定公司股东主张抵销认缴出资债权的上诉意见。具体来说就是，如果允许股东主张以其对公司享有的普通民事债权抵销认缴出资债权，实际上会让股东的债权与其他债权相比更具优先性，这会对公司其他的债权人利益形成冲击，故不允许抵销。[2]在"黄某某与匡某某、万成电气公司等案外人执行异议之诉"中，一审的镇江经济开发区人民法院与二审的江苏省镇江市中级人民法院虽然均不否定股东对公司的普通民事债权可以与公司对股东的认缴出资债权抵销，但是认为认缴出资债权与普通债权在性质方面并不完全一致，完全按照民事债权的抵销规则可能导致公司其他债权人利益受损，故而在这种情形下的抵销只意味着公司不能再对股东主张履行出资债务，但是对公司的债权人不具有拘束力。[3]在"安瑞公司与琦博公司执行异议之诉"中，成都市青白江区人民法院认为，当公司不能清偿对外负债之时，在缺乏公司债权人认可的情形下，公司对股东的认缴出资债权与股东对公司所享有的普通民事债权不得抵销。[4]

## 二、认缴出资债权处分现状的检讨

通过前文对认缴出资债权处分现状的梳理不难发现，我国立法对于认缴出资债权处分问题的回应远不足以满足公司法律实践的需求。立法的缺失导致一部分法院忽视认缴出资债权与普通民事债权之间的性质差异，完全照搬民事合同领域关于债权转让、抵销的规则来处理认缴出资债权的处分问题。普通民事债权的处分所牵涉的利益关系相对简单，但认缴出资债权是公司注册资本的重要构成，认缴出资债权的处分直接牵涉到公司资本的真实充分，与公司、公司内其他股东、公司的债权人等多方主体的利益存在不可忽视的

---

〔1〕　参见北京市门头沟区人民法院［2020］京 0109 民初 1877 号民事判决书。

〔2〕　参见北京市第一中级人民法院［2021］京 01 民终 4078 号民事判决书。

〔3〕　参见镇江经济开发区人民法院［2020］苏 1191 民初 1495 号民事判决书；江苏省镇江市中级人民法院［2021］苏 11 民终 264 号民事判决书。

〔4〕　参见成都市青白江区人民法院［2018］川 0113 民初 2563 号民事判决书。

紧密关联。盲目适用民事合同债权的转让、抵销等处分规则来处理认缴出资债权的处分问题，显然会给公司资本的真实充分以及多元主体的公平保护带来严峻挑战。值得肯定的是，就目前的司法实践来看，已经有部分法院认识到了认缴出资债权的特殊性，以及不当处分行为可能给公司资本充实与利益相关者保护带来的风险，并且积极尝试针对认缴出资债权的处分问题作出特殊化应对，以确保司法裁判结果的公平、恰当。由于目前立法尚未对认缴出资债权的处分作出不同于民事债权处分的针对性规定，法官为了强化自己不按照民事合同债权处分规则来处理认缴出资债权处分案件的裁判合理性，往往会在判决书中选择以商事法律原理为论证依据，或者在说理部分详细阐述适用民事债权处分规则可能带来的不公平后果。在立法尚不周全的现状之下，法官说理无疑对于避免认缴出资债权不当处分损及公司和其他相关者利益具有重要意义。但长久依靠法官自行说理论证来避免在认缴出资债权处分案件中适用民事合同债权转让和抵销等处分规则毕竟不是长久之计。仅就目前司法实践中对认缴出资债权抵销的处理状况来看，现有司法判例中已经出现了利用禁止抵销和抵销不能对抗公司债权人等不同的立场。为了保障司法裁判结果的统一性，避免相似案件差异判决打击司法的公信力，立法实有必要针对认缴出资债权的转让、抵销等处分行为作出针对性调整。

## 第三节　认缴出资债权处分的比较法考察与启示

### 一、认缴出资债权处分的比较法考察

从比较法的视角观察，不同国家和地区对于公司采取处分方式实现认缴出资债权所持的态度存在一定的差异，但比较普遍的立法经验是：法律明文限制或禁止认缴出资债权的抵销，但是对于认缴出资债权的转让，法律通常不予明文限制或禁止。

我国《澳门特别行政区商法典》明确规定股东缴付出资的权利不得抵销，其第 204 条明确规定，公司要求股东缴付出资的权利，也就是其享有的认缴出资债权，公司不能抛弃也不能抵销。[1]德国立法则采取了完全不同的态度。

---

[1]　参见冷铁勋：《澳门公司法论》，社会科学文献出版社 2012 年版，第 228 页。

德国公司立法早已明确，股东认而未缴的出资和实缴资本一样是股东为了获取公司股份所支付的对价，只不过是以债权的形态存在，所以也可以被称为股金债权。法律认可这项债权是公司资产的有机构成，也是保障公司对外承担责任的物质基础之一。当公司出现无法偿还到期负债的状况之时，只要满足一定的条件，法律便准许公司以抵销、转让等处分方式实现认缴出资债权，以此保障对外偿债。德国司法实践和学术界以《德国有限责任公司法》第19条和《德国股份法》第66条为初始基点，发展出了显著不同于普通民事债权处分规则的"股金债权处分"规则。根据《德国有限责任公司法》第19条第2款的规定，能够与公司的缴纳出资请求权抵销的请求权范围仅限于依据第5条第4款第1句在章程中被约定用于折抵出资义务的财产标的物发生转让形成的请求权。根据《德国股份法》第66条第1款的规定，公司禁止免除股东及其前手第54条和第65条规定的出资义务，同时也禁止与第54条和第65条规定的公司债权进行抵销。法国最高法院以判例的方式明确了在公司处于困境之时，公司对股东所享有的认缴出资债权与股东对公司所享有的普通民事债权不可抵销。法国最高法院商事庭在该案件裁判中指出，股东对公司所负担的出资债务起源于公司组织设立契约，公司在运营中对股东产生的负债起源于双方之间的借贷契约，二者之间不存在关联性。允许二者抵销与破产法禁止个别清偿的原则不符。[1]英国普通法规定，在公司对认购人负有债务的情况下，认购人在通常情况下不被允许以抵销债务的方式对公司出资，但是也并不是绝对禁止。如果符合以下两个条件就可以选择以抵销债务的方式对公司出资：第一个条件是，公司对认购人所负担的债务在财务性质方面属于流动性债务，而且该债务从法律层面审视必须是已经到达期限，应当马上履行的债务。第二个条件是，公司对认购人以抵销债务的方式进行出资表示同意。[2]

## 二、认缴出资债权处分的比较法启示

从广义的角度来看，债权实现包括对债权的处分。[3]股东认而未缴的出

---

〔1〕 参见［法］弗朗索瓦·西维尔·卢卡：《论法国困境企业股东的义务》，种林译，载《中国政法大学学报》2021年第4期，第300页。

〔2〕 参见《英国2006年公司法》（第3版），葛伟军译注，法律出版社2017年版，第469页。

〔3〕 参见王泽鉴：《债法原理》（第1册·基本理论 债之发生·契约、代理权授予、无因管理），中国政法大学出版社2001年版，第22页。

资作为能够完全财产化的债权，以抵销、转让的方式得以实现并无障碍。从以上比较法实践来看，公司立法普遍没有明文禁止认缴出资债权转让，对于认缴出资债权的抵销，多数立法也并非禁止，只是适度限制。笔者认为，公司采取抵销、转让等手段实现其认缴出资债权正是公司独立处分自身财产最直接的体现，有益于彰显公司人格之独立性。此外，公司采取抵销或转让等手段实现其认缴出资债权，能够极大地提升公司资金筹集的灵活程度。考虑到以上独特的优势，我国在完善公司法律制度的过程中宜对认缴出资债权的处分持包容态度。但同时也必须认识到，认缴出资债权处分潜藏着诱发公司财产流失的风险。在出资的债权债务关系当中，股东具有双重身份，既是负有出资义务的债务人，又是债权人公司的内部成员。认缴出资债权这种构造上的特殊性决定了相较于其他形态的公司财产，股东更容易利用组织成员的身份对其实施不法侵害，导致认缴出资债权的财产价值在债权处分过程中隐蔽减损。鉴于以处分的方式实现认缴出资债权对于公司而言兼具利弊。为了更好地回应社会经济发展对公司法律制度的需求，在民法债权抵销和转让规则以外，结合认缴出资债权自身的法律特征，对认缴出资债权抵销、转让等法律规则进行针对性设计实有必要。

为了最大限度地发挥认缴出资债权处分的积极效用，并防控其带来的风险，笔者认为，认缴出资债权处分制度的构建应遵循以下理论思路：其一，以保障认缴出资债权安全性为基础。认缴出资处分制度的构建首先应着眼于保障认缴出资债权安全，防控公司财产流失。对于作为债权人的公司而言，认缴出资债权是一种利益，但是对于作为债务人的股东而言则意味着负担。这也就决定了股东客观上存在否认、侵害存续状态下债权的固有动机。股东本人是公司的内部成员，在信息和人际关系方面存在不言而明的优势地位，存在干扰认缴出资债权处分、规避履行出资义务的可能。债的保障既包括对债权实现的保障也包括对债权存续的保障。[1]建立认缴出资处分制度，划定公司处分认缴出资债权的"红线"可以有力地保障认缴出资债权在公司未获得应有对价的情形下保持存续，免于遭受不当处分，从而防范公司财产流失。其二，将促使认缴出资债权实现与公司经营需求相互匹配这一重要目标。认缴出资处分制度的构建应着眼于强化公司资金筹资的灵活性和自由度。认缴

---

〔1〕 参见崔建远：《债权：借鉴与发展》，中国人民大学出版社 2012 年版，第 49 页。

出资处分能够与认缴出资催缴形成有机互补，灵活适应公司不同情形下的融资需求。应当承认，认缴出资催缴制度能够为提升认缴出资债权实现与公司经营需求的适配程度提供非常有力的制度保障。但是，完全依靠催缴这一法律路径依旧不足以周全保障认缴出资债权的实现与公司需求相匹配。例如，如果公司需要资金扩大经营规模，但公司仅有未到期出资，公司就无法通过催缴筹集资金来满足此种发展性的经营目标。又例如，如果股东在出资时没有就其认缴出资提供担保，当公司对其发出催缴通知时，股东缺乏足够的实际缴付能力，公司就难以通过催缴快速筹集资本，满足经营需求。虽然公司在后一种情形下可以选择对内或者对外重新筹资，满足资金需求，但是在此种情形下允许公司选择处分认缴出资债权无疑更有利于满足有限责任公司维护公司人合性的需求。公司获取处分认缴出资债权的对价，可以快速满足资金需求，暂时不能充分履行出资义务的股东也得以保留其股份。由此可见，在认缴出资催缴制度以外，法律有必要建立认缴出资处分制度，为公司实现认缴出资债权提供更加多样化的路径选择，以灵活适应公司在经营过程中所遇到的各种情形。事实上，在商业活动实践中，即使某个股东当下的实际缴付出资能力不足，只要其综合的资信状况良好，市场对该债权安全性的认可度较高，公司以转让或者抵销等处分的方式满足眼下的资金需求就完全具有可能性。因此，建立认缴出资处分制度可以有效应对上述出资催缴制度难以解决的问题，发挥保障认缴出资债权实现与公司经营需求相匹配的作用。

## 第四节　认缴出资债权处分制度的具体规则构建

在我国现行的民商事法律体系中，关于债权抵销、转让已经形成了较为成熟的规则，但认缴出资债权作为组织合同中所形成的债权，其处分的特殊性尚未得到足够重视。因此，认缴出资债权处分制度构建的主体内容应该是：在借鉴现行民商事法律体系中的债权抵销、转让规则的基础上，结合认缴出资债权自身的特殊性，以明确董事在认缴出资处分中的职务为重点，对认缴出资债权的处分规则作出针对性调整设计。

### 一、认缴出资债权处分与认缴出资催缴的协调

在认缴出资催缴与认缴出资债权处分的关系处理方面，应当确立优先适

用催缴的原则。单纯从债权实现的角度来看，经由债务人对债权人履行给付实现债权和债权人以抵销或转让的方式实现债权，二者之间并不存在优先级的区分。债权人作为理性人当然有权利自由选择实现债权的方式，法律并没有理由要求债权人优先通过接受债务人给付来实现债权。但是，正如法谚所云，"目的是整个法的创造者"，[1]认缴出资债权与一般民事债权在目标定位上的区别决定了法律不能将二者同等对待。认缴出资债权的实现不是单纯为实现财产利益从一个主体到另一个主体的转移，更是为了发挥认缴出资作为债权性质公司财产所应有的经营与偿债之功能。而且，认缴出资债权的实现牵涉多元利益主体，认缴出资债权的实现方式选择会直接关系到利益格局的整体平衡性。为了在协调不同主体差异化利益追求的基础上充分发挥认缴出资债权所负载的经营与偿债功能，法律有必要对公司实现债权的方式选择顺序作出一定的针对性规制。

相较于通过催缴的方式实现认缴出资债权，公司以处分方式实现认缴出资债权所涉及的问题更为复杂，公司财产不当流失的风险系数更高。以抵销方式实现认缴出资债权，公司财产流失的风险通常来自股东债权实际价值的波动。公司在不同的经济状态下，股东对公司所享有的债权价值不尽相同。例如，当公司已经出现资不抵债的问题时，股东对公司的债权实际价值就低于名义数值。此时，公司如果按照股东享有债权的名义数值将其与自身对股东享有的认缴出资债权抵销，实际上就等于放任公司的财产发生流失。以转让方式实现认缴出资债权，公司财产流失的风险主要来自评估作价不合理导致的对价不足。转让认缴出资债权所能获取的对价由该债权的实际经济价值决定，即在股东实缴能力和意愿都充足的状况下，取决于认缴出资债权的名义数额和出资期限两大因素。距离出资期限届满的时间越长，公司所要负担的贴现成本就越高，与名义数额的偏差也就越大。这也就意味着，公司以转让手段实现认缴出资债权时，公司交易对价不足的问题极易被正常的贴现成本掩饰，公司财产流失的隐蔽性增加，并且易被忽视。正如前文所述，以抵销或者转让等债权处分的方式实现认缴出资债权确实具有提升资本筹集灵活性的优势，但是，鉴于认缴出资债权的处分易导致公司财产不当流失，为公司资本充实性带来风险，将其作为认缴出资催缴的补充措施更为适宜。如果

---

〔1〕[德]伯恩·魏德士：《法理学》，丁晓春、吴越译，法律出版社2013年版，第233页。

公司存在资金需求，且符合法律规定或者章程规定的催缴条件，公司原则上应当优先以催缴的方式实现认缴出资债权，仅在催缴不能满足资金需求或者确实会带来不必要的资金往复的情形下才能考虑以处分方式实现认缴出资债权。

## 二、认缴出资债权的抵销规则

在民事债权债务关系中，互相负有债务的双方当事人各自以自身享有的债权冲抵债务履行是实现债权的一种常见方式。但是，盲目将民事债权抵销规则应用于认缴出资债权实现则可能危及公司资本的充实。根据认缴出资债权的特殊性，认缴出资债权的抵销应当被分为股东对公司主张抵销和公司对股东主张抵销两种情形。

为保证股东真实缴纳出资，防止隐性的债权出资，应当严格禁止股东主张以对公司的债权抵销其对公司所负担的出资债务。2013 年的公司资本制度改革只是放宽了对股东出资数额和期限方面的限制，并不意味着放弃资本真实缴纳的基本原则。为了捍卫公司资本的真实与充分，公司法依旧保持对现物出资的严格规制。股东虽然有权以非货币财产对公司出资，但是必须严格遵守法律规定的出资程序，实物出资的具体内容以及相应的出资数额、期限都必须在章程中公开，实物出资的形式也受到了较为严格的限定，法律还专门针对实物价值不足的问题规定了股东的差额填补责任以及其他股东的连带责任。如果允许股东主张以其对公司享有的债权抵销公司对其享有的认缴出资债权，那么股东就可以在公司设立或者增资之时象征性地作出以现金出资的认缴承诺，随后向公司销售货物，最后主张抵销，由此即可在事实上实现以其销售货物对公司进行实物出资的目的。在此种情形下，法律对于实物出资的严格限制即被股东的迂回措施绕开，法律通过实物出资规则确保股东实物出资具有真实价值的根本意向彻底落空。[1]究其本质而言，隐性实物出资是对法律强制性条款的规避，动摇了资本真实缴纳原则，使得公司根本不能真实、充分地获取公司章程所规定的出资财产，不仅危及公司本身的经营存续，也对依据公司章程等公开信息而作出商业决定的交易相对人极具误导性，

---

[1] 参见王东光：《隐性现物出资规制比较研究》，载《清华法学》2010 年第 4 期，第 46 页。

对于没有参与这一过程的公司小股东也是有百害而无一利。[1]因此，为了避免抵销成为股东掩蔽隐性实物出资的捷径，巩固公司资本真实缴纳的基本原则，有必要禁止股东主张以其对公司享有的债权抵销公司对其享有的认缴出资债权。

对于公司主动主张以认缴出资债权抵销对股东所负债务的做法则不宜完全禁止，以便对认缴出资债权进行最有益的利用。事实上，如果股东的资信状况在出资期限尚未届满之时发生重大波动，实际缴付能力严重恶化，公司主动主张抵销可能会成为其最大限度地实现出资债权的唯一可行方法。如果彻底禁止公司主张以抵销的方式实现认缴出资债权则可能导致在上述情形下的出资债权落空。当然，为了避免公司滥用抵销，导致公司财产不当流失，公司主张抵销需要接受必要的限制，仅在公司能够保持正常清偿能力的条件下才能主张抵销。因为在公司能够保持清偿能力的条件下，公司主动主张以认缴出资债权进行抵销可以在保证财产完整性的同时，省去与股东之间进行多余的资金往复，与商事活动的便捷性原则相契合。反之，如果公司发生不能偿债或资不抵债的财务困境，股东对公司所享有的债权实际价值其实已经发生削减，此时即使股东对公司享有的普通民事债权与公司对其所享有的认缴出资债权在名义数额上相同，实际价值也已经不再对等，为了保护公司财产完整性，不能允许公司主张以认缴出资债权抵销股东对公司的债权。

### 三、认缴出资债权的转让规则

到期的认缴出资债权通常可以依靠催缴实现，未到期的出资债权在符合公司章程或者法律规定的条件下也可以提前催收。所以，认缴出资债权的转让多适用于公司没有可催缴的到期出资债权，又不具备提前催收未到期出资债权条件的情形。因此，认缴出资债权转让规则所要考虑的核心目标是：如何在不妨碍公司资本充实的前提下让公司可以通过转让未到期出资债权来筹措资金以满足其营利目的。

以转让方式实现未到期认缴出资债权能够为充分释放股东出资的经营功能创造广阔的空间，但也潜藏着以下两方面风险：一是公司以转让方式实现

---

[1] 参见高旭军：《论德国公司法中禁止隐性实物出资问题》，载《南开学报（哲学社会科学版）》2001年第2期，第91页。

未到期认缴出资债权实际上间接打破了出资期限安排，可能使公司债权人承受预见以外的风险。如果公司并未通过章程或其他方式对交易相对人明示会根据经营需求随时转让未到期认缴出资债权，公司债权人基于对公示信息的信赖，自然会作出这样的合理判断：在出资期限届满之前，除了法律和章程规定的情形之外，未到期认缴出资债权都处于休眠状态。从公司债权人的角度考量，尚未实现的出资债权对偿债所起的保障作用不受公司经营状况影响，比可能伴随经营消耗殆尽的财产更能作为受偿的物质依靠。[1]因此，债权人可能根据上述判断作出交易决策。公司在缺乏明示的状态下以转让方式实现未到期认缴出资债权，实际上等于让默认休眠的未到期认缴出资债权暴露在了公司经营风险之下，这显然偏离了债权人作出交易决策时的认知基础。二是公司转让认缴出资债权所能获得的对价是由市场决定的，转让对价与认缴出资债权的名义数值不完全一致属于正常现象，公司财产不当流失可能被正常的债权评估作价所掩盖。股东受制于资本真实缴纳的基本原则，毫无疑问必须严格按照出资协议规定的数额向公司足额缴付。但是，公司并非资本真实缴纳的约束对象。对于公司而言，认缴出资债权是债权性质的公司财产，可以和其他任何形态的公司财产一样按照市场价值进行处分。[2]转让认缴出资债权所能获取的对价由认缴出资债权的实际经济价值决定，即在股东实缴能力和意愿都充足的状况下，通常取决于认缴出资债权的名义数值和出资期限两大因素。距离出资期限届满的时间越长，公司所要负担的贴现成本就越高，与名义数值的偏差也就越大。这也就意味着，公司以转让方式实现认缴出资债权时，除非所获对价与认缴出资债权名义数值完全一致，否则公司交易对价不足的问题极易被正常的贴现损失或者其他市场因素所掩盖，公司财产不当流失的隐蔽性增加，易被忽视。为有效应对上述风险，出资债权转让规则可考虑设计有针对性的风险消解机制。

第一，对公司转让未到期认缴出资债权设置程序上的限制，为公司债权人提供必要保护。鉴于不同类型的公司债权人对风险的知悉能力有所差异，较之于设置"一刀切"的标准予以均等保护，分别设计对应的程序性保护规

---

[1] 参见傅穹：《重思公司资本制原理》，法律出版社 2004 年版，第 106 页。

[2] 参见丁勇：《认缴制后公司法资本规则的革新》，载《法学研究》2018 年第 2 期，第 170 页。

则，防范各类型公司债权人承受其实际预见能力以外的风险更为适宜。自愿债权人对公示信息的信任应该得到法律的认可与保护。因此，如果公司与债权人交易之时，公司章程并未就未到期认缴出资债权的转让作出规定，公司也未以其他方式作出提示，事后要以转让方式实现未到期认缴出资债权，就理应为交易时无法预测到未到期认缴出资债权转让行为的自愿债权人提供相应的保障。非自愿债权一般发生于偶然事件或非自愿交易，与公司发生债权债务关系并非意思自治的结果，属于善意不知情的法律关系人。[1]为了及时弥补与善意主体发生的残损社会关系，法律应防止公司转让未到期认缴出资债权的行为对其产生负面影响。鉴于公司转让未到期认缴出资债权可能导致相应部分股东出资承受经营风险，削弱对公司债权人的偿债担保作用，对于公司债权人的影响类似于减资，所以可以参考减资的操作：公司决定转让未到期认缴出资债权后须及时通知上述交易时不知情的自愿债权人和非自愿债权人，相关债权人可以要求公司清偿债务或者提供相应的担保。另外，需要指出的是，如果交易发生时的公司章程已经明确规定公司有权依据公司经营需求随时转让未到期认缴出资债权，则后续无需为自愿债权人提供额外保护，即公司对未到期认缴出资债权的转让无须通知此类知情的自愿债权人，这部分债权人也无权要求清偿或者提供担保。理由在于，章程是作为被法律强制在公司登记机关登记在册的对外公示文件，包括债权人在内的社会公众均可自由前往公司登记机关查询。[2]因此，在上述情形下应当认为公司的自愿债权人进行交易决策时已经可以预见公司处分未到期认缴出资债权可能带来的风险。作为理性的商事活动参与者，如果自愿债权人因自己未充分查阅公司章程导致交易风险判断失误，理当自负其责。

第二，完善认缴出资债权转让后的信息公示规则，避免转让行为对后续交易相对人产生误导，并让转让对价的合理性接受外部监督。公司一旦转让未到期认缴出资债权，其对公司债权人的清偿保障力度不再单纯取决于名义数值以及出资股东的缴付能力和意愿。按照债权转让的一般规则，公司转让认缴出资债权，在通知相应的出资股东后即对其发生效力，出资期限届满后

---

〔1〕 参见彭真明：《论资本认缴制下的股东出资责任——兼评"上海香通公司诉昊跃公司等股权转让纠纷案"》，载《法商研究》2018年第6期，第96~97页。

〔2〕 参见刘俊海：《公司法学》，北京大学出版社2008年版，第69页。

股东应对认缴出资债权的受让人而非公司实际履行。公司在转让认缴出资债权之后即获得对价，但在出资期限届满后不再如数获取认缴出资债权指向的货币与现物。由于未转让的认缴出资债权不受公司经营风险冲击，已经转让的认缴出资债权所获对价可能伴随经营活动消耗减损，二者对公司债权人的受偿保障力度存在差异。为避免交易相对人错误预估风险而作出交易决策，公司通过转让的方式实现未到期认缴出资债权，应当及时通过企业信用信息公示系统进行公示。为了防范认缴出资债权转让中公司未充分获取对价，公司财产隐秘流失，转让的信息公示中有必要清楚表明公司转让的认缴出资债权具体内容与数额以及转让实际所获得的对价数额，以便于转让所得对价的合理性接受不参与公司经营管理的中小股东监督。

## 四、董事在认缴出资债权处分中的义务与责任

转让或抵销认缴出资债权是认缴出资债权实现的方式之一，关系到公司资本的充实。董事会或者不设董事会的执行董事是法定的公司业务执行主体，对于公司经营状况最为熟悉。由董事会或者执行董事对认缴出资债权的处分进行决策最为符合公司内部机构的职能定位。董事会作为公司内部机构，其职能实现必须依靠每个董事勤勉履行职务。因此，认缴出资债权处分法律制度的构建首先应明确董事在认缴出资债权处分中所承担的义务，以及不能妥善履行义务所要负担的责任。具象化的法律义务能够为董事在处分认缴出资债权中的履职行为提供明确的行为导向。适当的法律责任配置不仅可以对董事实施不当认缴出资债权处分行为形成预先的心理威慑，也能够在事后填补违反义务行为给公司和利益相关者造成的损失。在认缴出资债权的担保和催缴中，设置董事义务的目标主要是敦促董事积极履职，保障股东充分履行认缴出资债务，而在认缴出资债权处分当中，设定董事义务的目标主要是避免董事自身非理性地作出处分认缴出资债权的决策。笔者认为，董事在认缴出资债权处分中应承担起以下义务：

第一，调查义务。以抵销、转让等处分方式实现认缴出资债权确实有其独特的优势。但鉴于处分认缴出资债权难免会产生评估作价的程序负担和相应经济成本，并且相较于催缴更易导致公司财产不当流失，加剧公司债权人无法充分受偿的风险。如果公司存在资金需求，且符合法律规定或者章程规

定的实施催缴的条件，董事原则上应当优先以催缴的方式实现认缴出资债权。这就要求董事在决策是否以抵销、转让等处分方式实现认缴出资债权之前，先行对公司是否可以通过催缴筹集资金进行充分调查。如果公司存在符合催缴条件的认缴出资债权，而且股东或相应担保人有能力实际向公司实际履行出资义务，就应适时启动催缴的流程以筹集资本。仅当公司没有可供催缴的出资或者股东及其担保人无法按照催缴通知履行出资义务的状况下方可进一步考虑是否采取处分的方式实现认缴出资债权。

第二，理性作出处分决策的义务。理性作出处分决策的义务要求董事秉承应有的职业谨慎，判断处分认缴出资债权是否有利于公司。如果从公司利益角度出发，让认缴出资债权维持现状比将该权利转让或者抵销更有利，则董事不应作出同意处分认缴出资债权的决策。认缴出资债权是公司注册资本的构成部分，公司只有取得与认缴出资债权价值相当的对价方可确保公司资本的真实。因此，董事理性作出处分决策的核心在于考量处分认缴出资债权是否能够获得充足的对价。值得注意的是，对价充足并不意味着对价与认缴出资债权的名义数值对等。例如，如果股东是一家濒临破产的公司，公司对其享有的认缴出资债权价值在客观上已经严重贬损，董事以该债权的实际市场价值出让该债权，即使所获对价远低于该债权的名义价值，也不能认为公司未获取充足对价而认定董事未勤勉尽职。

第三，积极执行处分决策的义务。在认缴出资债权出资处分中，董事既是处分决策制定者也是处分决策的实际执行者，在作出抵销、转让认缴出资债权的决策之后还需要积极履职以确保决策的落实。此外，为了确保市场上的交易相对人正确了解公司资金筹集状况，正确预估风险而作出交易决策，公司无论通过抵销，还是转让的处分方式实现认缴出资债权都应当及时通过公司章程与企业信用信息公示系统进行公示。及时更新上述信息是董事勤勉执行处分决策职务的应有之义。

法律主体违反法定义务必然要承担相应的法律责任。如果董事在决策以抵销或者转让等处分方式实现认缴出资债权之时未能勤勉履行以上义务，那么就必须承担与之相应的民事甚至行政法律责任。一方面，在认缴出资债权处分中，如果董事没有履行上述义务，需要承担补足出资的民事责任。在认缴出资债权担保和认缴出资催缴中，公司认缴出资债权不能充分实现的根本原因是股东不能履行认缴出资债务。董事失职只能构成公司和利益相关者遭受损失的间接与次要原因，但依然必须承受补足出资的民事责任。在认缴出资债权处分中，董事在认缴出资债权处分过程中不充分履行法定义务会成为公司和利益相关者承受损害的直接原因，董事失职对于促成损害结果所施加的原因力远远高于前两种情形，因此更不能免于承担补足出资的责任。另一方面，董事担任公司清算组成员之时，如果采取抵销或者转让认缴出资债权的方式来进行违法分配，需要依法承担行政责任。现行《公司法》规定股份有限公司的清算组可以由董事组成，《公司法》在修订过程中也在尝试强化董事在公司清算中的作用。[1]在清算活动中，清理债权、债务同样可能涉及认缴出资债权抵销与转让。董事可能无视上述法定义务，通过作出不当抵销或者转让认缴出资债权的决策来进行违法分配。因此，董事在认缴出资债权处分中未尽义务的法律责任不仅要考虑补偿目标的实现，还要考虑威慑目标的达成。换言之，需要综合考虑两方面的问题：一是在公司正常经营的状态下，如何合理确定董事的民事赔偿责任以填补公司所受损害，保障资本充实；二是在公司清算过程中，如何确定董事的行政责任，以威慑其借由处分认缴出资债权对股东进行违法分配。

笔者认为，综合考虑补偿和威慑两方面的目标，对董事在认缴出资债权处分中未尽义务的法律责任可从以下两个方面把握：其一，在公司正常经营状态下，如果董事在认缴出资债权处分中未能勤勉尽职并造成公司资本不充实，要求董事承担相应的出资填补责任，确保公司资本充实即可。具体而言，如果在不符合抵销认缴出资债权条件的情形之下，董事会或者执行董事决定将公司享有的认缴出资债权与股东对公司的普通民事债权抵销，则同意该决策的董事负有连带补齐公司相应数额资本的责任。如果在不符合转让认缴出资债权条件的情形之下，董事会或者执行董事决定将公司享有的认缴出资债权转让，则同意该决策的董事负有在转让实际所获对价与认缴出资债权名义数额差值范围内连带补齐公司相应数额注册资本的责任。如果在符合转让认缴出资债权条件的情形之下，董事会或者执行董事决定将公司享有的认缴出资债权转让，但是转让对价明显低于市场应有价值，则同意该决策的董事负

---

[1] 2018年《公司法》第183条规定："……有限责任公司的清算组由股东组成，股份有限公司的清算组由董事或者股东大会确定的人员组成。……"《公司法（修订草案）》第228条、《公司法（修订草案二次审议稿）》第228条和《公司法（修订草案三次审议稿）》第232条均规定："董事为公司清算义务人，应当在解散事由出现之日起十五日内组成清算组进行清算。"

有在转让实际所获对价与认缴出资债权当时市场应有价值的差值范围内连带补齐公司相应数额注册资本的责任。其二，如果董事在公司清算的特殊情境下决策抵销认缴出资债权或者对股东转让认缴出资债权，则要认真判别是否构成《公司法》第256条所规定的"未清偿债务前分配公司财产"，如果答案是肯定的，则董事不仅要承担民事责任，还要依法承担行政责任。认缴出资债权无论是否到期均属于公司的财产。从实质角度分析，任何一种能够使得公司的财产流入股东之手的交易行为都可以被视为法律意义上的分配行为。[1]抵销或者转让认缴出资债权是否构成上述法律意义的分配行为需要辩证看待。就认缴出资债权抵销而言，如果股东已经彻底丧失实际缴付认缴出资的能力，例如已经走向破产清算，那么董事作出抵销认缴出资债权的决策实际上是保护公司利益的最优之选，符合公司利益最大化的认缴出资债权实现原则，当然不宜将该行为认定为在偿还负债前分配公司财产。反之，如果并无上述特殊情形，董事在未清偿其他债务之前决策将对某个股东享有的认缴出资债权与该股东对公司的一般民事债权抵销，则等于用公司财产对该股东普通民事债权进行优先偿还，可以被认定为事实上对该股东进行分配。就认缴出资债权转让而言，如果董事在清算过程中作出向某个公司股东转让公司对另一股东的认缴出资债权之决策，以此获得与转让的出资债权名义价格一致的对价来偿还其他负债，则不宜认为是利用转让认缴出资债权的方式对股东进行分配。反之，如果董事作为清算义务人决策在股东之间交叉折价转让认缴出资债权（例如，将对甲股东的出资债权折价转让给乙股东，将对乙股东的出资债权折价转让给丙股东），则可以认为相关董事是在未清偿债务前分配公司财产的直接责任人，依法须承担1万元以上10万元以下的罚款。

---

〔1〕 参见傅穹：《公司利润分配规则的比较分析》，载《法学论坛》2004年第3期，第47页。

# 第五章

# 认缴出资债权的提前实现

在实缴制之下，公司的注册资本必须呈现为实缴资本的形态。换而言之，公司在设立与增资的过程中，股东就必须完成向公司实际缴付出资财产的行为。因此，为了确保股东出资能够切实发挥保障公司对外偿债和对内组织经营的功能，法律关注的焦点在于股东到底是否在公司设立和增资过程中真实、完整地履行了出资义务。但是，随着我国的公司资本制度转入完全认缴制，实缴出资比例、股东出资期限等一系列限制性规定都已被取消，我国公司注册资本结构发生基础性变动，尚且没有实际缴付的出资在公司注册资本数额中占据主体地位开始成为常态。在完全的认缴制下，股东在公司设立和增资过程中有权自主设定实际缴付出资的具体时间节点，这无疑比设立初期要求股东交齐全部注册资本更有利于提升资金利用效率。但是，同样需要关注的问题是，如果片面强调恪守预先设计的出资安排，无可避免地会束缚公司资本筹集的机动性。在资金短缺的状况下，放任公司受制于出资期限而无法实际利用股东出资维持经营存续和对外清偿，这显然背离了公司资本制度改革的初衷。为了保障公司资本筹集的灵活性，法律有必要为公司在特定情形下提前实现认缴出资债权留下一定的余地，但鉴于认缴出资债权实现时间的提前会直接对公司股东的合法期限利益产生实质性影响，认缴出资债权的提前实现不可任意为之，必须由法律进行规范化的针对性调整。

## 第一节　认缴出资债权提前实现的法理基础与现实意义

认缴出资债权并非一般的民事债权，而是在股东认缴出资这一商事活动中所形成的兼具法定和约定属性的商事债权。认缴出资债权的特殊性决定了其实现时间的确定不能片面化地强调契约当事人的意思自治，还必须从更深层次去考量如何调整认缴出资债权的实现时间才能达到股东出资这一商事活动的根本目的，并且契合商事法律规范的一般原则。事实上，允许公司根据自身经营的实际状况合理调整实现认缴出资债权的时间节点，包容公司适当提前实现认缴出资债权，是由认缴出资债权自身的法律特征和其作为公司责任财产的属性所决定的。

## 一、认缴出资债权提前实现的法理基础

### （一）认缴出资债权兼具法定与约定的双重属性

通常而言，协议所约定的内容可以被视为当事人之间的法律。只要协议的当事人确实遵循平等自愿的原则缔结契约关系，并且相互之间约定的内容不违背法律的强制性规定，协议当事人就必须严格依照协议内容行事。根据这一通行的债法基础原理，作为出资债权债务关系中的债务人，股东根据出资协议事先确定的时间对公司履行实际缴付出资的义务即可。公司认缴出资债权的实现与股东出资义务的履行是一体两面的问题。如果片面强调认缴出资债权的约定属性，完全依据出资协议的约定内容来确定股东出资义务的实际履行时间，公司在出资期限届满之前自然不能要求股东实缴出资以提前实现认缴出资债权。但事实上，认缴出资债权兼具法定与约定的双重属性，这一特殊的性质决定了提前实现认缴出资债权具有充分的正当性基础。

完全认缴制下的认缴出资债权仍然具备法定性特征，法律理当可以基于保障公司经营存续和公司债权人受偿的考量，允许公司提前实现认缴出资债权。有观点认为，2013 年公司资本制度改革之后，我国已经从有限的认缴制转向完全认缴制，注册资本金额及缴付期限等问题均交由股东在公司章程中自由约定，不再涉及任何具有强制性的法定义务。[1] 以此观点为认知基础就会得出这样一个结论：如果股东不愿在出资债权到期之前做出期前履行，除非符合《企业破产法》第 35 条之规定，否则公司不能向股东请求履行出资义务，未到期认缴出资债权不能实现。但笔者认为，上述观点欠缺学理上的正当性基础。股东出资所换取的某些股东身份附带利益，如有限责任的保护完

---

〔1〕 参见郑云瑞：《公司法学》，北京大学出版社 2016 年版，第 165 页。

全是由公司法律规范所赋予的特权，不会基于契约关系的形成而自然产生，这决定了认缴出资必然不是纯粹的合同之债。因此，认缴出资之债的法定性不可能因为公司法拓宽了股东在出资中的自治空间而被消解。2013 年的公司资本制度改革只是取消了对股东出资数额和实际缴付期限的刚性限制，在出资义务的内容确定方面给予了股东更高的自由度，但这并不意味着认缴出资之债成了彻底的约定之债不再具有法定性色彩，更不能表明出资义务成了纯粹的合同义务。认缴出资之债约定性与法定性相复合的特征并未改变，认缴出资债权的实现自然需要继续接受当事人约定内容与公司法律规范的双重调整。股东出资义务的履行不仅需要受到来自出资协议和相应违约责任的拘束，也要接受公司法律规范的特殊干预。单纯从合同约定的角度审视，股东在出资期限尚未届满之时确实不必对公司实际履行出资义务，但是公司法基于股东出资作为法定义务的性质，对股东出资义务的履行设置不同于普通民事债务履行规则的特殊要求无疑同样具备正当性。不少学者在对 2013 年认缴资本制度改革内容进行条分缕析的深入探究之后都指出了大幅度提升股东在出资中的自由度可能会给公司经营存续以及公司债权人的合法权益造成过于剧烈的冲击。为了适当矫治股东滥用完全认缴制下的出资自由，有力应对实践中部分股东推诿拖延实际履行出资义务的问题，法律当然可以基于保障公司经营存续和公司债权人受偿的考量允许公司提前实现认缴出资债权。法律保护股东的出资自由，在一般情形下股东只要按照公司章程和出资协议所确定的时间完成实缴即可，但是在特定的情形之下也会对股东实际履行出资义务的时间进行适度调整，促成认缴出资债权早于出资协议与公司章程实现，这种"软硬兼备"的规则设计正是贯彻利益均衡的基本理念，确保认缴出资债权的实现兼顾公司利益和多元相关者利益的应有之义。

### （二）认缴出资债权是公司的责任财产

尽管根据现行的财务会计准则，认而未缴的股东出资并不能被计入资产负债表，不能被视为财务意义上的公司资产。但是，财务会计领域中的"资产"概念与法律意义上的"财产"概念并不能完全等价。详细分析财政部发布的《企业会计准则——基本准则》第 20 条对于公司资产的概念界定不难发现，财务会计标准对公司资产范畴的界定主要关注三个方面的问题：其一，是否基于企业既往的交易或者事项所形成，排除预期在未来交易或者事项中才能形成的资源；其二，企业是否对该特定资源享有所有权或者控制力，排除既不归属于企业也不能由企业进行控制的资源；其三，该资源必须具备可收益价值，即在预期中能够给公司带来经济方面的收益，排除无法合理预期能够给企业创造经济收益的资源。[1]但是，法律在对财产进行界定时所关注的内容则显著不同于财务会计的视角。从法律视角审视，独立于主体之外的存在是否能够被评价为财产主要取决于其是否同时符合客观性、价值性、稀缺性与可控性四方面的基本特征。[2]前文已经论证，认缴出资债权无论其出资期限是否已经届满，都已经符合客观性、价值性、稀缺性与可控性四方面特征，即从法律意义而言，全部认缴出资债权都是公司的财产，并不因其是否到期而有所差异。2006 年《公司法》修订之前，我国一直实行实缴资本制，法律明文规定公司以其全部"资产"作为承担责任的基础。[3]尚未实缴的认缴出资没有财务会计上的意义，不能被计入公司的资产负债表，因此也就不能作为实缴制下的公司责任财产。但是，自从我国 2006 年转入有限的认缴资本制之后，公司对自身债务承担责任的物质基础就不再仅限于财务会计意义上的"资产"，而是"公司的全部财产"。认缴出资债权无论是否到期都是公司的财产，因此无论是到期还是未到期的认缴出资债权都是公司责任财产的一部分，都必须作为保障公司债权人受偿的物质基础。在公司其他财产不足以完全清偿对外负债的情形下，允许先于认缴出资协议和公司章程所规定的时间提前实现认缴出资债权，不仅是对公司股东和公司债权人之间利益关系的再平衡，符合利益均衡的基本原则，也是确保公司以其全部财产作为责任财产对外承担责任的必要手段。

## 二、认缴出资债权提前实现的现实意义

认缴出资债权的实质是债权形态的股东出资，认缴出资债权的实现必然不能排除对股东出资功能的考量。在认缴出资债权债务关系中，以契约严守为依据绝对排斥对认缴出资债权实现时间进行调节，必然会导致股东出资保

---

〔1〕　参见财政部发布的《企业会计准则——基本准则》第 20 条。

〔2〕　参见蔡兴鑫：《虚拟财产的法律属性及刑法保护路径研究》，载《东南大学学报（哲学社会科学版）》2019 年第 S1 期，第 16 页。

〔3〕　参见 1993 年《公司法》第 3 条第 2 款和第 3 款。

障偿债和经营的作用无法正常发挥。而且，公司法之所以放弃对认缴出资债权实现的时间作出刚性规定，其核心意图就在于增强公司资本筹措灵活性。盲目强调"按期"实现认缴出资债权不仅直接了背离这一目标，甚至可能诱导股东在公司设立和增资阶段采取非理性的认缴行为，设置脱离现实的超长出资期限。

（一）确保债权实现时间与公司实际需求相匹配

股东出资至少负担着两个方面的基础功能：其一是经营功能，即作为公司开展经营活动的手段；其二是偿债功能，即作为公司对外独立负担债务的手段。[1]要确保股东出资能够真正发挥保障偿债和经营的基本功能，不可或缺的一个前提就是使公司实现认缴出资债权的时间安排与公司经营和对外偿债的资金需求保持匹配。

我国确立起完全认缴的公司资本制度之后，认缴出资债权的实现时间由原先法定限度内的股东自治事项转变为彻底的股东自治事项。换言之，股东在公司设立与增资过程中，可以完全根据对公司未来资金需求的预期自主在出资协议中确定出资的实际缴付时间，法律对股东约定的出资期限保持尊重，不再直接规定出资期限的上限。但是，法律不对具体的出资时长进行干涉并不意味着股东约定的出资时间能够始终与公司实际经营中的资金需求保持一致。人类的理性认知程度必然是有限的，股东在公司设立或者增资时所设定的出资期限注定只能是对未来公司资金需求的大致预测而非精准预知。而且，从我国完全认缴制改革之后的实际运行状况来看，不乏投资非理性地设置超长的出资期限，有些公司的出资期限甚至长达数十年、上百年。[2]在这样的情况下，一味强调契约严守原则，恪守出资协议的事先约定，反而会极大地束缚公司灵活筹集资本以保障债务清偿和经营活动的顺利进行。所以，法律只有适当包容公司不受出资协议的严格约束，允许其根据实际经营情况来掌控实现认缴出资债权的节奏，才有可能避免股东的出资缴付时间与公司的资金需求完全脱节，进而确保认缴制下的股东出资能够真正发挥保障公司经营与偿债的作用。目的是法律规则的灵魂所在，股东出资的目的即在于保障公

---

〔1〕　参见赵旭东：《从资本信用到资产信用》，载《法学研究》2003 年第 5 期，第 115 页。

〔2〕　参见蒋大兴：《"合同法"的局限：资本认缴制下的责任约束——股东私人出资承诺之公开履行》，载《现代法学》2015 年第 5 期，第 37 页。

司能够正常开展经营活动和对外偿债。允许公司适当提前实现认缴出资债权正是确保股东出资目的不至于落空的必要选择。

(二) 引导股东理性确定出资期限与数额

法律作为一种社会行为规范，能够对社会主体的行为起到导向与指引作用。认缴出资债权实现的法律规范当然也会对股东出资行为起到引导作用，合理的认缴出资债权实现规则能够抑制股东的投机心理，促使其实施理性的认缴出资行为。反过来，如果认缴出资债权的实现规则不充分考虑可能带来的消极后果，则难免会对股东非理性的出资行为产生激励。具体到认缴出资债权实现时间的调整问题中，完全认缴制下公司法已经不对股东约定的出资期限长短作出任何刚性限制。在此背景下，如果再盲目强调公司必须严格依据出资协议所约定的时间节点实现认缴出资债权，极有可能对非理性出资行为形成负面激励，诱导股东不考虑自身缴付出资能力，设定超长出资期限认缴巨额出资。承认在特定条件下公司可以根据实际经营需求提前实现认缴出资债权，这是避免股东滥用出资自由、保障公司资本真实充分的必然要求。

目前"注册资本崇拜"的传统思维残余在我国尚未彻底涤除，某些招标采购项目还有融资贷款业务甚至堂而皇之地将公司注册资本达到一定数额作为硬性要求。[1]为了在市场竞争中脱颖而出，追逐更多的商业机会，即使公司法已经不再设定最低注册资本数额，公司股东依旧存在非理性认缴超出自身缴付能力出资数额以迎合固有观念的动机。在公司资本制度改革之前，首次出资比例以及严格的出资期限规定使得股东认缴超出自身实际经济能力出资数额的成本较高，能够有效抑制股东的"任性出资"行为。但在完全认缴制的资本制度背景下，首次出资比例的要求被取消，出资期限也完全交由股东自治。股东完全可以在公司设立或者增资阶段不考虑自身实际经济能力认缴巨额出资，同时设定几十年甚至上百年的漫长出资期限，避免实际承受巨大的财务压力。如此一来，公司法律规范针对股东超出缴付能力认缴行为的约束机制几乎宣告瓦解。一旦股东非理性地认缴天价出资，却又不具备兑现其出资承诺的经济能力，对应数额注册资本所承载的对外担保债务清偿、对内保障经营的作用都将落空。因此，完全认缴制正式确立之后，我国迫切需

---

[1] 参见蒋大兴：《质疑法定资本制之改革》，载《中国法学》2015 年第 6 期，第 155 页。

要构建新的出资保障机制以防范股东非理性认缴行为所带来的出资信用风险。当股东认缴出资的绝对数额或者占据注册资本的比例达到一定数值时，要求该股东为未实缴的部分出资债权提供担保当然是一个抑制股东投机心理的可行之策，但是却并不周全。因为只要设置的出资期限足够漫长，而公司又必须严格按照出资协议确定的时间实现认缴出资债权，出资担保就不会对股东的投机心理产生现实而紧迫的抑制力。要真正避免股东滥用出资期限自治的自由实施盲目高额认缴，允许公司在特定情形下提前实现认缴出资债权仍然具有现实必要性。只有让股东充分认识到自身作出的认缴承诺在何时兑现并不完全取决于自己在出资协议中所作出的约定，设置再长的出资期限也不能规避实缴，股东才有可能产生抑制盲目高额出资的内在主观动机。

## 第二节　认缴出资债权提前实现的现状检视

### 一、认缴出资债权提前实现的现状

#### （一）涉及偿债情形下认缴出资债权提前实现的现状

随着实缴出资比例、股东出资期限等一系列限制性规定的取消，我国公司资本结构发生了基础性变动，未到期出资在公司注册资本数额中占据主体地位开始成为常态。对于实缴资本在经营过程中已经耗尽的市场主体而言，实现未到期出资债权以保障公司偿债、保护公司债权人合法权益成了迫切的现实需求。但遗憾的是，我国在立法方面没有适时作出针对性调整。检索现行法律，仅有《企业破产法》第35条规定了法院受理申请之后的未到期出资债权加速到期规则。破产程序的启动成本高昂，显然不能将实现未到期出资债权局限于破产情境。但在破产程序以外，如何适当约束股东出资的期限利益，让公司能够适时实现未到期出资债权保障偿债，目前缺乏立法上的依据。我国司法机关已经深刻认识到实践中普遍存在提前实现认缴出资债权以保障债务清偿的需求，并积极尝试对这一问题作出正面回应。

最高人民法院发布的《全国法院民商事审判工作会议纪要》（法〔2019〕254号）（以下简称《九民纪要》）以"原则上否定，例外情况下肯定"的方式对非破产情形下提前实现未到期出资债权的问题作出了规定。根据《九民纪要》的相关规定，法律认可并且保护股东依法享有的出资期限利益，在通常情形下并不允许公司和公司债权人随意主张提前实现认缴出资债权。只有在两种特定情形下才可以允许没有充分受偿的公司债权人对出资期限尚未届满的股东主张提前实现认缴出资债权，并允许公司债权人就提前实现的认缴出资债权在公司尚未清偿的范围内直接受偿。第一种情形是，公司已经没有任何可供执行以偿还自身负债的财产，实际上已经达到进入破产程序的标准，但是公司并不实际启动破产程序，也就是已达破产标准而不破产；第二种情形是，公司延长股东出资期限的时间节点发生在其对外负债形成之后，也就是公司先负债后推迟出资时间。

### （二）不涉及偿债情形下认缴出资债权提前实现的现状

公司处在没有发生偿债困难的正常经营状态，是否能够依据资本多数决缩短出资期限以提前实现认缴出资债权？目前，司法实践中对这一问题的应对立场存在明显的分歧，各个地区和级别的法院所采取的裁判观点差异较大。

一种裁判立场认为，除非能够证明公司存在提前实现认缴出资债权的现实紧迫性，否则根据资本多数决要求提前实现认缴出资债权便属于不正当削减股东依法享有的出资期限利益。在"咖啡交易公司等诉君客公司等公司决议效力确认纠纷案"[1]和"法阿姆工业电池公司与法阿姆新能源公司公司决议效力确认纠纷案"[2]中，法院均认为，出资的期限利益是股东依法所享有的一项基本利益，原则上受到法律的尊重与保护。要求股东提前缴付出资必须具有紧迫性与合理性，否则不能随意通过资本多数决要求股东提前缴付出资。

另一种裁判立场认为，无论是否存在提前实现认缴出资债权的现实紧迫性，只要公司股东会决议修改公司章程缩短出资期限，并经过工商部门备案，股东就必须接受章程的约束，公司可以依据修订后的章程主张先于原定出资期限实现认缴出资债权。在"柏同公司与龚某某、蒋某某股东出资纠纷案"中，宁波市鄞州区人民法院在判决中指出，龚某某作为柏同公司的发起人股东，应当严格遵守公司章程及公司法的规定，按期完整向公司实际缴付出资。柏同公司成立时的公司章程虽规定股东出资在 2029 年 6 月 30 日前缴纳到位即可，但该内容已经结合公司经营发展的现实需要进行了调整，而且修改后的公

---

[1] 参见上海市第一中级人民法院［2017］沪 01 民终 10122 号民事判决书。
[2] 参见江苏省宜兴市人民法院［2020］苏 0282 民初 11958 号民事判决书。

司章程已交存工商行政管理部门进行备案，龚某某等人即使没有到会投票赞成修改出资时间，也要接受股东大会表决的多数决规则。章程修改既然已经依法通过，就对包括未投票赞成修改出资时间的股东同样具有约束力。[1]在"尚雨轩公司与崔某某股东出资纠纷案"中，法院同样没有强调公司以资本多数决要求股东提前缴纳出资必须符合紧迫性与合理性的要求。[2]法院在判决中指出，只要股东大会修改公司章程的决议依法通过并且在工商行政管理部门进行了备案，修改后的章程就可以对全体股东以及公司的全体管理人员产生约束力。

## 二、认缴出资债权提前实现的现状检讨

### （一）涉及偿债情形下认缴出资债权提前实现的现状检讨

不可否认，《九民纪要》所规定的股东出资加速到期对于促成提前实现认缴出资债权，保障公司债权人合法权益和公司组织的存续确有其进步意义。一方面，股东出资加速到期契合企业维持的商事理念，为公司提前实现认缴出资债权保障自身存续提供了制度上的新路径。另一方面，破产的启动条件相对严格，而且债权人依靠破产制度受偿往往需要耗费巨大的时间和精力成本，股东出资加速到期确实以相对便捷的方法强化了对公司债权人的保护力度。但从客观上来说，上述出资加速到期规则也存在显著的局限性，尚不能达成适当提前认缴出资债权，周全保障公司经营和偿债需求的目标。具体而言，现行出资加速到期规则的局限性主要表现为以下四个方面：

第一，《九民纪要》所规定的加速到期规则无法激活未到期出资的经营功能。股东出资的功能体现为两个方面：一是充当公司经营活动物质基础的经营功能；二是支撑公司对外承担独立责任和股东承担有限责任的偿债功能。我国《公司法》所规定的"公司"属于《民法典》第76条所界定的营利法人。[3]"营利"的核心语义范畴就是"谋求利润"。[4]因此，公司存续状态下

---

[1] 参见宁波市鄞州区人民法院［2017］浙 0212 民初 1947 号民事判决书。

[2] 参见北京市东城区人民法院［2016］京 0101 民初 8883 号民事判决书。

[3] 《民法典》第 76 条规定："以取得利润并分配给股东等出资人为目的成立的法人，为营利法人。营利法人包括有限责任公司、股份有限公司和其他企业法人等。"

[4] 参见中国社会科学院语言研究所词典编辑室编：《现代汉语词典》（2002 年增补本），商务印书馆 2002 年版，第 1511 页。

优先考虑的理当是如何有效利用股东的出资来开展生产和经营活动,进而实现营利目的,而非如何用股东的出资来保障债务清偿。在出资的两项功能之中,经营功能居于基础性、主要的地位,偿债功能则处于从属性、次要的地位。[1]实现未到期出资债权亦当优先考虑发挥股东出资的主要功能(即经营功能),但《九民纪要》所规定的加速到期规则主要针对公司偿债问题,不能实现这一目标。

第二,《九民纪要》所规定的加速到期规则实质上是由公司债权人主导提前实现未到期出资债权,公司的自主意思无法表达,公司独立的法律人格无以彰显。从理论角度分析,公司依法成立后即享有独立的法律地位,股东、债权人等相关利益主体之间一般仅以公司作为中介形成公司法律关系,而不应产生直接的公司法律关系。[2]《九民纪要》所规定的加速到期规则允许公司债权人直接向未届出资期限的股东主张补充清偿。这就造成了这样一个现实:需要清偿的债务是公司所负担的债务,用以偿还公司债务的财产是公司所拥有的债权性质财产,即未到期出资债权。但在这一债务问题的处理过程中却绕开了作为债权债务关系主体的公司,其自主意志完全没有得到体现,严重削弱了公司作为独立法律主体所应该具备的地位。

第三,《九民纪要》所规定的加速到期规则与认缴出资债权债务的法律关系结构并不契合。《九民纪要》中的加速到期规则与出资法律关系结构的不协调性集中体现于两个方面:一方面,在认缴出资债权债务关系中,债权人是公司,债务人是股东,公司的债权人即使依据代位权对股东主张补充清偿,该请求权显然也必须建立在公司能够对股东提前行使出资债务履行请求权的基础之上。目前,公司作为认缴出资债权的权利人在非破产情形下主张提前实现认缴出资债权缺乏充分的法律依据,公司的债权人反而可以根据加速到期规则主张提前实现认缴出资债权,这显然不符合代位主张权利的一般原理。另一方面,过度扩张了公司债权人介入出资债权债务关系的空间。债法中基于保护债权人的利益考量也会允许债权人适度介入债务人与次债务人的债权债务关系,允许其代位债务人对次债务人主张实现债权。但是,代位权的行

---

〔1〕 参见赵旭东:《从资本信用到资产信用》,载《法学研究》2003 年第 5 期,第 115 页。

〔2〕 参见徐强胜:《我国公司人格的基本制度再造——以公司资本制度与董事会地位为核心》,载《环球法律评论》2020 年第 3 期,第 65 页。

使是受到严格限制的，必须符合债务人怠于行使债权并且影响债权人到期债权实现这两项前提条件。根据《九民纪要》关于股东出资加速到的期条文中将无财产可供执行而不破产情形单列的行文方式分析，本条第 2 款所规定的加速到期适用情形，即"债务产生后公司延长股东出资期限，债权人有权以公司不能清偿到期债务为由请求提前实现认缴出资债权"，实际含义是在公司没有实际清偿债务的情况下，债权形成于公司延长出资期限之前的公司债权人都可以对出资期限尚未届满的股东主张提前实现认缴出资债权。换言之，此处的"以公司不能清偿到期债务为由"是公司"没有清偿到期债务"的客观描述而非偿债能力判断。在没有通过强制执行确定公司无力独立偿还外债的状况下，单纯依据公司债权人没有受偿的事实允许其介入债务人公司和次债务人公司股东之间的出资债权债务关系显然超出了保护债权人的必要限度。何况，虽然由于债权形成时间与延长出资期限的先后顺序不同，公司债权人作出交易决策的信赖基础有所差异，仅允许债权形成于延长出资期限之前的债权人主张提前实现认缴出资债权以清偿到期债务可以彰显对这部分债权人信赖利益的保护，但这与债权平等性仍存在一定的矛盾。[1]

第四，《九民纪要》所规定的加速到期规则存在适用障碍，并且容易造成公司债权人之间的受偿不公平，且难以防止股东期限利益受到不公平的挤压。首先，《九民纪要》所规定的加速到期规则客观上存在适用障碍。在《九民纪要》所规定的第一种适用情形下，法官首先必须对公司是否面临破产的事实进行判断，在这一判断中的举证责任具体如何分配将成为无法绕开的难题。作为外部人的债权人显然难以对公司财务状况进行举证，但被要求承担补充清偿责任的股东也不一定实际参与经营管理，要求股东反向证明公司并未面临破产同样存在困难。况且，要求股东承担举证责任缺乏相应的法律依据，也与民事案件中"谁主张，谁举证"的一般规则不符。其次，《九民纪要》所规定的加速到期规则易于危及公司债务清偿公平性。如果法官认为公司确实已经陷入面临破产的状况，从逻辑上看就更不能允许对部分债权人进行个别清偿了，否则就是背离了破产公平清偿的基本精神。而且《九民纪要》并没有禁止公司的内部债权人启动"加速到期"。因此，当公司经营形势不佳时，

---

[1] 参见李志刚等：《认缴资本制语境下的股权转让与出资责任》，载《人民司法》2017 年第 13 期，第 110 页。

公司内部债权人完全能够利用自己的信息优势抢先对偿债能力较强的股东主张补充清偿。根据我国破产法相关司法解释的规定，只有在债务人与债权人恶意串通损害其他债权人利益的特殊情形下，管理人才有权请求撤销债务人经诉讼、仲裁以及执行程序实施的个别清偿，以此实现对全体债权人的公平救济。[1]这意味着公司内部债权人只要不实施"恶意串通"，借助信息优势所实现的个别清偿便不在破产撤销权的追及范围之内。在此种状况下，如果公司后续陷入穷途末路，走向破产，外部债权人可分配的财产将大幅减少，这显然有失公允。最后，《九民纪要》所规定的加速到期规则难以有效防止股东期限利益受到不合理挤压。《九民纪要》试图通过严格限定加速到期的适用情形来保护股东的期限利益。但实际上保护股东期限利益最基础的思路应当是：强调优先实现公司已到期出资债权，以及可随时到期的出资债权来满足公司需求。这一理念恰恰难以通过债权人主导下的"加速到期"实现。因为债权人的核心诉求在于充分受偿，选择主张补充赔偿责任的对象时，优先考虑的因素必然是哪些股东的实际偿付能力最强。即使公司债权人知悉公司对其他股东的出资债权已经到期或者可随时到期，显然也不可能放弃对偿债能力更强的未到期出资股东主张补充赔偿。

（二）不涉及偿债情形下认缴出资债权提前实现的现状检讨

在不涉及债务清偿的情形下公司是否能够以资本多数决的方式提前实现认缴出资债权？目前各级各地法院对这一问题处理方式不一，严重损害了司法的统一性，不符合法律的安定性目标。笔者认为，股东的出资期限利益是其在认缴制下享有的合法权益，如果能够随意以资本多数决的方式压缩股东出资期限，那么股东在公司设立和增资阶段的出资自由也就没有意义了。因此，允许公司随意以资本多数决的方式压缩出资期限是对股东出资义务的不合理加重，存在违背公平性的嫌疑。相比之下，仅在特定情形下才允许公司通过修改公司章程提前实现认缴出资债权更具理论正当性。从现有的案例来看，不允许公司随意修改公司章程提前实现认缴出资债权的判决都强调公司

---

[1]《最高人民法院关于适用〈中华人民共和国企业破产法〉若干问题的规定（二）》第15条规定："债务人经诉讼、仲裁、执行程序对债权人进行的个别清偿，管理人依据企业破产法第三十二条的规定请求撤销的，人民法院不予支持。但是，债务人与债权人恶意串通损害其他债权人利益的除外。"

压缩出资期限的行为不具有"合理性和紧迫性"。那么，公司在没有发生债务清偿困难的情形下主张提前实现认缴出资债权是否就一定不符合"合理性和紧迫性"的要求？除了难以清偿债务的理由以外，具体还有其他情形也可以被认为具有"合理性和紧迫性"？现有的司法案例均未对上述问题进行阐述论证。为了在保护股东期限利益与保障公司自主筹集资金之间取得平衡，立法亟须对此问题作出正面回应。

## 第三节　认缴出资债权提前实现的改革动向

公司作为营利性的商事法人，其出现和存续的基础性目标和动机就在于通过经营活动获取利润。股东出资的一大重要功能即在于为公司的营利活动奠定原始的物质基础。在完全认缴制下，大量的股东出资以债权的形态存在，要让股东出资所蕴含的保障经营之功能在商事活动中得到真正释放，就必然要求以债权的形态存在的股东出资即认缴出资债权根据公司经营的现实状况适时实现。人类对未来的理性预期终究有限，出资协议所确定的股东出资期限并不能确保与公司实际的资金需求状况保持一致。认缴出资债权实现时间的僵化必然会导致认缴制改革强化公司筹资灵活性的意图难以实现。适当调整股东出资债权实现的具体时间成了认缴资本制下公司经营中的迫切现实需求。事实上，我国早已经在此方面作出了积极的探索，也尝试以立法的方式正面回应这一现实法律需求。为了有效应对实践中广泛存在的出资期限与公司实际资金需求脱节的问题，本次《公司法》修订就认缴出资债权实现时间节点的调整问题作出了回应。

### 一、《公司法》修订中认缴出资债权提前实现规则的内容变动

《公司法（修订草案）》关于提前实现认缴出资债权的内容集中体现于第48条。根据本条的规定，如果公司无法偿还到期的负债，而且明显不具备偿还负债的能力，无论是公司还是公司的债权人都有权请求出资期限尚未届满的股东先于出资协议和公司章程的规定实际缴纳出资。对比《九民纪要》关于股东出资加速到期的规定，《公司法（修订草案）》第48条关于提前实现认缴出资债权清偿公司债务问题作出了三点实质性变革。其一，明确了公

司在缺乏偿债能力的状态下可以请求公司股东提前履行出资义务。《九民纪要》仅仅规定了不能得到清偿的公司债权人可以在非破产的情形下对未完全实缴出资的公司股东主张补充赔偿责任，即只确认了公司债权人启动加速到期的权利。《公司法（修订草案）》第 48 条则进一步将启动加速到期的权利明确赋予了公司。其二，并没有将公司债务形成于延长出资期限之前作为启动加速到期的依据。换而言之，所有的公司债权人在符合"公司不能偿债，并且明显缺乏偿债能力"的条件下都可以主张提前实现认缴出资债权。其三，没有强调股东出资的加速到期是通过对公司债权人直接进行补充赔偿实现的。从文义上看，"债权人有权要求已认缴出资但未届缴资期限的股东提前缴纳出资"并不等同于公司债权人能够直接主张股东对其进行补充清偿。同样也可以理解为债权人有权要求已认缴出资但未届缴资期限的股东提前对公司履行出资义务。

《公司法（修订草案二次审议稿）》第 53 条对提前实现认缴出资债权的规则进行了一定调整，《公司法（修订草案三次审议稿）》第 53 条完全沿用了《公司法（修订草案二次审议稿）》的规定。与《公司法（修订草案）》第 48 条对比，《公司法（修订草案三次审议稿）》第 53 条对提前实现认缴出资的条件有所放宽，只要公司不能清偿到期债务即可，删去了"明显缺乏清偿能力"这一适用要件。同时，《公司法（修订草案三次审议稿）》第 53 条对主张提前实现认缴出资债权的主体进行了更加严格的限定。《公司法（修订草案）》第 48 条允许公司或者债权人提出提前缴纳出资的请求，《公司法（修订草案三次审议稿）》第 53 条将请求权人的范围限缩为公司和已到期债权的债权人，将未到期债权人排除在了请求权主体范围之外。

## 二、《公司法》认缴出资债权提前实现规则变动的评析

《公司法》关于提前认缴出资债权实现的专门规则有着重要的进步意义。其一，这标志着我国尝试以正式的公司立法而非《九民纪要》这样的规范性文件来应对股东出资期限僵化制约公司资金筹集的问题，这种力图规范化应对现实问题的态度本身就值得肯定。其二，公司在提前实现认缴出资债权中的主动性得以显著提升。无论是《公司法（修订草案）》第 48 条还是《公司法（修订草案三次审议稿）》第 53 条都明确规定了公司在没有能力对外偿

还债务的情形下有权对出资期限尚未届满的认缴出资股东提出履行出资义务的请求。这一规定较之于《九民纪要》关于股东出资加速到期的规定，显著强化了公司在提前实现认缴出资债权中的话语权。认缴出资债权的提前实现不再完全取决于公司债权人是否对出资期限尚未届满的股东提出补充清偿债务的请求。公司作为认缴出资债权人，在符合法律规定条件下可以突破出资协议和章程确定的出资期限限制，主动请求股东提前缴纳出资，这不仅有利于确保股东出资保障公司经营与偿债的功能得以发挥，也彰显了公司独立于组织成员的法律人格。避免一味强调股东直接主张补充赔偿所导致的公司人格被漠视的问题。实际上，相较于允许公司债权人对出资期限尚未届满的股东主张补充清偿，允许公司要求出资期限未满的股东缴纳出资是更加符合认缴出资债权本身权利结构的做法。因为在出资债权债务关系中，享有认缴出资债权的法律主体是公司，而不是公司债权人。其三，与《九民纪要》赋予未受偿公司债权人补充赔偿请求权不同，无论是《公司法（修订草案）》第48 条还是《公司法（修订草案三次审议稿）》第53 条都只赋予了债权人提前缴纳出资请求权。公司债权人可以要求股东提前缴纳出资显然并不等同于可以提前要求未到期出资股东直接对自己进行清偿，更加有利于避免公司债权人在公司经营状况不佳的情形下争夺受偿，提前瓜分财产。

当前《公司法》关于认缴出资债权提前实现规则的讨论依旧存在一定局限性，仍然没有回应公司在没有发生债务清偿困难的状态下是否可以提前实现认缴出资债权，如果允许公司在偿债能力正常的状态下主张提前实现认缴出资债权，那么股东合法的期限利益如何得到必要的兼顾?

## 第四节　认缴出资债权提前实现的法律规则改进

### 一、公司主张提前实现认缴出资债权的规则

#### （一）公司提前实现认缴出资债权的决策权归属

公司是一个组织体，需要依靠特定的公司机构来代表公司主张实现认缴出资债权。公司提前实现认缴出资债权的决策权归属直接关系到认缴出资债权提前实现是否能够兼顾多元价值目标，真正实现公司整体利益的最大化。

从前文对认缴出资债权提前实现现状的分析不难发现，目前实践中存在不少由股东会依据资本多数决来主张提前实现认缴出资债权的案例。从公司的组织架构角度分析，股东会是公司最高权力机关，认缴出资债权属于公司的财产，由股东会代表公司主张提前实现认缴出资债权确有理论正当性。但是，结合实践来分析，将提前实现认缴出资债权的决策权配置给股东会，不仅可能拖累决策效率，还可能导致决策结果缺乏公正性。一方面，将提前实现认缴出资债权的决策权配置给股东会不符合效率原则。公司作为营利性法人，效率是经营活动必须重点考量的目标。公司在经营资金充裕的情况下根本不需要提前实现认缴出资债权筹集资本，提前实现认缴出资债权主要意在应对资金短缺的紧急状况，因此尤其需要侧重于追求效率目标。股东会并非公司的常设机构，如果将提前实现认缴出资债权的决策权分配给股东会，就意味着要经过繁琐的召集和决议程序才能形成最终决策结果。如果提前实现认缴出资债权的决策过程陷入缓慢节奏，显然会偏离便利公司快速筹集资金的初衷。另一方面，将提前实现认缴出资债权的决策权配置给股东会可能导致决策结果缺乏适当性。股东会决策通常依据资本多数决原则。这意味着，大股东存在为了维护自身期限利益而左右决策结果的倾向。

相较于股东会而言，由董事会或者执行董事来掌握提前实现认缴出资债权的决策权是更合理的制度选择。其一，由董事会或者执行董事来掌握提前实现认缴出资债权的决策权更有利于提升资金筹集效率。董事会是公司的常设机构，负责公司的日常经营与管理活动，由其决策是否提前实现认缴出资债权不仅不需要经过耗时的召集程序，而且更能保证决策结果与公司实时资金需求相匹配。此外，董事会或者执行董事恰恰是催缴的执行者，作出提前实现认缴出资债权的决策之后可以毫不迟延地开始执行催缴程序，可以有效避免决策形成与执行之间产生额外时间损耗。其二，由董事会或者执行董事来掌握提前实现认缴出资债权的决策权更有利于保障决策结果的适当性。即使是股东本人担任公司董事，以董事身份参与决策活动时也要受到董事勤勉和忠实义务的约束。因此，将提前实现认缴出资债权的决策权分配给董事会或者执行董事更有利于避免股东出于维护自身期限利益的考虑而干扰决策，保障决策结果的适当性，有利于实现公司整体利益的最大化。

综上所述，公司提前实现认缴出资债权的决策权宜分配给公司董事会或者执行董事。公司董事会或者执行董事形成提前认缴出资债权的决策结果之后应不加迟延地对相应股东进行催缴，以便及时满足公司的资金需求。

（二）公司主张提前实现认缴出资债权的情形

《公司法》修订主要聚焦于讨论公司不能清偿负债情形下的认缴出资债权提前实现问题。学界不仅早已关注到通过提前实现认缴出资债权来保障公司偿债的问题，还针对是否可以在公司无力偿债之外的情形下提前实现认缴出资债权展开了深入的学理探讨。但是，到目前为止，学者们对该问题尚未形成比较一致的看法。第一种观点认为，在何种情形下，提前实现认缴出资债权都不能一概而论，应该根据出资期限是否合理而区别设定。如果出资协议所确定的出资期限是绝对无法履行的期限，则构成"以合法形式掩盖非法目的"的合同无效事由，股东负有随时向公司实际缴付出资的义务，公司可以随时主张股东实缴。换言之，在股东出资期限缺乏基本正当性的情形之下，公司即使偿债能力正常也可以先于出资协议和章程所定出资期限主张提前实现认缴出资债权。反之，如果股东出资期限并未超出一般情况下能够接受的合理幅度，原则上法律应当充分保护股东的出资期限利益。仅当公司资不抵债时，公司董事、高管有权请求未完成出资义务的股东在章程所定的期限到来之前向公司实际缴付出资以偿还公司负债。[1]第二种观点认为，股东对于出资期限的意思自治存在边界，而非绝对不受制约的"完全自治"，出资期限的设计不应对公司包括偿债在内的正常经营活动产生影响。[2]持此观点的学者认为，公司董事会或者执行董事可以基于公司经营管理和持续经营的现实需求，对抗出资期限约定的对内法律效力，提前实现认缴出资债权。如果公司资产不足以清偿对外负债，则可以依托出资期限约定的对内效力否决对外法律效力，即由董事会或执行董事主张先于章程和出资协议的规定提前实现认缴出资债权。[3]第三种观点认为，认缴出资债权是否可提前实现取决于是否牵涉以公司债权人为主的外部第三人利益。如果与外部第三人利益无关，无论出资协议所确定的出资期限是否合理，公司都不可基于生存和发展的目

---

〔1〕参见石冠彬：《论认缴登记制下股东的出资自由与限制——一个解释论视角的透视》，载《西南民族大学学报（人文社会科版）》2016年第4期，第98~105页。

〔2〕参见蒋大兴：《论股东出资义务之"加速到期"——认可"非破产加速"之功能价值》，载《社会科学》2019年第2期，第112页。

〔3〕参见吴长兴：《论"股东出资期限约定"效力的法教义学构造》，载《济南大学学报（社会科学版）》2021年第3期，第36页。

标使其加速到期。[1]归纳上述观点可以发现，在无力清偿负债的情形下，公司有权主张先于公司章程和出资协议所确定的时间提前实现认缴出资债权，这已经基本成为学者们的共识。现有的学术意见分歧集中于两个方面：其一，公司在无力清偿债务以外的情形下是否能主张提前实现认缴出资债权；其二，公司提前实现认缴出资债权的自由度是否根据约定的出资期限的合理性而有所差别。

笔者赞同目前学者们的普遍共识，即在公司无力清偿对外负债的情形下，公司有权先于公司章程和出资协议的规定提前实现认缴出资债权，理由在于以下两方面：一方面，当公司不能偿债时，允许公司提前实现未到期出资债权是巩固公司信用基础的应有之义。商事交易安全性的基础在于商事活动参与者的信用。[2]我国《公司法》第3条已经明确规定，公司财产是其对外清偿负债的信用基础。民法中的"财产"概念通常可以被理解为"属于民事主体之具有经济价值的权利义务的总和"。[3]认缴出资作为公司享有的债权，当然是公司财产的重要组成部分。在公司对外偿债能力不足的情形下，引导董事决策提前实现认缴出资债权显然是确保公司真正以其全部财产对债权人承担责任的重要方式，是彰显并巩固公司信用基础的应有之义。另一方面，当公司不能偿债时，允许提前实现认缴出资债权是贯彻股东有限责任的应有之义。一般认为，有限责任是现代公司制度的基本特征。[4]必须承认，公司的组织形式丰富多样，并非任何类型的公司都具备有限责任的特征。例如，澳大利亚法律即承认无限责任公司和无责任公司，这两种类型公司的股东都并不以出资为限承担责任。[5]但是，遵循股东有限责任原则无疑是我国公司法的一个基本特征。我国《公司法》第3条明文确立了股东有限责任原则，有限责任公司的股东对公司承担责任的额度边界即其认缴出资的数额，股份有限责任公司的股东对公司承担责任的额度边界即其认购的股份数。此处股东

---

〔1〕 参见袁碧华：《"认"与"缴"二分视角下公司催缴出资制度研究》，载《中国法学》2019年第2期，第213页。

〔2〕 王保树：《商法的改革与变动的经济法》，法律出版社2003年版，第56页。

〔3〕 参见[法]雅克·盖斯旦、吉勒·古博、缪黑埃·法布赫—马南：《法国民法总论》，陈鹏等译，谢汉琪审校，法律出版社2004年版，第150页。

〔4〕 朱锦清：《公司法学》（修订本），清华大学出版社2019年版，第159页。

〔5〕 参见黄辉：《现代公司法比较研究——国际经验及对中国的启示》，清华大学出版社2011年版，第48页。

对公司承担责任的边界，在实质意义上也就是股东间接对公司债权人承担责任的边界。[1]因此，当公司现存资金不足以清偿对外负债时，公司催缴尚未实缴的出资（即认缴出资债权）实质上就是确保股东以其"认缴"和"认购"的额度对公司担责，是贯彻股东有限责任原则的应有之义。

《公司法（修订草案）》第48条将公司在无力清偿负债时主张提前实现认缴出资债权的条件表述为"公司不能清偿到期债务，且明显缺乏清偿能力"。《公司法（修订草案二次审议稿）》和《公司法（修订草案三次审议稿）》第53条均选择删去"明显缺乏清偿能力"这一限制条件，即只要公司不能清偿到期债务就满足提前实现认缴出资债权的条件。对"不能清偿"概念的理解，现行法的尺度并不一致。《最高人民法院关于适用〈中华人民共和国企业破产法〉若干问题的规定（一）》第2条为认定债务人不能清偿到期债务设定了相当宽松的标准，只要根据法律规定债权债务关系确实成立，债权到期时间来临而债务人没有依法依约充分履行清偿义务，即可以被视为"不能清偿"。《最高人民法院关于适用〈中华人民共和国民法典〉有关担保制度的解释》关于一般保证的规定，采取了比较严格的债务不能清偿认定标准。即仅当债务人财产依法强制执行仍不能履行债务时才被认为构成不能清偿。笔者认为，在删去"明显缺乏清偿能力"这一限制条件的情形下，为避免股东期限利益受到过度压缩，对"公司不能清偿到期债务"的理解宜适度从严，即公司财产依法强制执行仍不能履行债务才被认为构成不能清偿到期债务。鉴于司法实践中强制执行全部财产往往难以一次到位，允许未到期出资股东以公司还有其他的财产可供执行为理由拒绝提前缴纳出资虽然从形式层面看更具正当性，但可能导致提前实现认缴出资债权保障债务清偿的目的大概率难以落实。笔者认为，只要公司可供执行的动产和便于执行的财产执行完毕，但是公司负债仍然不能得到充分偿还，就足以认为该公司已经陷入了"不能清偿到期债务"的状态。

关于公司在能够偿债的情形下是否能够提前实现认缴出资债权的问题，笔者认为，应当根据公司具体经营状态和章程中是否作出相关约定区别对待。第一种情形是，公司虽然未发生不能清偿的状况，但是现有资金不足以开展

---

[1] 参见蒋大兴：《论股东出资义务之"加速到期"——认可"非破产加速"之功能价值》，载《社会科学》2019年第2期，第103~104页。

基本业务活动，即难以维持公司正常存续。笔者认为，此时即使公司章程并未约定可以提前实现认缴出资债权，也应当允许公司提前实现认缴出资债权。一方面，出资协议是旨在"产生法人"的商事组织合同，维持公司的正常存续显然是"产生法人"这一合同目的的自然延续。允许公司提前实现认缴出资债权维持自身存续是实现出资协议根本目的的应然选择。另一方面，企业维持原则是两大法系国家商事法律所共同秉承的重要原则，其基本理念是企业依法成立后，若没有在运营中触犯法律的强制规定，一般不被轻易解散。[1]根据企业维持的原则，在涉及企业存续的特殊情形下，法律有理由允许公司提前实现认缴出资债权。第二种情形是，公司并未不能偿债，并可以维持公司的正常存续。笔者认为，此时仅在公司章程有明确规定的状况下方可允许公司主张提前实现认缴出资债权，否则不应允许公司为实现发展目标，依据股东会决议主张提前实现认缴出资债权。理由在于，企业维持原则主要关注企业能否作为一个健全的组织体而长久地存续和发展。[2]通常而言，公司只要能够对外保持正常清偿债务的能力，对内保持组织开展经营业务的能力，即使不能抓住一切发展的机遇，也不影响其作为一个健全组织体长久存在与发展。因此，公司基于偿债和存续以外的发展目标而要求股东提前履行出资义务即超越了企业维持原则的基本内涵。基于主体利益均衡的价值取向，在既不影响外部第三人利益，也不影响公司基本存续的情形下，法律在股东合法期限利益与公司发展目标之间宜优先保护前者。

关于提前实现认缴出资债权根据约定的出资期限是否合理且有所差别的问题，笔者持否定观点。理由在于：其一，公司法既没有从原则上要求股东确保出资期限适当，也没有根据股东出资期限长短明确区分"有效的认缴"与"无效的认缴"。根据"法无禁止即自由"的民商事法律基本原则，不应否定所谓超长出资期限的有效性。其二，在法律没有事先就出资期限作出限制性要求的状况下，事后根据股东设置的出资期限推定其意图为"掩盖非法目的"，易于破坏社会成员对出资行为有效性所形成稳定的预测，不符合法律的安定性要求。法的安定性可以从两方面进行理解：一是预测法律决定的可

---

〔1〕 参见王瑞、丛奔：《企业维持原则在解散公司之诉中的体现——以〈新公司法司法解释二〉为视角》，载《法学杂志》2012年第2期，第81页。

〔2〕 参见王保树：《商法总论》，清华大学出版社2007年版，第70页。

能性；二是对裁量权的约束。[1]法律既然未对出资期限作出原则性或者具体的限制，社会成员行为时自然不会预计约定的出资期限会被认定为无效。因此，基于维护法律安定性的目的，不宜否定超长出资期限的有效性。第三，我国 2013 年公司资本制度改革的一个核心立意就是放宽出资期限方面的约束，既赋予股东自由约定出资期限的权利，又反过来否定约定的效力，显然有悖于立法精神。[2]

综上所述，笔者认为，公司提前实现认缴出资债权的情形可作出如下界定：在公司不能清偿债务或者无法维持基本业务活动保持存续的情形下，无论公司章程所确定的股东出资期限是否合理，也无论公司章程是否包含允许公司提前主张实现认缴出资债权的内容，公司都可以主张实现认缴出资债权。在公司能够正常对外偿债并保持自身正常存续的状态下，除非公司章程有相关约定，否则公司原则上仅能主张实现已经到期的出资债权或者可以随时到期的认缴出资债权，不能主张提前实现尚未到期的认缴出资债权。

## 二、债权人主张提前实现认缴出资债权的规则

在认缴出资债权债务关系当中，享有债权的法律主体是公司，负担债务的法律主体是尚未向公司缴付章程规定的全部出资的股东。虽然公司债权人属于公司的重要利益相关者，与公司之间存在着难以割裂的依赖性关联，[3]认缴出资债权实质上是呈现为债权形态的公司注册资本，与其他任何形式的公司财产一样，都是公司责任财产的一部分。但是公司债权人作为认缴出资债权债务关系之外的法律主体，直接介入认缴出资债权的实现过程仍然应当受到法律的严格约束。这不仅仅是债之相对性原理的内在要求，也是确保公司独立法律人格受到尊重的必然选择。笔者认为，为了避免未实缴股东产生规避履行出资债务的投机心理，在无力偿债的情形之下有必要允许公司的已到期债权人作为与公司并列的请求权主体主张提前实现认缴出资债权，但是公司债权人不得就提前实现的认缴出资债权直接受偿。

---

〔1〕　参见雷磊：《法律方法、法的安定性与法治》，载《法学家》2015 年第 4 期，第 3 页。

〔2〕　参见李建伟：《认缴制下股东出资责任加速到期研究》，载《人民司法》2015 年第 9 期，第 55 页。

〔3〕　参见赵晶、王明：《利益相关者、非正式参与和公司治理——基于雷士照明的案例研究》，载《管理世界》2016 年第 4 期，第 138 页。

第一，在公司无力偿债的情形之下应当允许公司已到期债权人主张提前实现认缴出资债权。在经营状况良好的时候，公司能够带来的收益可能远远超出其支付的股份对价，股东对于履行出资债务的排斥心理自然并不突出。但是，当公司经营状况恶化时，公司作为营利商业工具的价值已经十分有限，此时出资期限尚未届满的股东可能在自利性动机的驱使之下尝试通过转移财产的方式规避实际履行出资义务，从而将投资失利的成本转嫁到公司债权人身上。正如前文分析，认缴出资债权债务关系的一个特殊性就在于作为债务人的股东是债权人公司的组织内部成员。从法律视角审视，公司作为享有独立法律人格的法律主体，在财产和意志方面都独立于股东。但是，股东依旧可以事实上借助身份优势对公司的决策产生影响。为了防范公司在不能偿还负债的状况下受到股东左右，不启动破产程序也不主张提前实现认缴出资债权，肆意放纵尚未履行出资义务的股东转移财产、逃避履行认缴出资债务，允许公司债权人主张提前实现认缴出资债权无疑是正当的立法选择。事实上，允许公司债权人主张提前实现认缴出资债权也符合比较法的经验，法国在2014年3月出台的法令中明确肯定了公司的债权人代表享有对尚未实际缴纳出资股东提起给付诉讼的权利。[1]

第二，公司债权人主张提前实现认缴出资债权的情形应被严格限定于公司无力偿债的情形之下。公司有限责任原则的核心就是公司以自身全部财产对外承担责任。认缴出资债权无论是否到期都不影响其作为公司的责任财产。因此，当公司所拥有的各种能够便利执行的财产都已经不足以偿还公司所负债务之时，允许公司债权人主张提前实现认缴出资债权可以说是公司有限责任合理的逻辑延伸，也是保护公司债权人和维护交易安全的应有之义。但是，在公司尚具备足够的偿债能力、公司债权人利益不受影响的情形下，法律显然应该维护公司人格的独立性，不允许公司债权人随意干涉股东出资的时间安排。正如前文所述，从《九民纪要》关于股东出资加速到期的条文将无财产可供执行而不破产情形单列的行文方式分析，本条的实际含义是：对于债权形成时间早于公司延长出资期限时间的公司债权人而言，可以在未强制执行公司财产，即未确定公司是否不具备充分偿债能力的情形下，基于"公司

---

〔1〕 参见［法］弗朗索瓦·西维尔·卢卡：《论法国困境企业股东的义务》，种林译，载《中国政法大学学报》2021年第4期，第300页。

没有清偿到期债务"的客观事实要求提前实现认缴出资债权。这一规定明显突破了保护债权人的必要限度，而且会对公司正常的商业行为造成不当干扰。公司资金充裕之时，为了避免出资沉积闲置而延长出资期限，或者公司资金充裕但股东现金流紧张时，为了给予股东宽限时间而延长出资期限本是商事活动中的常态现象。法律在已经为债权人提供必要保护的情形下，理应对正常的商业行为保持宽容，这既是公司法服务于商事活动的应然选择，也是利益平衡原则的要求。因此，笔者认为，公司债权人主张提前实现认缴出资债权的情形原则上应被限定于公司无力偿债的情形之下。只要公司尚有足够的偿债能力，即使债权形成时间早于公司延长出资期限时间，公司债权人也不得主张提前实现认缴出资债权。

第三，主张提前实现认缴出资债权的公司债权人宜被限定为已到期债权的债权人。公司的财务状况处在不断变化当中，如果债权人对公司享有的债权尚未到期，公司不能清偿其他债务的事实并不能直接表明已经现实危及该未到期债权的安全性。鉴于与已到期债权的债权人相比，债权尚未到期的公司债权人权利保护的紧迫性并不突出，将提前缴纳出资的请求权人限定于已到期债权的债权人较为适宜。

第四，公司债权人主张提前实现认缴出资债权应遵循"入库"规则。自完全认缴制确立以来，我国对提前实现认缴出资债权的讨论便主要都是以公司债权人的视角展开。公司债权人主张提前实现认缴出资债权的主要法律路径即要求未完整实际缴付出资的股东对其承担补充责任。不仅《九民纪要》允许公司债权人在两种特定情形下对出资期限尚未到来的股东主张补充赔偿责任，以此提前实现认缴出资债权，从既有的司法实践来看，不少司法裁判文书也都将《公司法司法解释（三）》中的"股东没有履行或者没有完整履行出资义务"广义解释为包括股东在出资期限尚未届满之时没有实际履行缴付出资的义务的情形，进而支持公司债权人据此对未到期出资的股东主张补充赔偿责任。在公司不能清偿的状况下允许公司债权人直接对未到期出资的股东主张补充清偿虽然看上去强化了对债权人的保护力度，却忽视了债权人群体内部的受偿公平性。有学者直接指出，公司债权人对股东主张补充赔偿的实质依旧是以公司享有的法人财产对债权人清偿，在公司处于破产边缘之时以公司法人财产对一部分债权人进行清偿事实上构成偏颇清偿，与我国

《破产法》第 32 条的规定存在矛盾。[1]笔者赞同这一见解，并认为在公司无力偿还债务之时允许公司债权人直接主张股东承担补充清偿责任，比一般的偏颇清偿具有更为深远的潜在危害性：其一，这一做法可能导致尚有希望恢复正常经营状态的公司丧失最后的物质基础，与企业维持的商事基本原则矛盾。在"先到先得"的利益刺激之下，公司债权人之间无疑会形成强烈的竞争关系，由此可能竞相对未到期出资股东主张补充清偿，以至于原本尚有挽救余地的公司再无回转可能。而且，我国目前在公司债权人对股东主张补充清偿之时并不区分内部债权人和外部债权人，这也就决定了与公司存在特殊关系的内部债权人必然能够在这种"受偿竞赛"中取得或明或暗的信息优势，抢占先机。其二，会对公司债权人的交易信赖形成破坏。股东的出资期限属于公开信息，由于目前立法明确会提前实现认缴出资的情形限于公司破产，所以公司债权人进行交易决策的时候可能会相信出资到期时间晚于自身债权到期时间的股东出资能够成为保障自身债权受偿的物质基础，至少在破产之前不会成为其他债权人单独受偿的财产。基于以上多方面的考量，笔者认为，公司债权人主张提前实现认缴出资债权应当遵循"入库"规则，即不能就提前实现的认缴出资债权单独受偿。如此一来，股东之间的受偿竞争性将大为缓和，同时由于公司债权人保留了主张提前实现认缴出资债权的权利，股东转移资产规避实际缴付出资的投机行为仍然能够受到来自公司债权人的有力约束。

---

〔1〕 参见郭富青：《论公司法与邻近法律部门的立法协同》，载《法律科学（西北政法大学学报）》2021 年第 6 期，第 172 页。

# 第六章

# 未实缴出资股权转让后的
# 认缴出资债权实现

我国从未明文禁止股东转让未实缴出资的股权，且在 2013 年的公司资本制度改革之后法律不再对股东出资期限施加刚性约束，股东可以合法享有出资期限利益。根据法无禁止即自由的私法基本原则，原股东将未实缴出资股权转让给新股东在法理方面并不存在障碍，理当属于合法行为。但是，从法律性质上观察，尚未实缴出资的股权并不能被视为完全意义上的权利，而是一项股权利益与出资义务相互交织形成的复合体。由此而生的一个重要问题就是，如果尚未实际缴付出资的股权发生转移，相应额度的认缴出资债权如何实现？具体而言，究竟是由未实缴出资股权的出让人还是由受让人承担出资债务，抑或二者均要对认缴出资之债承担责任？如何在最大限度地保障认缴出资债权安全性的同时适当平衡未实缴出资股权出让人与受让人之间的关系？本章尝试对上述问题进行讨论。

## 第一节 未实缴出资股权转让后认缴出资债权实现的现状检视

### 一、未实缴出资股权转让后认缴出资债权实现的现状

在实缴资本制下，在公司设立与增资的同时，股东必须毫不迟延地对公司履行缴付出资的义务，因此股权在法律性质上可以被视为不含有出资义务的纯粹权利。此类已经完整实际缴付出资的股权发生转移后自然不存在出资义务的承担问题。但伴随着我国公司资本制度从实缴制转向认缴制，未实缴出资股权转让后的出资义务承担成了关系认缴出资债权能否完整实现、公司

资本能否充实的关键问题。

在认缴资本制之下，公司在设立与增资阶段，股东并不需要即刻履行实际向公司缴付出资的义务，这也就意味着未实缴出资的股权成了公司股权的常见存在形态。由于股东尚未向公司实际缴付股权的对价，未实缴出资的股权显然无法被简单地视为与已实缴出资股权同等的纯粹权利，在法律属性上只能被视为一项同时包含股权利益与出资义务的复合体。我国法律对股东所课加的义务内容是必须完整地对公司缴付其认缴的出资，以此保障公司资本的真实与安全，但是并未要求股东负担在实际缴付出资之前不得转让相应股权的消极义务。那么，如何在未实缴出资股权的动态转让过程中确保股东完整向公司缴付出资，防范公司的认缴出资债权落空，就成了法律必须予以关注和回应的现实问题。从立法层面观察，目前我国未实缴出资股权转让后的认缴出资债权实现缺乏明确的法律依据。立法上的不足导致司法裁判缺乏统一而有力的支撑，就既有的司法实践来看，各级别各地区的法院在处理未实缴出资股权转让后的出资责任承担问题时所采取的应对思路并不一致。

我国现行《公司法》的立法条文并未就未实缴出资股权转让后的认缴出资债权实现问题作出任何针对性规定。《公司法司法解释（三）》第18条回应了认而未缴的有限责任公司股东转让股权后的认缴出资债权实现问题。对于该条文的内容，可以从理论上作出以下解读：其一，如果有限责任公司的股东没有向公司完整缴付其认缴的出资财产就转让相应的股权，并且受让人对于上述事实能够或者应当能够充分认知，则公司作为认缴出资债权的债权人有权请求股权出让人和受让人承担连带责任，以确保其出资债权的实现。其二，假如公司已经陷入不能偿还对外负债的财务困境，并且未实缴出资股权的受让人清楚认知或者应当能够清楚认知出让人没有实际缴付出资的事实，公司债权人可以将该司法解释第13条第2款作为请求权规范基础，请求未实缴出资股权的出让人和受让人连带补充清偿其未能受偿的部分债权，股权出让人与受让人承担责任的范围被限定于没有实际缴付给公司的出资本息数额之内。其三，在上述两种情形下，如果未实缴出资股权的受让人与出让人之间并未作出另外的约定，未实缴出资股权的受让人对公司或者公司债权人承担责任之后即享有对出让人的追偿权。上述司法解释条文看似已经对有限责任公司股东转让未实缴出资股权后的认缴出资债权实现问题给出了清晰的回应，但在具体的司法适用中却存在一个基础性困惑始终未能得到澄清，即本条能否适用于因为出资期限尚未届至而未履行或者未全面履行出资义务的情形。本条在适用条件理解方面的不确定性直接导致当前的司法实践对未实缴出资股权转让后的认缴出资债权实现问题采取了复杂不一的处理方式。

如果公司章程所确定的出资期限已经届满，股东不按时向公司实际缴付出资财产即将相应的股权转让出去。对此，当前的司法案例并没有显示出明显的裁判分歧，法官基本上直接以《公司法司法解释（三）》第 18 条作为裁判依据进行个案处理，即原则上仅由未实缴出资股权的出让人对公司或者公司的债权人承担责任，受让人只有在对出让人没有实际缴付出资的事实存在清楚认知或者应该能够认知该事实的情况下才与出让人一起对公司和公司债权人承担连带责任。如果出资协议与公司章程所确定的出资期限尚且没有来临，股东将没有实际缴付出资的股权转让出去，又当如何确定出让人和受让人的出资责任？针对这一问题，目前司法实践中的应对方式并不统一。对既有的司法判例进行归纳，可以将当前的司法裁判观点大致分为三种类型，各类裁判观点之间的意见分歧集中于两个方面：一是出让未实缴出资股权的股东是否需要对转让后才到期的认缴出资债权承担责任；二是出让未实缴出资股权的股东如果确实需要对转让后才到期的认缴出资债权承担责任，具体的责任方式是什么？

第一类司法裁判观点认为，在出资期限届满之前出让未实缴出资股权的股东不再需要对转让后才到期的认缴出资债权承担法律责任。采纳此类司法裁判观点的法官一般直接在判决书中说明《公司法司法解释（三）》第 13 条和第 18 条不能适用于股东在出资期限到来之前没有向公司实际缴付出资的情形。在"绿能集团等诉安投资本等企业借贷纠纷案"中，安徽控股是安投资本的股东，安投资本的 1 亿元注册资本当中，安徽控股认缴 9900 万，其中未实缴数额为 6930 万。2012 年 1 月 18 日，安投资本经由股东会决议将公司下期出资时间变更为 2015 年 2 月 1 日，并修改章程、变更工商登记。2012 年 7 月 13 日，安投资本同意为北京远通向孙某科的借款提供连带担保。2013 年 5 月 28 日，安徽控股与中能控股签署协议，约定对其出让 99% 的安投资本股权，签字日后的股东权利和股东义务均转移给中能控股。随后，原告孙某科向一审法院起诉请求安徽控股在未出资的 6930 万元本息范围内，对安投资本不能清偿的债务向其承担补充赔偿责任。一审的河南省濮阳市中级人民法院将《公司法司法解释（三）》第 13 条第 2 款作为司法裁判依据，认为安徽控股作为安投资本的股东，没有实际向安投资本缴付出资，故应当对公司未充分偿还的负债承担补充清偿责任。二审的河南省高级人民法院则认为，2013年5月28日安徽控股已经与中能控股签下股权转让协议并将股东的权利义务一并转让，在此情形下要求安徽控股对安投资本的债权人承担补充赔偿责任没有充分的根据。最高人民法院在再审中同样认为，安徽控股转让未实缴出资的股权的行为发生在出资期限到来之前，并不是出资期限届满而不向公司实际缴纳出资，故在没有实缴出资的股权转让之后不必再继续承担向公司缴纳出资的法律责任。[1]除了上述案件，"谭某某与缘策公司、中禧公司等装饰装修合同纠纷案"[2]、"王某某与某模具公司执行异议之诉案"[3]、"胡某某等与刘某某申请执行人执行异议之诉案"[4]、"某保理公司与凯骏公司、永丰公司合同纠纷案"[5]、"方某与舍得酒业公司、石某等施工合同纠纷案"[6]、"林某某、常某申请执行人执行异议之诉案"[7]等众多司法判例中，法院均认为出让未实缴出资股权的股东并不需要对转让后才到期的出资承担责任。

　　第二类司法裁判观点认为，在出资期限尚未届满之时出让未实缴出资股权的股东需要继续对转让后才到期的出资债权承担清偿责任，如果受让人对于出让人没有履行或者没有完整缴纳出资存在清楚认知或者应该能够认知，需要与出让人连带履行出资债务以确保公司能够完整地实现认缴出资债权。此类判决不区分出资期限是否届满，只要股东没有实际向公司完整缴付出资财产，即使在出资期限到来之前转让股权，也要继续对公司负担出资责任。"毛某某、富海公司等股东出资纠纷案"即为此类裁判观点的典型代表。[8]在本案中，佳园公司和圣罗兰公司是志祥公司的股东。公司注册资金6000万元人民币，其中佳园公司认缴出资5400万元。佳园公司先后三次向公司实

　　〔1〕 参见河南省高级人民法院〔2015〕豫法民一终字第00120号民事判决书。最高人民法院〔2016〕最高法民再301号民事判决书。

　　〔2〕 参见上海市普陀区人民法院〔2017〕沪0107民初15501号民事判决书。上海市第二中级人民法院〔2018〕沪02民终4386号民事判决书。

　　〔3〕 参见广东省深圳市宝安区人民法院〔2019〕粤0306民初20197号民事判决书。

　　〔4〕 参见北京市第二中级人民法院〔2020〕京02民终7331号民事判决书。

　　〔5〕 参见浙江省杭州市下城区人民法院〔2016〕浙0103民初8638号民事判决书。

　　〔6〕 参见宁夏回族自治区银川市永宁县人民法院〔2020〕宁0121民初506号民事判决书。

　　〔7〕 参见吉林省白山市中级人民法院〔2021〕吉06民终553号民事判决书。

　　〔8〕 参见江苏省徐州市铜山区人民法院〔2021〕苏0312民初4047号民事判决书。江苏省徐州市中级人民法院〔2021〕苏03民终7173号民事判决书。

缴出资 1080 万元、370 万元和 50 万元，剩余未缴注册资金为 3900 万元，认缴出资时间为 2015 年 8 月 6 日。2014 年 1 月 17 日，志祥公司召开股东会议，股东决议：同意佳园公司将其持有的 5400 万元股份转让给开正公司、滕某某、严某、张某某、陈某、毛某某。当日，佳园公司与开正公司、滕某某、严某、张某某、陈琳、毛某某分别签订股权转让协议，约定协议生效后股东的权利与义务全部由出让方转给受让方。同日，志祥公司股东进行变更登记，并修改公司章程，将新股东开正公司、滕某某、严某、张某某、毛某某未缴资金认缴时间均确定为 2015 年 8 月 7 日。2018 年 5 月 14 日，铜山区人民法院根据公司债权人舜元建设（集团）有限公司申请，受理了志祥公司破产清算案，并指定江苏帝伊律师事务所担任管理人。管理人在履行职责的过程中查明，严某、张某某、毛某某未于 2015 年 8 月 7 日实际缴纳剩余的认缴出资款 435 万元。随后，志祥公司向一审法院提出诉请，请求判令毛某某与富海公司补缴出资款 435 万元。江苏省徐州市铜山区人民法院在一审中指出：佳园公司在未全面缴纳注册资金时，却以认缴总额为对价将股权全部转让，实质上将未缴纳的公司注册资金转化为了自有的股权转让权益，可以认定佳园公司系在未全面履行出资义务的情况下转让股权。佳园公司作为志祥公司的原始股东，根据资本充实原则，其负有缴清注册资金的义务。伴随志祥公司进入破产程序，股东丧失出资的期限利益，因此富海公司与毛某某应当连带承担补缴出资的责任。江苏省徐州市中级人民法院在二审判决中支持了一审法院的观点，并明文指出无论出资期限是否届满，只要股东没有实际向公司完整缴付出资财产，即符合适用《公司法司法解释（三）》第 13 条与 18 条的条件，可以要求出让人继续履行出资债务。除本案之外，在"王某某、三强公司股东出资纠纷案"[1]、"同美誉公司与涂某某、宋某某、意邦公司民间借贷纠纷案"[2]以及"雷某甲、雷某乙与曾某某案外人执行异议之诉案"[3]等案件中，法院均采用了同样的解释路径适用《公司法司法解释（三）》第 13 条与第 18 条，要求在出资期限届满之前，出让未实缴出资股权的股东和知悉股权对应出资并未实缴的受让人一起对未实缴的出资承担连带责任。

---

〔1〕　参见河北省石家庄市中级人民法院［2018］冀 01 民终 3970 号民事判决书。
〔2〕　参见四川省高级人民法院［2016］川民再 232 号民事判决书。
〔3〕　参见四川省成都市高新技术开发区人民法院［2017］川 0191 执异字第 100 号民事裁定书。

第三类司法裁判观点认为，出让未实缴出资股权的股东是否需要继续对转让后才到期的出资债权承担责任并不绝对，要结合未实缴出资股权转让时间和公司债权形成时间来判断。出让未实缴出资股权的股东承担责任的方式也并非一概与知情的受让人相互连带。此类司法裁判一般出现在公司债权人在公司无法清偿的状态下主张公司现股东和原股东一起对其承担补充赔偿责任的案件当中。判决书在说理中普遍并不局限于对上述司法解释第13条与18条的适用条件进行解释，而是偏重根据股权转让时间和公司债务形成时间之间的先后关系以及转让股权之时公司的财务状况综合论证股东转让未实缴出资股权的行为是否存在逃债的非正当意图，进而确定出让人是否需要对转让后才到期的出资承担责任。例如，在"辛某等与邹某某等执行异议之诉案"中，法院依据原股东转让未实缴出资股权之时公司对外债务尚未形成的事实，论证出让未实缴出资股权的股东并非出于恶意，故不要求原股东对转让后才到期的出资承担责任。[1]在"刘某某、李某某等股东出资纠纷案"中，原股东转让未实缴出资股权之时公司对外债务已经形成，而且此时公司没有任何实缴资本并已经陷入支付不能的财务困境。法院认为，在此种情形下，如果允许股权出让人脱离认缴出资债权债务关系，会导致公司可偿债财产减少或股东通过股权转让方式逃脱出资义务，最终危害经济交易秩序，故要求原股东对转让后才到期的出资继续承担责任。[2]值得注意的是，在"刘某某、李某某等股东出资纠纷案"中，两审法院都认为未实缴出资股权的出让人与受让人在责任承担方面有顺位上的先后区别，但是都没有在判决书中严密论证区分责任承担顺位的理论依据，仅仅指出"鉴于李某某、胡某某已经将股权转让给公司发起人刘某某，故李某某、胡某某应在认缴出资范围内对刘某某的出资义务承担补充赔偿责任"。

## 二、未实缴出资股权转让后认缴出资债权实现现状的检讨

从我国公司资本制度从实缴制转向认缴制开始，未实缴出资股权转让后

---

〔1〕 参见济南市槐荫区人民法院〔2019〕鲁0104民初2812号民事判决书。山东省济南市中级人民法院鲁01民终13075号民事判决书。

〔2〕 广东省深圳市中级人民法院〔2016〕粤03民初2855号民事判决书。广东省高级人民法院〔2021〕粤民终1071号民事判决书。

的认缴出资债权实现问题就已经成为司法实践中难以绕开的现实问题。我国从有限的认缴制走向更为宽松的完全认缴制之后，由于出资期限没有法律规定的固定上限，股东在出资期限尚未届满之时又无需实际对公司履行出资义务，转让未实缴出资的股权愈加成为商事活动中的常态化现象。妥善处理未实缴出资股权转让后的出资责任承担问题，确保公司认缴出资债权的实现不因股权的转让而落空，对于在完全认缴制下捍卫公司资本的真实与完整具有重要的现实意义。但通过上文的分析不难发现，我国未实缴出资股权转让后的认缴出资债权实现尚且存在显著的法律保障缺失：

一方面，目前我国未实缴出资股权转让后的认缴出资债权实现依旧缺乏直接且明确的法律依据，以至于此类案件"同案不同判"的现象广泛存在，不利于彰显法律的安定性和平等性价值。结合前文对司法裁判观点的整理不难看出，既有的司法裁判普遍将《公司法司法解释（三）》第18条作为裁判依据。但是，该条文是否能够被适用于股东在出资期限届满之前没有缴纳或者没有完整缴纳出资的情形，目前仍然缺乏确切而统一的规定。这直接导致当前司法实践对本条文的理解存在很大的不确定性，于是各地各级法院在应对未实缴出资股权转让后的出资责任问题时，处理方式高度不统一，不同判决书对同一条文的内涵阐释甚至完全背道而驰。司法裁判的高度不一致不仅背离了法的安定性和平等性的内在要求，也对司法公信力产生了负面影响。从理论角度观察，无论是法的安定性还是平等性都要求司法对类似案情的裁判保持相对统一。安定性是法律理念的基本要素之一，也一直被视为法治的一个重要目标。法的安定性价值可以从两方面进行理解：一是预测法律决定的可能性；二是对裁量权的约束。[1]预测可能性与约束裁量权实际上是一体两面的关系，只有合理约束法律适用者的裁量权才能提升法律决定的可预测性。根据一般人朴素的社会经验即可得知，只有法官在司法裁判中的自由裁量受到必要的约束和明确的指引，保证对于相似的情况采取大抵相同的处理方式，才能够引导社会公众对特定行为的后果产生稳定的认知和预测，保障法的安定性实现。平等不仅是道德意义上的准则，也是法律的精神内核之一。法律平等价值最直观的体现即法律在适用上的平等。"同案同判"本质上也就是法律对于同样的情形给予同样的评价，是法律平等价值的集中体现和应有

---

〔1〕　参见雷磊：《法律方法、法的安定性与法治》，载《法学家》2015年第4期，第3页。

之义。从实践角度观察，伴随着信息传播渠道的拓宽和司法裁判公开性的强化，社会公众对"同案不同判"的关注度显著提升。"同案不同判"不仅会让案件当事人感到在法律适用中没有受到形式意义上的平等对待，质疑司法过程的正义性，而且当事人可以通过对比同类案件的裁判结果直观地发现裁判结果的非对等性，进而动摇其对裁判结论的信服程度。因此，保持司法裁断的相对统一性已经被视为巩固司法公信力的重要一环。综上可知，无论是从理论还是从实践视角出发，我国都亟须扭转目前司法裁判观点互有分歧，甚至背道而驰的状况，采取相对一致的司法裁判立场来应对未实缴出资股权转让后的认缴出资债权实现问题。

另一方面，目前我国未实缴出资股权转让后的认缴出资债权实现规则对股权出让人、受让人、公司债权人之间微妙的利益关系缺乏全面的考量，难以在统筹兼顾各方利益的基础上最大限度地保障认缴出资债权实现。其一，在出资期限已经届满，股东不实际履行出资义务并将相应的未实缴出资股权转让时，现行规则原则上要求出让人作为出资义务履行主体，受让人仅在知道或者应当知道上述事实的情形下与出让人连带对公司和公司债权人承担责任，这与商事外观主义的基本理念原则不兼容。在出资期限届满的情形下，股东负有积极向公司实际缴付出资财产的义务。此时如果股东将未实缴出资的股权转让出去，公司和公司债权人诉诸《公司法司法解释（三）》第18条之规定以保护自身权益自然不存在争议。但是，《公司法司法解释（三）》第18条本身的合理性十分有待商榷。根据现行《公司法》的规定不难发现，股东身份的确定是遵循商事外观主义基本立场的。根据本条规定，股东名册是确定特定主体是否具备股东身份的基本依据，也是股东主张行使股东权利的凭据。既然股东的身份依据股东名册来确定，只有记载于股东名册的人才能被视为股东（关于隐名股东另有规定）。那么，负担出资义务的主体原则上当然也应该是股东名册上所确定的股东。否则就会形成：记载于股东名册的股东，可以将股东名册作为主张股东权利的法律凭据，但不需要据此承担出资这一股东的基本法定义务。如此一来，毫无疑问会造成商事外观主义在公司法中的应用存在矛盾。其二，正如前文所述，在出资期限尚未届满，股东不实际履行出资义务并将相应的未实缴出资股权转让时，出资责任的承担问题缺乏统一而清晰的法律依据，司法实践中的应对方式迥异，且各种方式都存在一定的缺陷。第一类司法裁判方式认为出让未实缴出资股权的股东并不需要对转让后才到期的出资承担责任，直接将股权出让人从出资责任中剥离。由股权受让人承担出资义务固然契合商事外观主义的基本原则，但是客观上无法充分而有效地防控未实缴出资股权转让给公司出资债权实现带来的风险。众所周知，债务人的实际履行能力是决定债权是否能够得到实现的重要影响因素。股东实际缴付出资的能力与认缴出资债权的实现之间自然存在不可忽视的紧密关联。假如未实缴出资股权所对应的出资义务伴随着股权的转让，由出让人转移到受让人，应当如何防范出资义务履行主体变动可能导致的履行能力减损风险，避免公司享有的认缴出资债权因此而全部或者部分落空，以至于动摇注册资本的完整性和外观真实性？现有实践并未就上述问题给出周详的应对方案。此外，在取消出资期限约束之后，非理性认缴高额出资并不鲜见，如果股东在出资期限届满之前出让未实缴出资的股权即不必再对出资负担任何义务，无疑会进一步激励非理性认缴巨额长期出资，再通过股权转让投机获益。第二类司法裁判方式直接扩张解释"股东未履行或者未全面履行出资义务"，进而适用《公司法司法解释（三）》第18条之规定要求出让人承担出资义务。此法看似有效避免了因出资义务履行主体变动而影响公司认缴出资债权的实现，但正如前文所述，原则上要求出让人承担出资义务，受让人仅在知情时与之连带的处理方式与商事外观主义的原则并不契合。第三类司法裁判方式根据公司对外债务的形成时间和转让未实缴出资股权的先后顺序，以此确定在出资期限未届满时出让未实缴出资股权的股东是否需要继续对公司债权人承担补充赔偿责任。该做法看似合理考量了公司债权人差异化的信赖基础：如果公司债务形成后未实缴出资股权转移，为了保护公司债权人进行交易决策时对出让人履行出资义务能力的信赖，允许其对出让人主张补充清偿。反之，如果公司债务形成之前未实缴出资股权已经转移，公司债权人作出交易决策不可能是基于对出让人履行出资义务能力的信赖，因此没有理由允许其对出让人主张补充清偿。但是，这实际上与公司法的基本原理格格不入，因为公司作为独立的法律主体，其对外信用的核心表征是其自身全部财产，而非个别股东的私人信用。[1]这一点在《公司法》第3条已经得到了明确印证，即公司以其全部财产对外担责。以至于考虑股权已经转

---

［1］ 参见薛波：《论出资未届期股权转让后出资责任之主体》，载《学术论坛》2021年第4期，第28页。

让的事实，要求出让人承担补充责任的司法处理方式，更无明确法律依据。在"刘某某、李某某等股东出资纠纷案"中的说理部分，无论一审还是二审法院虽然都支持出让人承担补充责任而非连带责任，却无一对此责任方式的确定依据进行深入论证。

## 第二节　未实缴出资股权转让后认缴出资债权实现的改革动向

本次的《公司法》修订尝试在股份有限公司中引入授权资本制，而有限公司则继续实行认缴资本制。这意味着如何保障认缴出资债权的实现，进而确保公司资本的充实仍然是我国未来长期需要面对的问题。随着认缴制的深入发展，在当前的商业实践当中，出让未实缴出资股权的现象日益普遍。未实缴出资股权转让后的出资责任承担直接关系到认缴出资债权的实现，与公司资本的充实紧密相关。现行《公司法司法解释（三）》第18条文义理解上的不确定性给司法实践带来了较大困惑，未实缴出资股权转让后的认缴出资债权实现事实上处于裁判依据匮乏的窘境。本次的《公司法》修订对未实缴出资股权转让后的出资责任承担问题给出了积极的立法回应。

### 一、《公司法》修订中股权转让后认缴出资债权实现规则的内容变动

《公司法（修订草案）》关于提股权转让后认缴出资债权实现的内容集中体现于第89条。根据本条的规定，如果转让的未实缴出资股权类型属于未届出资期限股权，缴纳出资的义务由受让人承担。如果转让的未实缴出资股权类型属于未按期足额缴纳的出资，则缴纳出资的义务承担主体根据受让人的任职情况有所差异。假如股权受让人知道或者应当知道未按期足额缴纳的事实，则需要在出资不足的范围内与股权出让人连带承担出资责任，反之则不必与股权出让人连带承担出资责任。

《公司法（修订草案二次审议稿）》第88条对股权转让后认缴出资债权实现规则进行了一定调整，《公司法（修订草案三次审议稿）》第88条则继续沿用了《公司法（修订草案二次审议稿）》的规定。与《公司法（修订草案）》第89条对比，《公司法（修订草案二次审议稿）》和《公司法（修订草案三次审议稿）》第88条的核心变动之处在于：如果转让的未实缴出资股

权类型属于未届出资期限股权，缴纳出资的义务优先由受让人承担。但是，如果受让人没有按期足额缴纳出资，该股权出让人需要对受让人未按期缴纳出资的部分承担补充责任。换而言之，未届出资期限股权的出让人并不能因为股权发生转移而主张完全脱离出资债权债务关系。

## 二、《公司法》修订中股权转让后认缴出资债权实现规则变动的评析

笔者认为，《公司法》修订后，股权转让后的认缴出资债权实现规则体现出了显著的进步性：

第一，将股东出让未实缴出资股权明确细分为转让未届缴资期限的股权与转让未按期足额缴纳出资股权两类，直接消除了目前关于《公司法司法解释（三）》第18条的文义理解上的观点分歧。目前，我国各地各级法院应对未实缴出资股权转让后出资责任承担问题的方法存在较大差异。促成这一现状的重要原因在于，实务界没有对本条文的适用情形形成完全一致的立场，即各法院对出资期限尚未届满之时股东不实际向公司缴纳出资是否适用上述条文观点不一。本次的《公司法》修订明确将转让未届缴资期限股权后的出资责任承担和转让未按期足额缴纳出资股权后的出资责任承担区分开来，清晰的法律规范有益于降低法官找法的难度，对于提升司法裁判结果的统一性，推进"同案同判"，进而强化司法判决的公信力具有十分重要的意义。

第二，在转让未届缴资期限的股权时，明确转让人需对受让人未按期缴纳出资的部分承担补充责任，有力提升了对公司资本充实的保障力度。《公司法（修订草案）》第89条第1款之规定，在转让未届缴资期限股权的情形下，股权出让人可以从认缴出资债权债务关系中彻底剥离，不再对转让后到期的出资承担责任，这一规则的合理性显有缺失。一方面，这会导致未实缴出资股权的出让人在权利享有与义务负担之间的失衡。在履行期限尚未届满的情形下，股东不对公司实际缴付出资诚然是合法行为，但是股东在未实缴的情形下事实上可以完整地享受股东身份所带来的利益。例如，行使股东权利、获得股利分配以及收取转让未实缴出资股权所得的价款。如果转让未届缴资期限股权之后，出让人可以完全从出资责任中剥离，不需负担任何出资方面的义务，那么事实上就可以不支付股权的对价而享有股东身份所带来的一系列收益。这种权利与义务之间的非对等性可能激励股东盲目设置超长的

出资期限，背离认缴制提升公司筹资灵活性的初衷。另一方面，允许出让人完全从出资责任中剥离的做法并不利于保障认缴出资债权的实现，可能危及公司资本的充实。股东实际履行出资义务的能力直接决定了公司认缴出资债权的安全性。如果转让未届缴资期限股权之后出让人完全从出资责任中剥离，出让人可能会完全不考虑受让人履行出资义务的能力，放任公司的认缴出资债权落空，造成公司注册资本的数字虚高。《公司法（修订草案二次审议稿）》第88条明确规定，在转让未届缴资期限的股权时，转让人需对受让人未按期缴纳出资的部分承担补充责任，《公司法（修订草案三次审议稿）》第88条沿用上述规定，避免了未届缴资期限股权出让人从出资责任中完全脱离，有力提升了对公司资本充实的维护力度。

修订后的《公司法》关于未实缴出资股权转让后的认缴出资债权实现规则的规定依然存在一定的局限性，这主要体现于转让未按期足额缴纳出资股权的规定之中。修订后的《公司法》关于转让未按期足额缴纳出资股权后的出让人责任之规定，基本延续了《公司法司法解释（三）》第18条的立场，即原则上由出让人承担出资责任，受让人对于出让人未按期足额出资的事实清楚知悉或者应当清楚知悉，即与出让人在出资不足范围内连带。站在契约公平的价值目标审视，本款规定确有一定的合理之处：转让未按期足额缴纳出资股权之时，若受让人知悉出让人并未履行出资义务，则属于明知风险坚持受让，承担连带责任属于自甘风险，符合交易公平原则。反之，若受让人并不知悉出让人并未履行出资义务，不要求其承担出资义务，则属于对善意受让者的保护。但是，上述的规则设计显然没有彰显股东出资责任的法定强制属性，没有最大限度地确保公司实现认缴出资债权以巩固资本充实。要求受让人根据自身交易时的认知情况确定是否承担出资责任既不符合出资责任作为法定强制责任的特征，也会让认缴出资债权实现的保障程度伴随受让人认知程度存在不确定性。具而言之，若受让人知道出让人没有履行出资义务的事实，则与之连带承担出资责任，公司的认缴出资债权安全性自然会受到更强的保障，反之若受让人不知道出让人没有履行出资义务的事实，则不需要与出让人连带承担出资责任。公司的认缴出资债权的安全性低于前种情形。此外，本条规定并未严格贯彻商事外观主义的原则。依据现行《公司法》第56条的规定，股东名册是确定特定主体是否具备股东身份的基本依据。根据商事外观主义原则，未按期足额缴纳出资股权的受让人只要已经被记载于股东名册，即使完全不知道相应股权的出资并未缴纳的事实，也理当履行缴纳出资这一股东的基本义务。允许具有股东身份的受让人基于其不知情的事实而免于承担出资责任并不符合商事外观主义的应有之义。

## 第三节　未实缴出资股权转让后认缴出资债权实现的比较法观察与启示

### 一、未实缴出资股权转让后认缴出资债权实现的比较法观察

在认缴制的公司资本制度背景下，无论是股东身份的取得还是股权权属的确定，都与股东实际履行出资义务的情况没有绝对关联。股东即使"只认不缴"也不影响其依法取得股东资格和股权所有者身份。这也就意味着，虽然尚未实缴出资的股权是股份利益与出资义务的复合载体，也绝非没有进行转让的理论正当性。而且，企业维持是商事法律的基本原则，而保持股权出让的自由度正是维持公司这一商事组织体生存的重要工具之一。[1]否则，在股东失去继续参与公司的意愿之时，就大概率会选择通过解散公司这一极端方式来达成退出公司的目的，而这显然不是一个有益于社会经济整体发展的制度导向。所以，采纳资本分期缴纳制度的国家和地区普遍并没有禁止未实缴出资股权的转让，而是将未实缴出资股权转让后的认缴出资债权实现规则作为保障公司注册资本真实、完整、到位的重要法律支撑。总结各国立法经验来看，未实缴出资股权转让后的认缴出资债权实现规则的设计思路大致可以被划分以下三种：

第一，要求未实缴出资股权的出让人继续承担出资义务，受让人是否需要承担出资责任根据其受让股权时的认知状态确定。《美国统一有限责任公司法》和《英国 2006 年公司法》均采用此法确定未实缴出资股权转让后的出资责任。《美国统一有限责任公司法》( Uniform Limited Liability Company Act 1996) 在第 402 条和第 407 条分别规定了公司成员的出资责任和非法分配时需承担的责任。同时，在第 503 条规定："已成为公司成员的受让人，需要承担本法 402 条所规定的转让人的出资义务……但是该受让人对其成为成员之时

---

〔1〕 参见陈立斌主编：《股权转让纠纷》（第 3 版），法律出版社 2015 年版，第 11 页。

所不知晓的转让人成员的负债并不承担责任。"[1]《英国 2006 年公司法》第 588 条是关于后续股份持有人责任的条文。根据本条的规定，假如一个人在成为股份持有人的过程中存在违反该法第 17 部分第 5 章即股份缴付章节的情况，该人有缴付相应数额出资的义务。但是，如果该人是有偿购买股份，并且在购买之时，该人实际并不知道违法事实，其责任可以免除。[2]

第二，不问未实缴出资股权受让人的认知状态，要求没有缴付股款的股东及其相继受让人还有认股人连带对公司承担出资责任，同时确定股权的最后持有人是最终责任人。法国的《商事公司法》即采用此法确定未实缴出资股权转让后的出资责任。根据该法第 282 条的规定，没有向公司实际缴付股款的股东及其受让人还有认股人共同对尚未缴付的股款承担连带责任。公司可以在出售之前或者是出售之后又或者是在出售的同一时间点向法院起诉，请求上述主体缴付其应付的股款并补偿公司已经承担的费用。[3]同时，本条也明确了，债款的最终承担者应当是股票的末位持有人，其他责任主体在对公司进行赔偿之后，可以就其支付的金额向股票的相继持有人进行追偿。

第三，不问未实缴出资股权受让人的认知状态，先由受让人对公司承担出资义务，如果受让人没有足够的责任能力完全缴付股金价款，则由未实缴出资股权的出让人补足出资。意大利和德国即采用此法确定未实缴出资股权转让后的出资责任。《意大利民法典》第 2356 条是"未缴足全额的股份于转移场合的责任"之条文。该条文第 1 款规定："将没有缴足全额的股份转移的人，在转移之后的后三年以内，就所负担的缴纳额仍与取得人负连带义务。"从文字表述上看，这似乎是要求未实缴出资股权的出让人在一定期限之内与受让人连带对公司负担充实出资责任。但是，本条第 2 款紧接着明确了未实缴出资股权的出让人与受让人之间的责任承担顺位。此款明确规定："支付，于对股份占有人的要求如果收到实效场合，不得对转让人请求。"[4]《德国股份法》第 65 条和《德国有限责任公司法》第 22 条关于前权利人的责任条款都强调了未完全缴纳出资的股权出让人在股权转移之后的一段时间以内仍然需要对公司承担出资责任，但责任承担顺序处于受让人之后。《德国股份法》

---

[1] 参见虞政平编译：《美国公司法规精选》，商务印书馆 2004 年版，第 191、195、196、200 页。
[2] 参见《英国 2006 年公司法》（第 3 版），葛伟军译注，法律出版社 2017 年版，第 473 页。
[3] 参见赵旭东主编：《境外公司法专题概览》，人民法院出版社 2005 年版，第 408 页。
[4] 参见《意大利民法典》，陈国柱译，中国人民大学出版社 2010 年版，第 407 页。

第 65 条所规定的承担责任期限是 2 年。[1]《德国有限责任公司法》第 22 条所规定的承担责任期限是 5 年。[2]

## 二、未实缴出资股权转让后认缴出资债权实现的比较法启示

尽管各国社会经济环境存在现实差异，公司法律实施背景各有不同。但是，通过对世界各国未实缴出资股权转让后的认缴出资债权实现规则进行比较观察，我国仍然可以发现域外在此方面的一些立法经验有其可取之处，可以为我国完善相关制度提供理论思路方面的有益借鉴。

第一，要求未实缴出资股权的受让人承担出资责任。虽然各国立法中未实缴出资股权受让人所负责任的严苛程度有所不同，但是原则上都肯定受让人需要对尚未缴付的股金价款承担责任。法国直接要求未实缴出资股权的受让人与出让人就未实缴的出资承担连带责任。德国和意大利要求优先由未实缴出资股权的受让人缴付出资，不足部分由在特定期限内的股权出让人补足。《美国统一有限责任公司法》和《英国 2006 年公司法》肯定了受让人是否需要承担出资责任根据其受让股权时的认知状态确定，但是立法所采取的表述方式是"以承担责任为原则，以不负担责任为例外"，即将"受让之时不知情"作为免责事由进行规定。这也就意味着，未实缴出资股权的受让人需要就此承受证明的负担。如果受让人不能提供可靠证据证明自身在受让时处于不知情的认知状态，则必须承担相应的出资责任。

第二，不免除未实缴出资股权的出让人出资责任。比较上述多个国家和地区的立法，不难发现，域外立法在应对未实缴出资股权转让后的出资责任问题上采取了一个共性处理方式：一方面，在法律中对股东转让股权的自由予以充分尊重，并不禁止其转让未实缴出资股权。另一方面，对公司所享有的认缴出资债权之安全性进行高强度保障，不允许出让人在股权转让后彻底从认缴出资权债务关系中剥离，即未实缴出资股权出让人所负担的法定出

---

〔1〕《德国有限责任公司法》第 65 条第 2 款规定："每个前手只有义务支付两年内催缴的出资数额。该期限起始于股票转让在公司的股票登记簿申请登记之日。"参见《德国商事公司法》，胡晓静、杨代雄译，法律出版社 2014 年版，第 92 页。

〔2〕《德国有限责任公司法》第 22 条第 3 款规定："前权利人的责任仅限于缴纳在五年的期限内催缴的出资。此期间从权利继受者在与公司关系上被视为营业份额持有人之日起开始起算。"参见《德国商事公司法》，胡晓静、杨代雄译，法律出版社 2014 年版，第 35 页。

资责任并不会因为股权权属发生转移而被免去。承担出资责任的主体是否具备充足缴付出资的能力直接决定了认缴出资债权是否能够得到充分实现，进而关乎公司存续之物质基础的充实性和公司债权人交易安全的程度。不免除未实缴出资股权的出让人出资责任意味着负担出资责任的主体不会随着股权转让而不断发生难以预测的变化，至少未实缴出资股权的出让人依旧需要对注册资本的充实承担责任。

第三，普遍对未实缴出资股权的出让人负担出资责任作出必要限制。德国和意大利均在立法中对未实缴出资股权出让人的出资责任承担作出了严格限定。具体体现于两个方面：一方面，仅要求其在转让股权之后的一定时间内继续对公司承担出资责任，超过该期限则不需要继续对公司出资；另一方面，明确将未实缴出资股权的出让人作为次顺位的责任主体，即仅在受让人不能全面承担出资义务的情形下才需要在转让股权的范围内补足出资。法国虽未对未实缴出资股权出让人的出资责任存续时间和责任承担顺位进行限定，但是也强调了出资债款的最终承担者应当是股票的最后持有人。

整体看来，笔者认为，域外未实缴出资股权转让后的认缴出资债权实现规则最为值得借鉴之处在于：不片面着眼于股权出让人与受让人之间责任负担的公平性，而是将保障公司资本充实作为最核心目标，在此目标框架以内，适度兼顾协调股权出让人与受让人之间的公平。比较观察上述域外立法不难发现，各国普遍首先要求未实缴出资股权的受让人承担出资责任，同时不免除未实缴出资股权的出让人出资责任，这无疑最大限度地确保了公司的认缴出资债权不因股权的动态转让而发生难以控制的风险，有益于保障公司认缴出资债权的实现。与此同时，法国、意大利和德国立法均对未实缴出资股权的出让人负担出资责任作出了一定的限制，此类规定体现出法律在确保资本充实这一核心目标实现的同时，同样关切股权出让人和受让人之间利益关系的平衡与协调。

## 第四节　我国未实缴出资股权转让后认缴出资债权实现规则的完善

承认未实缴出资股权可依法转让，这既是贯彻企业维持的商事法律基本原则，最大限度地促使企业存续的必要选择，也是彰显法无禁止即自由这一基础私法理念的应有之义。未实缴出资股权转让后出资责任的承担规则直接关乎公司认缴出资债权的安全性是否会遭受股权转让的冲击。笔者认为，出于保障认缴出资债权安全性、巩固公司资本充实的目的考量，在允许未实缴出资股权转让的前提下，未实缴出资股权转让后的认缴出资债权实现规则不宜过分拘泥于调整股权出让人和受让人之间的责任负担公平性。将最大限度地保障认缴出资债权实现作为未实缴出资股权转让后的认缴出资债权实现规则的首要目标，在此目标框架内适度兼顾出让人与受让人之间的利益平衡是更为合适的制度选择。以此目标出发，无论转让的未实缴出资股权是未届缴资期限股权还是未按期足额缴纳出资股权，股权出让人和受让人都应承担起充实公司资本的法定责任。至于未实缴出资股权出让人与受让人相互之间的利益关系平衡则可以通过责任承担顺序以及追偿规则的设计予以兼顾。

## 一、未实缴出资股权转让后的出资债务履行主体

在既有的研究中，学者们已经针对未实缴出资股权转让后出资责任承担主体的认定问题提出了多种应对思路。比较有代表性的有两种观点：一是参照民法领域的债务承担理论来确定未实缴出资股权转让后的出资责任承担主体；二是根据转让的未实缴出资股权类型以及受让人交易时的认知状态分别讨论不同情形下的出资责任是否被从出让人转移到受让人。笔者认为，上述两种理论思路均存在较为明显的缺陷。

第一，参照民法领域的债务承担理论来确定未实缴出资股权转让后的出资责任承担主体与出资责任的法定强制性特征互不兼容。尚未完整实际缴付出资的股权并不能被视为完全意义上的权利，而是一项股权利益与出资义务相互交织形成的复合体。因此，早有学者指出，在认缴制背景之下发生的股权转移必然是附有出资义务的标的转移。[1]在此基础之上，有学者进一步提出借鉴民法上债务承担的规则来确定未实缴出资股权转让后的出资责任承担主体。该观点认为：根据公司法的规定，股权转让的前置条件就是其他股东不提出优先受让股权的权利主张。公司内其他股东均不主张优先受让股权事实上也就表明公司内部形成了允许股权转让的共同意思。出资债权债务关系中的债权人是公司，公司允许附有出资义务的未实缴出资股权发生转让，也

---

〔1〕 参见陈甦：《实缴资本的多重效用及其保障措施》，载《法学杂志》2014年第12期，第50页。

就满足了债务承担原理中的债权人同意这一法律要件。因此，在出让人将未实缴出资股权全部转让，不再保留任何认缴份额的情形下，可以按照免责的债务承担规则确定出资责任的承担主体，即完全由受让人负担出资责任。如果出让人仍然保留一部分未实缴出资股权，则并未完全脱离认购时所形成的出资债权债务关系，此时可以参照并存的债务承担规则，由出让人与受让人一并作为未实缴出资股权转让后的出资责任承担主体。[1] 上述借鉴民法中债务承担规则来确定未实缴出资股权转让后的出资责任承担主体的思路固然有其逻辑合理性，但却忽视了出资责任与一般的民事债务具有根本意义的不同，即具法定强制性。出资责任既然在性质上属于法定强制责任，自然不能简单地基于未实缴出资股权出让人与受让人之间的合意而转移。笔者认为，在认缴制的资本制度背景下，认缴出资债权的安全性是巩固公司资本充实的基石。而承担出资责任主体的实际责任能力恰恰直接决定着公司享有的认缴出资债权能否真正实现。鉴于未实缴出资股权转让后的出资责任承担主体直接关乎公司资本充实，牵涉公司法的强行性规定，故不宜按照普通民事债务承担规则的思路来确定出资责任承担主体。

第二，根据转让的未实缴出资股权是否到期、受让人交易时的认知状态等因素分别讨论不同情形下的出资责任承担主体，不仅会造成规则的复杂化，还背离了最大限度地确保公司资本充实的目标。"具体情形，具体分析"的出资责任承担主体认定思路在《公司法》的修订过程中得到了鲜明的体现。以此思路确定未实缴出资股权转让后出资责任承担主体看似最有利于确保股权出让人与受让人之间的责任负担公平。但是，为了确保股权交易双方的公平性而允许在一定条件下出让人或者受让人完全脱离出资债权债务关系，这显然无益于最大限度地确保公司认缴出资债权的实现，无法有效实现巩固资本充实之目标。笔者认为，未实缴出资股权转让后的认缴出资债权实现规则首要考虑的是如何最大限度地确保公司享有的认缴出资债权实现，不宜拘泥于保护股权交易的公平性而轻易允许任意一方彻底摆脱对公司承担出资责任。未实缴出资股权出让人与受让人之间的交易公平完全可以通过相互之间的追偿规则以及出资责任承担方式的设计予以兼顾。

笔者认为，无论是未实缴出资股权出让人还是受让人均应当作为出资责

---

[1] 参见刘敏：《论未实缴出资股权转让后的出资责任》，载《法商研究》2019 年第 6 期，第 97 页。

任主体。理由在于以下两点：

第一，未实缴出资股权受让人作为出资责任承担主体是由未实缴出资股权的法律属性决定的，也是保障股东真实出资和贯彻商事法律规范外观主义原则的应有之义。首先，未实缴出资股权受让人作为出资责任承担主体是由未实缴出资股权的法律属性所决定。从权利的构成上分析，未实缴出资股权并不是纯粹的权利，还附着有出资义务这一负担要素。既然未实缴出资的股权是股份利益与出资义务紧密交织的复合体，根据权利义务相互统一的基本原理，受让未实缴出资股权的主体必然同时承接股份利益和出资责任，而不能只享有股份利益，不承受出资责任的负担。可以说，未实缴出资股权并非纯粹权利的法律属性决定了未实缴出资股权的受让人必然无法彻底脱离出资的债权债务关系。其次，未实缴出资股权受让人作为出资责任承担主体是保障股东真实出资的理性制度安排。如果一定要让未实缴出资股权的受让人彻底脱离出资债权债务关系，就必须通过特定的制度安排将股份利益与出资负担相互切割，从而在认缴出资债权的转让过程中单独将股份利益让渡给受让人，同时将出资的法律负担保留在出让人身上。但将出资责任与股权出让人绑定的制度安排隐藏着相当程度的道德风险。在完全的认缴资本制之下，法律并不会为股东出资期限设定绝对上限。这意味着，即使股东在认缴中设定了漫长的出资期限，基于对股东合法期限利益的尊重，公司与公司债权人亦不能随意要求未实缴出资股权的出让人提前对公司缴付出资。站在未实缴出资股权出让人的角度审视：只要完全股权转让即可获得出让股权的价款，而出资义务又不必即刻履行。如果在认缴出资期限届满之前，未实缴出资的股权发生多次转让，公司和公司的债权人要通过股东名册查找未实缴出资股权的原始出让人会变得相当困难，逃避实际履行出资义务也绝非没有可能。如此一来，出于逐利目的，公司股东完全可能刻意设置漫长的出资期限，并漠视受让人实际缴付出资的能力，盲目赶在期限届满前投机性转让未实缴出资的股权。由上述分析可知，在未实缴出资股权转让过程中将出资责任与出让人绑定的制度安排会诱导股东设定漫长的出资期限并在期限届满之前转移股权，难以保障股东的出资真实到位。最后，未实缴出资股权受让人作为出资责任承担主体是贯彻商事法律规范外观主义原则的应有之义。外观主义也可以被称为外观法理或者表见理论，英美学者称之为禁止反言，本质上在于肯定并保护信赖利益。[1]其基本法律内涵是指，如果某一行为人致使某一项权利或者法律关系从外观上看如同切实存在，为了保护信赖这种外在表现而实施法律行为的第三人利益，法律要求其本人负担起与不真实外观相对的法律责任。[2]具体来说，如果当事人行为的外观表现导致交易相对人形成信赖基础，且交易相对人据此信赖实施特定的行为，当事人意志和法律效果之间的直接关联性被切断，即使这种外观表现与客观真实情况并不符合，依旧以外观表现为依据来确定当事人行为的法律效力。[3]股权的转让不同于一般的动产交易行为，而是以登记为必备程序要件的准物权行为。按照外观主义原则，未实缴出资股权的受让人在登记程序完成之后享有公司法认可的股东身份，因此无论其进行股权交易时的认知状态如何都必须肩负起该权利外观所对应的实际缴付出资之责任。

第二，未实缴出资股权出让人作为出资责任承担主体既是由出资义务的法定强制性所决定，也是实现认缴制初衷和维护公司资本真实充分的必然要求。首先，未实缴出资股权出让人作为出资责任承担主体是由出资义务的法定强制性所决定的。股东对公司缴付出资是法定强制性义务，不以特定股东的个体意志为转移，未实缴出资股权的出让人作为股东当然是无可争议的出资责任承担主体。未实缴出资股权出让人与受让人之间所形成的股权转让合意不能作为免除对公司承担法定强制责任的基础。因此，未实缴出资股权的出让人在股权转让之后仍然需要负担充实公司资本的法定责任。其次，未实缴出资股权出让人作为出资责任承担主体是实现认缴制初衷的必然要求。认缴资本制的初衷在于提升公司筹资灵活性，而非鼓励股东投机。如果转让未实缴出资股权之后出让人即可以完全从出资责任中剥离，不需继续负担出资责任，那么事实上就可以在不实际支付股权对价的同时享有股东身份所带来的分红、股权出让金等一系列收益。这种权利享有与义务负担之间的非对等性可能诱导股东设立公司的目的从"投资"走向"投机"，盲目高额认缴之后，通过快速出让股权获益。最后，未实缴出资股权出让人作为出资责任承担主体是维护公司资本真实、充分的应然选择。如果转让未实缴出资股权之

---

[1]　参见刘胜军：《论商事外观主义》，载《河北法学》2016年第8期，第88页。

[2]　参见王保树：《商法总论》，清华大学出版社2007年版，第75页。

[3]　参见叶林、石旭雯：《外观主义的商法意义——从内在体系的视角出发》，载《河南大学学报（社会科学版）》2008年第3期，第9页。

后出让人即可以完全从出资责任中剥离，不需继续负担出资责任。那么未实缴出资股权出让人将根本难以产生关注股权受让人实际缴付出资能力的动机，可能引发注册资本数额虚高。就现有的司法实践观察，股权转让给"穷亲戚"的现象绝非鲜见，在有些情形下出让人不仅逃避出资义务，甚至还包括清算义务等。[1]事实上，不少主张允许未实缴出资股权出让人不负担出资责任的学者都认识到了未实缴出资股权出让人刻意通过转让股权逃避出资责任的风险，并尝试提出以另外的方式来缓和受让人责任能力不足给公司资本充分性带来的压力。例如，有学者主张将征求董事会同意作为认缴期限尚未届满的股权转让的前置条件，假如董事会认定股权受让人未来无法具有充足的实际缴付能力，可以制止该股权转让的发生。[2]还有学者则主张为了避免未实缴出资股权转让后受让人出资责任能力不足动摇资本充实，应该参照减资程序进行处理，要求公司及时通知债权人股权转让相关事宜，如果公司的债权人认为未实缴出资股权受让人并无能力充足缴付出资，继续对其转让股权可能损及自身债权，则可以要求公司或者股权转让的当事人为其提供必要担保。[3]但是，正如前文分析，股权的自由转让对于确保公司存续具有不可取代的重要意义。与其对未实缴出资股权的转让设置苛刻的前置条件，增加制度运行的程序和时间成本，不如明确要求未实缴出资股权的出让人在股权转让后继续作为认缴出资责任主体。

根据前文的域外立法梳理，德国、意大利等要求未实缴出资股权受让人优先承担出资责任出让人承担补充责任的国家都对出让人承担责任的时间进行了限制，即未实缴出资股权的出让人仅在出让后的一段时间内作为出资责任的承担主体。我国有学者主张，为了避免股权出让人长期处于不安定状态以至于打击投资积极性，应该借鉴上述立法经验，从股权转让登记日起计算未实缴出资股权出让人对该股权相应的出资承担补充责任的期限，超过 5 年的责任期限之后，即使后手的受让人不能实际对公司缴付出资，出让人也不

---

[1]　参见李志刚等：《认缴资本制语境下的股权转让与出资责任》，载《人民司法》2017 年第 13 期，第 108 页。

[2]　参见朱慈蕴：《中国公司资本制度体系化再造之思考》，载《法律科学（西北政法大学学报）》2021 年第 3 期，第 156 页。

[3]　参见刘敏：《论未实缴出资股权转让后的出资责任》，载《法商研究》2019 年第 6 期，第 100 页。

必再承担补充责任。[1]但是，笔者认为，德国与意大利限制未实缴出资股权出让人承担出资责任期限的基础在于这些国家在立法中已经对股东在公司设立阶段的实缴比例和股东出资期限作出了较为严格的约束。《意大利民法典》第 2329 条第 1 项第 2 号规定："为了完成公司的设立至少出资的十分之三以金钱向金融机构存入。"第 2334 条继续规定，一旦决定认购，认购人必须在不超过 1 个月的给定时间之内完成第 2329 条第 1 项第 2 号的缴付。[2]《德国有限公司法》第 7 条和《德国股份法》第 36a 条均对股东实缴出资的比例、缴纳的期限作出了明确限制。[3]与上述国家的法律背景迥然不同，我国目前对于公司设立中的实缴出资未作出任何限制，股东履行出资义务的期限也不受法律明确约束。笔者认为，在此条件下对未实缴出资股权出让人承担出资补充责任的时间作出严格限制实际上会导致其权利与义务的失衡。本着权利与义务相统一的精神，在立法未提高股东出资义务履行标准之前，不宜对未实缴出资股权出让人对后手承担出资补充责任的时间进行限定，即未实缴出资股权出让人应始终作为出资责任承担主体。

综上所述，基于理论与实践的综合考量，公司法宜明确：未实缴出资股权转让后的出资责任承担主体同时包括股权的出让人和股权的受让人。无论发生转让的未实缴出资股权属于未届缴资期限股权还是未按期足额缴纳出资股权，无论股权转让过程中受让人对于出让人未实际缴付出资的事实是否充分认知，未实缴出资股权的出让人和受让人都不能脱离出资的债权债务关系，二者都需要严格遵循公司法关于资本充实的强制性规定，承担起充实公司资本的法定责任。特别值得指出的是，在股权交易活动中，"出让人"与"受让人"的角色定位是相对的，在未实缴出资股权发生数次转让的情形下，首次

---

〔1〕 参见王东光：《论股权转让人对公司债权人的补充责任》，载《法律科学（西北政法大学学报）》2020 年第 2 期，第 189 页。

〔2〕 参见《意大利民法典》，陈国柱译，中国人民大学出版社 2010 年版，第 401、403 页。

〔3〕 《德国有限公司法》第 7 条明文规定："只要没有约定实物出资，每一个营业份额的四分之一被缴纳时才允许申报登记。基本出资必须至少总计被缴纳至如下标准，即已经缴纳的货币出资总额连同应该以实物出资缴纳的营业份额的面值达到第五条第 1 款规定的最低基本出资的一半。"《德国股份法》第 36a 条规定："对于现金出资，催缴金额必须至少包括最低发行价格的四分之一，并在以高于此价格发行股票时也包括溢价。实物出资应该全部缴纳。以向公司转移一项财产标的之义务作为实物出资的，该义务必须于公司在商事登记簿登记之后五年内履行。其价值必须符合最低发行价格，以高于此价格发行股票的，也必须与溢价相符。"参见《德国商事公司法》，胡晓静、杨代雄译，法律出版社 2014 年版，第 28、79 页。

转让的受让人，相对于原始股东而言是受让人，但是相对于下一次的受让人而言即成为出让人。换言之，"出让人"不仅是指"原始股东"，"受让人"也不仅是指"最后持股人"，所有曾经基于转让的未实缴出资股权获取过股东身份的主体都属于未实缴出资股权的出让人与受让人，都属于未实缴出资股权转让后的出资责任承担主体。

## 二、未实缴出资股权转让后的出资债务履行方式

在公司法、证券法等商事领域立法中，我国立法者往往倾向于运用连带责任制度促使经营者内化经营风险，提升对债权人的保护力度。但是，笔者认为，具体到未实缴出资股权转让后的认缴出资债权实现规则，与其"一刀切"地要求未实缴出资股权的受让人与出让人连带对公司和公司债权人承担责任，不如要求股权受让人优先承担出资责任，出让人则对受让人承担补充责任。在未实缴出资股权发生多次转让的情形下，将未实缴出资股权的最后持有人作为第一顺位的出资责任承担主体，若其无力足额缴付相应的出资，则依次由该未实缴出资股权的前手补充承担出资责任，直至原始股东。笔者主张采取此种责任方式的理由在于：股权受让人优先承担出资责任，出让人对受让人承担补充责任与出让人和受让人共同承担连带责任一样，都能起到拓展责任财产范围、保障公司资本充实的效果。同时，前一种责任方式更有益于提升未实缴出资股权转让中交易双方的行为理性，进而避免非理性转让未实缴出资股权影响公司认缴出资债权的实现。

一方面，未实缴出资股权的受让人与出让人无论是依次承担责任还是共同承担连带责任都不影响保障认缴出资债权实现的财产范围。上述两种责任承担方式的区别仅在于未实缴出资股权的受让人与出让人之间在责任承担顺序方面是否存在先后区别，但是未实缴出资股权的受让人与出让人共同作为出资责任承担主体的身份定位并无二致。如果前一顺位的出资责任承担主体无力缴付与未实缴出资股权相对应的出资金额，后一顺位的责任承担主体仍然需要以自身财产对剩余的认缴出资债权承担责任，这与连带责任所具有的扩展责任财产范围以增强债权安全性的效果是相同的。

另一方面，相较于一般的连带责任，要求未实缴出资股权的受让人与出让人依次承担责任更有利于提升未实缴出资股权转让中交易双方的行为理性，

进而避免非理性转让未实缴出资股权影响到公司认缴出资债权的实现。连带责任的制度核心在于请求权人有权利主张连带责任主体中的任意一方承担全部责任，即不严格区分各个责任主体之间的责任顺位。这意味着，如果要求未实缴出资股权的受让人与出让人连带对公司和公司债权人承担责任，无论是出让人还是受让人都更有可能在侥幸心理的驱动下实施非理性的交易行为。无法获得顺位利益的未实缴出资股权出让人可能仅关注获取股权对价而漠视受让人的实际缴付出资能力，而没有作为优先顺位责任人压力的未实缴出资股权受让人也更可能忽视查验受让股权相对应的出资义务是否完整履行，并可能冲动受让远超自身缴付能力的未实缴出资股权。连带责任难以抑制未实缴出资股权交易双方的冲动和侥幸，易危及认缴出资债权安全性。与此相反，假如法律确定未实缴出资股权的受让人先于出让人对公司与公司债权人承担责任，无论是出让人还是受让人在自利性的驱使下都会倾向于实施更加理性的交易行为，从而最大限度地避免非理性转让未实缴出资股权对认缴出资债权安全性的冲击。站在未实缴出资股权受让人的立场来看，靠前的责任承担顺位一方面会激励其提升自己的审慎程度，更加谨慎地核验出让人是否隐瞒未实缴出资的事实，另一方面也可抑制其逃避实际承担责任的侥幸心理，促使其对自身缴付出资的能力进行客观评价，避免在缺乏出资能力的情形下冲动受让未实缴出资股权。站在未实缴出资股权出让人的立场来看，如果未实缴出资股权受让人有能力充分承担出资责任，出让人即可获得顺位上的利益，即只要自己转让股权的对象尚有清偿能力，自己就不必直接对公司和公司的债权人承担责任，这意味着选择具有充分出资能力的交易对象作为未实缴出资股权受让人，同时符合公司和出让人的利益取向。在顺位利益的激励下，未实缴出资股权出让人在股权出让过程中必然有更强烈的动机去选择出资能力更加可靠的交易对象，而不会选择轻易将股权转让给根本无力实际缴付出资的受让人。

### 三、未实缴出资股权转让后出资债务人之间的关系处理

从实体法层面合理确定未实缴出资股权转让后的出资责任承担主体和方式是保障公司认缴出资债权实现、巩固公司资本真实充分的基础。但是，要避免未实缴出资股权转让后的认缴出资债权实现规则流于形式，确保其在动态的司

法实践中得到良好运行，还亟须进一步明晰诉讼形态和追偿等方面的配套规定。

　　所谓诉讼形态，也就是纠纷解决中所采取的审判样式，判定诉讼形态的基础界分标准在于案件当事人与诉请的单复数。[1]当事人一方或者双方为两人或者两人以上的诉讼即共同诉讼。共同诉讼又可以被划分为必要共同诉讼和普通共同诉讼两种具体形态，二者的区别在于诉讼标的，前者诉讼标的是共同的，后者诉讼标的是同一种类。选择恰当的诉讼形态来应对未实缴出资股权转让后的出资责任案件对于提升此类案件的司法裁判效果具有重要意义，原告可以根据诉讼形态恰当选择被告，法院也可以通过释明当事人的确定，兼顾当事人程序权益的保护与诉讼程序的经济性。笔者认为，未实缴出资股权转让后的出资责任诉讼形态采用单向必要共同诉讼为宜。具体来说，公司或者公司的债权人可以单独起诉未实缴出资股权的最后持有人，要求其承担出资责任，如果原告仅仅针对未实缴出资股权的出让人提出诉讼请求，则法院依职权将该出让人的全部后手列为共同被告。采取单向必要共同诉讼形态的理由在于两点：其一，单向必要共同诉讼的形态与未实缴出资股权转让后出资责任承担方式的特征相互契合。正如前文论证的，为了更好地确保认缴出资债权实现，保障公司资本的真实和充足，未实缴出资股权转让后的出资责任承担方式是：未实缴出资股权的受让人优先承担出资责任，出让人承担补充责任。该责任方式的特征在于两点：一是存在多个的责任主体；二是多个责任主体之间在责任承担上存在顺位差异。采取单向必要共同诉讼作为未实缴出资股权转让后的出资责任诉讼形态：一方面，可以避免多个责任主体之间因为责任承担顺位梳理不清而另外产生争议，尽可能节约司法成本；另一方面，也可以为原告在程序法中保留恰当的自由选择空间。其二，采取单向必要共同诉讼的形态可以与我国处理类似责任承担问题中的司法习惯保持一致，便于法律适用者接受。我国在处理多个责任主体并且责任承担顺位有明确先后之分的案件中早有采纳单向必要共同诉讼的经验，《最高人民法院关于适用〈中华人民共和国民事诉讼法〉的解释》第66条便是典型例证。[2]

----

〔1〕　参见［日〕新堂幸司：《新民事诉讼法》，林剑锋译，法律出版社2008年版，第518页。

〔2〕　《最高人民法院关于适用〈中华人民共和国民事诉讼法〉的解释》第66条规定："因保证合同纠纷提起的诉讼，债权人向保证人和被保证人一并主张权利的，人民法院应当将保证人和被保证人列为共同被告。保证合同约定为一般保证，债权人仅起诉保证人的，人民法院应当通知被保证人作为共同被告参加诉讼；债权人仅起诉被保证人的，可以只列被保证人为被告。"

目前，我国对未实缴出资股权转让后出资责任承担问题的研究，往往聚焦于两个问题，即股权出让人与受让人是否需要作为出资责任承担主体，又应该采取何种方式承担责任。但是，明确责任主体和责任方式只能从效率目标层面快速应对公司资本的充实问题，要进一步解决未实缴出资股权出让人与受让人之间的责任配置公平性问题，亟待完善未实缴出资股权受让人与出让人之间的追偿规则。关于追偿过程中的责任分配问题，笔者认为应当从以下几点进行把握：其一，如果未实缴出资股权转让双方已经事先就出资责任的负担问题作出了明确约定，则实际承担出资责任超出约定范围的一方可以依据约定内容进行追偿。出资责任具有法定强制性，未实缴出资股权转让双方的约定不能对抗公司以及公司的债权人。但是，契约即当事人之间的法律，对于合同当事人具有拘束力，因此根据意思自治的基本原则，按照股权转让双方意思一致的结果来分配彼此之间的责任分摊问题并无不妥。事实上，优先考虑未实缴出资股权双方的约定正是对意思自治原则的尊重。其二，如果未实缴出资股权转让双方事先并没有就出资责任的负担问题作出明确约定，则出于实质公平的考量，应当结合未实缴出资股权转让中的股权类型、受让人认知状态和受让人支付的股权对价进行综合判断。[1]具体可以分为以下几种情形进行差异化处理。第一种情形是受让人所受让的未实缴出资股权属于未届缴资期限股权。鉴于受让人作为理性的市场参与者显然能够预计到自己在出资到期的时候需要承担起实缴出资的义务，而且具体的出资期限也可以通过查阅公司章程或者企业信用信息系统便捷获知，所以受让人承担出资义务之后无权向出让人主张追偿。相反，如果受让人缴付出资能力不足，出让人承担了补足出资的责任，出让人可以向受让人全额追偿。第二种情形是受让的未实缴出资股权是未按期足额缴纳出资股权，并且受让人对出让人未按期实缴出资不知情。基于对公司章程规定出资期限的信赖，受让人一般会合理认为到期出资已经充足缴纳，所以除非有其他证据能够充分证明受让人"知道或者应该知道"出让人并未按期实际缴付出资的事实，否则一般应该认为受让人并不知道出让人没有按期履行出资义务。在此种情形下，未实缴出资股权的受让人事实上并不存在继受出资义务的真实意愿，理当允许其在承

---

〔1〕 参见吴金水、刘金妫：《论股权受让人履行资本充实义务后的追偿规则》，载《法学》2019年第5期，第150页。

担出资责任之后对出让人进行全额追偿。第三种情形是受让的未实缴出资股权是未按期足额缴纳出资股权，并且有证据表明受让人"知道或者应该知道"出让人并未按期实际缴付出资的事实。在此情形下是否允许受让人对出让人进行追偿应当依据其支付的股权对价判定。假如受让人支付了与认缴出资数额大致相当的对价，则司法可以基于利益平衡的价值目标，根据股权实际价值和公司经营中的股权价值变化，允许受让人酌情追偿部分金额。但是，如果受让人几乎并未对出让人支付股权转让对价或者对价显著不足，则出于实质公平考量，不应允许受让人在承担出资责任后对出让人进行追偿。

# 结 论

　　对于公司而言，认而未缴的股东出资无论是否已经到期都是其享有的一项债权性质财产。确保认缴出资债权充分实现是巩固公司资本充实的应有之义，促进认缴出资债权适时实现是发挥股东出资经营与偿债作用的必然要求。2013 年的公司资本制度改革旨在提升股东在出资方面的自由度，并不意味着认缴出资之债成了彻底的约定之债，不再具有法定性色彩。认缴出资债权的实现仍然应当接受当事人约定与公司法律规定的双重调整。2013 年《公司法》取消了首次出资比例、最长出资期限、最低出资数额等一系列限制性出资规定，但是保障认缴出资债权实现的配套法律机制却严重不足，客观上导致"效率"与"安全"的价值目标之间出现失衡。股东可以轻松通过设置超长出资期限的方法认缴远超自身实际缴付能力的出资数额，营造出虚高的公司注册资本。公司却无法确保能够充分且适时地实现认缴出资债权以保障经营和对外偿债。公司、股东以及公司债权人之间的利益矛盾加剧。

　　公司资本制度仍然是《公司法》修订所关注的焦点。尽管《公司法（修订草案三次审议稿）》已经提出将出资期限压缩至 5 年的设想，但并未动摇认缴制的基本框架，股东出资债权的实现风险仍然客观存在。避免股东认缴出资沦为虚化的纸面数字，促使股东出资真正成为保障公司经营与偿债的物质基础，依旧是我国公司资本制度所应关注的核心问题。沿着促成认缴出资债权充分与适时实现的逻辑主线优化股东出资法律规则，可以作为我国在股东出资中兼顾多元价值目标的基本思路。具体而言，则可考虑针对出资债权的担保、出资债权的处分、出资债权的催缴、出资债权的提前实现以及股权转让下的出资债权实现设计针对性规则。

　　要求股东为认而未缴的出资提供担保，既能避免股东非理性认缴超出自身缴付能力的出资数额，也能避免出资期限届满之前股东出资缴付能力减损导致认缴出资债权落空。对于出资期限较长、数额较高或者在注册资本中占比较大的认缴出资债权，法律应强制股东提供担保，在其他情形下是否设定出资担保可交由股东自行权衡。股东可以选择以抵押、质押或者保证的方式提供担保。认缴出资担保设立后应及时公示，如果担保人代偿能力下降或者担保物价值减少，足以危害公司担保权利的，公司有权要求股东补充提供担保或者另行提供担保。构建认缴出资担保制度之后，不必继续要求发起人无条件承担出资补缴责任，仅在其未尽到基础监督职能而影响公司资本充实的情形下才需追究其法律责任。

目前，认缴出资催缴方面的规定尚不周详。法律需要对认缴出资催缴的适用情形给出更为明确的指引，在公司不能偿债以及股东出资到期的情形下，法律应当直接引导公司积极催缴。除了传统的信件方式，电报、传真、电子邮件等数据电文均可作为适格的催缴通知方式。公司不能偿债情形下的催缴，应当设定催缴宽限期上限。为了强化对催而不缴行为的限制，应当允许公司没收已缴付出资。在股东催而不缴的情形下，原则上应优先在公司内部筹资以补足出资额空缺，内部筹资不成功方可通过公开拍卖等方式出售未实缴的股份以重新筹资。催缴的决策和执行权宜归属于公司董事会或执行董事，董事若在催缴中未履行法定义务应与未履行出资义务的股东在其未履行出资义务范围内连带补足公司资本，但是董事本身不是最终责任人，可以向股东追偿。

根据债法的一般原理，债权之处分，亦蕴含实现债权之机能。认缴出资债权不存在强烈的伦理属性与人身附着性，具备以转让、抵销等方式处分的法理正当性。鉴于认缴出资债权的处分易于为公司资本充实性带来风险，如果符合法律规定或者章程规定的催缴条件，公司原则上应当优先以催缴的方式实现认缴出资债权。为保证股东真实缴纳出资，防止隐性的债权出资，应当严格禁止股东主张以对公司的债权抵销其对公司所负担的出资债务。在公司能够保持正常清偿能力的条件下，应当允许公司主动主张抵销。公司转让未到期认缴出资债权需要为非自愿债权人和事先不知情的债权人提供担保或者提前清偿，转让后应当及时公示。

认缴出资债权兼具法定与约定的双重属性并且是公司法人的责任财产，因此在特定条件下提前实现认缴出资债权具备法理正当性。允许提前实现认缴出资债权既有助于抑制股东非理性的出资行为，也有利于确保债权实现时间与公司实际需求相匹配。宜由董事会或者执行董事在公司不能偿债或者不能维持存续的情形下代表公司主张提前实现认缴出资债权，而不应允许股东会随意修改公司章程以压缩出资期限。在公司无力清偿对外负债的情形下，可以允许公司债权人主张提前实现认缴出资债权，但是不宜允许其直接受偿。

　　未实缴出资股权转让后的认缴出资债权实现应当将保障公司资本充实作为优先考量的目标，在此基础上适度兼顾出让人与受让人之间的利益平衡。为了最大限度地避免认缴出资债权的落空，法律宜明确股权出让人和受让人都负有充实公司资本的法定责任，受让人优先承担出资责任，出让人承担补充责任。受让人与出让人之间的追偿问题优先按照双方约定处理，若无约定则基于实质公平的价值取向，结合转让的股权类型、受让人认知状态和受让人支付的股权对价进行综合判断。

# 参考文献

## 一、中文文献

### （一）著作类（含译著）

[1] 王泽鉴：《民法总则》，北京大学出版社 2009 年版。

[2] 史尚宽：《民法总论》，中国政法大学出版社 2000 年版。

[3] 王利明：《民法总则》（第 2 版），中国人民大学出版社 2020 年版。

[4] 王利明主编：《民法》（第 5 版），中国人民大学出版社 2010 年版。

[5] 梁慧星：《民法总论》（第 5 版），法律出版社 2017 年版。

[6] 王轶：《民法原理与民法学方法》，法律出版社 2009 年版。

[7] 徐国栋：《民法总论》，厦门大学出版 2018 年版。

[8] 龙卫球：《民法总论》（第 2 版），中国法制出版社 2002 年版。

[9] 《德国民法典》（第 3 版），陈卫佐译注，法律出版社 2010 年版。

[10] 《意大利民法典》，陈国柱译，中国人民大学出版社 2010 年版。

[11] 王保树：《商法总论》，清华大学出版社 2007 年版。

[12] 王保树：《商法的改革与变动的经济法》，法律出版社 2003 年版。

[13] 范健、王建文：《商法总论》（第 2 版），法律出版社 2019 年版。

[14] 王文宇等：《商事法》（第 2 版），中国人民大学出版社 2008 年版。

[15] 赵旭东：《商法总论》，高等教育出版社 2020 年版。

[16] 赵中孚：《商法通论》（第 6 版），中国人民大学出版社 2017 年版。

[17] 王建文：《商法总论研究》，中国人民大学出版社 2021 年版。

[18] 赵万一主编：《商法》（第 5 版），中国人民大学出版社 2017 年版。

[19] 顾功耘、吴弘主编：《商法学概论》，上海人民出版社 2018 年版。

[20] 王建文：《商法总论研究》，中国人民大学出版社 2021 年版。

［21］ 陈醇:《商法原理重述》,法律出版社 2010 年版。

［22］ 刘朗泉:《中国商事法》,商务印书馆 2011 年版。

［23］《法国商法典》,罗结珍译,北京大学出版社 2015 年版。

［24］《日本最新商法典译注》,刘成杰译注,柳经纬审校,中国政法大学出版社 2012 年版。

［25］ 赵秉志总编:《澳门五大法典:澳门商法典》,中国人民大学出版社 1999 年版。

［26］ 王保树、崔勤之:《中国公司法原理》(第 3 版),社会科学文献出版社 2006 年版。

［27］ 范健、王建文:《公司法》,法律出版社 2006 年版。

［28］ 赵旭东主编:《公司法学》,中国政法大学出版社 2018 年版。

［29］ 赵旭东:《公司资本制度改革研究》,法律出版社 2004 年版。PHam

［30］ 赵旭东主编:《境外公司法专题概览》,人民法院出版社 2005 年版。

［31］ 冯果:《公司法》(第 3 版),武汉大学出版社 2017 年版。

［32］ 冯果:《现代公司资本制度比较研究》,武汉大学出版社 2000 年版。

［33］ 刘俊海:《现代公司法》,法律出版社 2015 年版。

［34］ 刘俊海:《新公司法的制度创新:立法争点与解释难点》,法律出版社 2006 年版。

［35］ 刘俊海:《公司的社会责任》,法律出版社 1999 年版。

［36］ 施天涛:《公司法论》(第 4 版),法律出版社 2018 年版。

［37］ 朱慈蕴:《公司法原论》,清华大学出版社 2011 年版。

［38］ 朱慈蕴:《全球化与本土化互动中的公司制度演进》,法律出版社 2015 年版。

［39］ 李建伟:《公司资本制度的新发展》,中国政法大学出版社 2015 年版。

［40］ 柯芳枝:《公司法论》,中国政法大学出版社 2004 年版。

［41］ 王军:《中国公司法》,高等教育出版社 2015 年版。

［42］ 朱锦清:《公司法学》(修订本),清华大学出版社 2017 年版。

［43］ 最高人民法院民事审判第二庭编著:《最高人民法院关于公司法司法解释(三)、清算纪要理解与适用》,人民法院出版社 2011 年版。

［44］ 黄辉:《现代公司法比较研究——国际经验及对中国的启示》,清华大学出版社 2011 年版。

［45］ 赵树文:《公司资本规制制度研究》,人民出版社 2015 年版。

［46］ 傅穹:《重思公司资本制原理》,法律出版社 2004 年版。

［47］ 葛伟军:《公司资本制度和债权人保护的相关法律问题》,法律出版社 2007 年版。

［48］ 葛伟军:《英国公司法要义》,法律出版社 2014 年版。

［49］ 冷铁勋:《澳门公司法论》,社会科学文献出版社 2012 年版。

［50］ 吴建斌编译:《日本公司法(附经典判例)》,法律出版社 2017 年版。

［51］《德国商事公司法》,胡晓静、杨代雄译,法律出版社 2014 年版。

［52］《英国 2006 年公司法》（第 3 版），葛伟军译注，法律出版社 2017 年版。

［53］《美国公司法规精选》，虞政平编译，商务印书馆 2004 年版。

［54］卞耀武主编：《特拉华州普通公司法》，左羽译，法律出版社 2001 年版。

［55］袁碧华：《我国公司资本制度改革研究》，中国政法大学出版社 2016 年版

［56］邹海林、陈洁主编：《公司资本制度的现代化》，社会科学文献出版社 2014 年版。

［57］郑云瑞：《公司法学》，北京大学出版社 2016 年版。

［58］陈立斌主编：《股权转让纠纷》（第 3 版），法律出版社 2015 年版。

［59］孙晓洁：《公司法基本原理》（第 2 版），中国检察出版社 2006 年版。

［60］金玄武：《公司现物出资制度研究》，山东大学出版社 2011 年版。

［61］郑云瑞：《公司法学》，北京大学出版社 2016 年版。

［62］张晓飞：《我国公司资本制度配套改革研究》，法律出版社 2019 年版。

［63］苏继成：《认缴制下公司债权人对待缴股东的请求权研究》，中国政法大学出版社
2018 年版。

［64］夏雅丽：《有限责任制度的法经济学分析》，法制出版社 2006 年版。

［65］王艳华：《反思公司债权人保护制度》，法律出版社 2008 年版。

［66］史尚宽：《债法总论》，葛支松校勘，中国政法大学出版社 2000 年版。

［67］王泽鉴：《债法原理》（第 1 册·基本理论　债之发生·契约、代理权授予、无因管
理），中国政法大学出版社 2001 年版。

［68］王利明：《债法总则研究》（第 2 版），中国人民大学出版社 2018 年版。

［69］崔建远：《债权：借鉴与发展》，中国人民大学出版社 2012 年版。

［70］郑玉波主编：《民法债编论文选辑》（上册），五南图书出版有限公司 1984 年版。

［71］王洪亮：《债法总论》，北京大学出版社 2016 年版。

［72］柳经纬：《当代中国债权立法问题研究》，北京大学出版社 2009 年版。

［73］韩世远：《合同法总论》（第 3 版），法律出版社 2016 年版。

［74］高圣平：《担保法论》，法律出版社 2009 年版。

［75］叶金强：《担保法原理》，科学出版社 2002 年版。

［76］杨会：《担保法》，北京大学出版社 2017 年版。

［77］张文显：《法学基本范畴研究》，中国政法大学出版社 1993 年版。

［78］周枏：《罗马法原论》，商务印书馆 1994 年版。

［79］谢鹏程：《基本法律价值》，山东人民出版社 2000 年版。

［80］张文显主编：《法理学》，高等教育出版社、北京大学出版社 1999 年版。

［81］吕世伦、文正邦主编：《法哲学论》，中国人民大学出版社 1999 年版。

［82］薛波主编：《元照英美法词典》，潘汉典总审订，北京大学出版社 2017 年版。

［83］中国社会科学院语言研究所词典编辑室编：《现代汉语词典》（2002 年增补本），商

务印书馆 2002 年版。

[84]［德］卡尔·拉伦茨:《德国民法通论》（上册），王晓晔等译，法律出版社 2003 年版。

[85]［法］雅克·盖斯旦、吉勒·古博、缪黑埃·法布赫-马南:《法国民法总论》，陈鹏 等译，谢汉琪审校，法律出版社 2004 年版。

[86]［德］迪特尔·梅迪库斯:《德国债法总论》，杜景林等译，法律出版社 2004 年版。

[87]［日］我妻荣:《债权在近代法中的优越地位》，王书江、张雷译，中国大百科全书 出版社 1999 年版。

[88]［法］伊夫·居荣:《法国商法》（第 1 卷），罗结珍、赵海峰译，法律出版社 2004 年版。

[89]［挪威］马德斯·安登斯、［英］弗兰克·伍尔德里奇:《欧洲比较公司法》，汪丽 丽、汪晨、胡曦彦译，法律出版社 2014 年版。

[90]［德］格茨·怀克、克里斯蒂娜·温德比西勒:《德国公司法》（第 21 版），殷盛译， 法律出版社 2010 年版。

[91]［美］罗伯特·A. G. 蒙克斯、尼尔·米诺:《公司治理》（第 5 版），李维安等译， 中国人民大学出版社 2017 年版。

[92]［美］弗兰克·H. 伊斯特布鲁等:《公司法的逻辑》，黄辉编译，法律出版社 2016 年版。

[93]［美］莱纳·克拉克曼等:《公司法剖析:比较与功能的视角》，北京大学出版社 2007 年版。

[94]［德］乌尔里希·福尔斯特:《德国破产法》（第 7 版），张宇晖译，中国法制出版社 2020 年版。

[95]［日］新堂幸司:《新民事诉讼法》，林剑锋译，法律出版社 2008 年版。

[96]［英］巴里·尼古拉斯:《罗马法概论》（第 2 版），黄风译，法律出版社 2005 年版。

[97]［法］孟德斯鸠:《论法的精神》，张雁深译，商务印书馆 1963 年版。

[98]［英］杰里米·边沁:《论一般法律》，毛国权译，上海三联书店 2008 年版。

[99]［德］黑格尔:《小逻辑》，贺麟译，商务印书馆 1980 年版。

[100]［德］考夫曼:《法律哲学》，刘幸义等译，法律出版社 2005 年版。

[101]［美］罗斯科·庞德:《通过法律的社会控制》，沈宗灵译，商务印书馆 1984 年版。

[102]［德］卡尔·恩吉施:《法律思维导论》，郑永流译，法律出版社 2004 年版。

（二）论文类（含译文）

[1] 赵旭东:《从资本信用到资产信用》，载《法学研究》2003 年第 5 期。

[2] 叶林:《公司股东出资义务研究》，载《河南社会科学》2008 年第 4 期。

［3］ 赵旭东：《资本制度变革下的资本法律责任——公司法修改的理性解读》，载《法学研究》2014 年第 5 期。

［4］ 冯果：《慎重对待"资本维持原则"的存废》，载《中国法律评论》2020 年第 3 期。

［5］ 马俊驹、梅夏英：《财产权制度的历史评析和现实思考》，载《中国社会科学》1999 年第 1 期。

［6］ 谢怀栻：《论民事权利体系》，载《法学研究》1996 年第 2 期。

［7］ 朱慈蕴：《股东违反出资义务应向谁承担违约责任》，载《北方法学》2014 年第 1 期。

［8］ 冯果：《论公司股东与发起人的出资责任》，载《法学评论》1999 年第 3 期。

［9］ 彭冰：《股东分期缴纳出资制度研究》，载《金融法苑》2005 年第 4 期。

［10］ 施天涛：《公司资本制度改革：解读与辨析》，载《清华法学》2014 年第 5 期。

［11］ 朱慈蕴：《中国公司资本制度体系化再造之思考》，载《法律科学（西北政法大学学报）》2021 年第 3 期

［12］ 陈甦：《资本信用与资产信用的学说分析及规范分野》，载《环球法律评论》2015 年第 1 期。

［13］ 吴汉东：《财产的非物质化革命与革命的非物质财产法》，载《中国社会科学》2003 年第 4 期。

［14］ 易继明、李辉凤：《财产权及其哲学基础》，载《政法论坛（中国政法大学学报）》2000 年第 3 期。

［15］ 蒋大兴：《"合同法"的局限：资本认缴制下的责任约束——股东私人出资承诺之公开履行》，载《现代法学》2015 年第 5 期。

［16］ 朱慈蕴、皮正德：《公司资本制度的后端改革与偿债能力测试的借鉴》，载《法学研究》2021 年第 1 期。

［17］ 甘培忠：《论公司资本制度颠覆性改革的环境与逻辑缺陷及制度补救》，载《科技与法律》2014 年第 3 期。

［18］ 刘燕：《公司法资本制度改革的逻辑与路径——基于商业实践视角的观察》，载《法学研究》2014 年第 5 期。

［19］ 罗培新：《论资本制度变革背景下股东出资法律制度之完善》，载《法学评论》2016 年第 4 期。

［20］ 孟勤国、戴盛仪：《论公司法上的债权出资》，载《社会科学战线》2013 年第 7 期。

［21］ 陈甦：《实缴资本的多重效用及其保障措施》，载《法学杂志》2014 年第 12 期。

［22］ 叶林、石旭雯：《外观主义的商法意义——从内在体系的视角出发》，载《河南大学学报（社会科学版）》2008 年第 3 期。

［23］ 陈甦：《公司设立者的出资违约责任与资本充实责任》，载《法学研究》1995 年第 6 期。

[24] 丁勇：《认缴制后公司法资本规则的革新》，载《法学研究》2018 年第 2 期。

[25] 朱慈蕴：《从破产中股东欠缴出资之债能否抵销谈起》，载《法治论坛》2008 年第 2 期。

[26] 钱玉林：《股东出资加速到期的理论证成》，载《法学研究》2020 年第 6 期。

[27] 郭富青：《资本认缴登记制下出资缴纳约束机制研究》，载《法律科学（西北政法大学学报）》2017 年第 6 期。

[28] 赵芬萍、王欣新：《论债权出资》，载《法学杂志》2006 年第 5 期。

[29] 蒋大兴：《论股东出资义务之"加速到期"——认可"非破产加速"之功能价值》，载《社会科学》2019 年第 2 期。

[30] 刘敏：《论未实缴出资股权转让后的出资责任》，载《法商研究》2019 年第 6 期。

[31] 李志刚等：《认缴资本制语境下的股权转让与出资责任》，载《人民司法（应用）》2017 年第 13 期。

[32] 楼晓：《论'出资''股份''股权'及'股东资格'间的法律关系——以有限责任公司为论述基点》，载《法学杂志》2009 年第 2 期。

[33] 王卫国：《现代财产法的理论建构》，载《中国社会科学》2012 年第 1 期。

[34] 蔡兴鑫：《虚拟财产的法律属性及刑法保护路径研究》，载《东南大学学报（哲学社会科学版）》2019 年第 S1 期。

[35] 金可可：《私法体系中的债权物权区分说——萨维尼的理论贡献》，载《中国社会科学》2006 年第 2 期。

[36] 覃远春：《债权基本权能略论》，载《河北法学》2006 年第 5 期。

[37] 刘铭卿：《股东出资义务加速到期研究》，载《政治与法律》2019 年第 4 期。

[38] 李建伟、李亚超：《商事加重责任理念及其制度建构》，载《社会科学》2021 年第 2 期。

[39] 赵万一：《商法的独立性与商事审判的独立化》，载《法律科学（西北政法大学学报）》2012 年第 1 期。

[40] 付子堂、胡仁智：《商法的独立性与商事审判的独立化》，载《法学评论》1999 年第 5 期。

[41] 公丕祥：《论权利的实现》，载《江苏社会科学》1991 年第 2 期。

[42] 黄辉：《公司资本制度改革的正当性：基于债权人保护功能的法经济学分析》，载《中国法学》2015 年第 6 期。

[43] 张保华：《资本维持原则解析——以"维持"的误读与澄清为视角》，载《法治研究》2012 年第 4 期。

[44] 赵旭东：《公司法修订中的公司治理制度革新》，载《中国法律评论》2020 年第 3 期。

[45] 雷兴虎、薛波：《公司资本制度改革：现实评价与未来走向》，载《甘肃社会科学》2015 年第 2 期。

[46] 甘培忠、徐可：《认缴制下的资本违法责任及其困境——以财产混同为视角》，载《北京大学学报（哲学社会科学版）》2015 年第 6 期。

[47] 张小龙：《历史演绎正义：论有限责任制度之伦理进路》，载《河北法学》2012 年第 11 期。

[48] 毛卫民：《一人公司"法人格滥用推定"制度的法理评析——兼论公司立法的价值抉择》，载《现代法学》2008 年第 6 期。

[49] 蒋大兴：《走向"合作主义"的公司法——公司法改革的另一种基础》，载《当代法学》2021 年第 6 期。

[50] 梁上上：《论公司正义》，载《现代法学》2017 年第 1 期。

[51] 杨大可：《德国法上的公司利益及其对我国的启示》，载《清华法学》2019 年第 4 期。

[52] 廖哲韬：《论权利的实现》，载《河北法学》2009 年第 3 期。

[53] 周友苏、张异冉：《从事前预防到事后规制——最低注册资本制度改革审视》，载《社会科学研究》2015 年第 2 期。

[54] 石佑启、李锦辉：《生存与合作：进化论视角下法律的元价值》，载《世界哲学》2018 年第 5 期。

[55] 熊丙万：《私法的基础：从个人主义走向合作主义》，载《中国法学》2014 年第 3 期。

[56] 钱玉林：《禁止权利滥用的法理分析》，载《现代法学》2002 年第 1 期。

[57] 姚作为、王国庆：《制度供给理论述评——经典理论演变与国内研究进展》，载《财经理论与实践》2005 年第 1 期。

[58] 邓大才：《论当前我国制度供给现状及制度变迁方式的转换》，载《江苏社会科学》2002 年第 6 期。

[59] 蒋大兴：《质疑法定资本制之改革》，载《中国法学》2015 年第 6 期。

[60] 薛军：《论"提供担保义务"的履行规则》，载《法学》2006 年第 4 期。

[61] 曾大鹏：《商事担保立法理念的重塑》，载《法学》2013 年第 3 期。

[62] 邹碧华：《论担保维持义务》，载《法学》2002 年第 11 期。

[63] 石冠彬、江海：《论公司发起人的出资补缴责任——兼评〈公司法解释三〉第 13 条》，载《法商研究》2014 年第 2 期。

[64] 印通、李新天：《重访资本充实责任》，载《江汉论坛》2015 年第 8 期。

[65] 傅穹：《分期缴纳规则下的公司诉讼》，载《当代法学》2008 年第 4 期。

[66] 梁上上：《有限公司股东清算义务人地位质疑》，载《中国法学》2019 年第 2 期。

［67］袁碧华：《"认"与"缴"二分视角下公司催缴出资制度研究》，载《中国法学》2019 年第 2 期。

［68］王保树：《竞争与发展：公司法改革面临的主题》，载《现代法学》2003 年第 3 期。

［69］王东光：《隐性现物出资规制比较研究》，载《清华法学》2010 年第 4 期。

［70］高旭军：《论德国公司法中禁止隐性实物出资问题》，载《南开学报（哲学社会科学版）》2001 年第 2 期。

［71］彭真明：《论资本认缴制下的股东出资责任——兼评"上海香通公司诉昊跃公司等股权转让纠纷案"》，载《法商研究》2018 年第 6 期。

［72］傅穹：《公司利润分配规则的比较分析》，载《法学论坛》2004 年第 3 期。

［73］徐强胜：《我国公司人格的基本制度再造——以公司资本制度与董事会地位为核心》，载《环球法律评论》2020 年第 3 期。

［74］石冠彬：《论认缴登记制下股东的出资自由与限制——一个解释论视角的透视》，载《西南民族大学学报（人文社会科学版）》2016 年第 4 期。

［75］王瑞、丛奔：《企业维持原则在解散公司之诉中的体现——以〈新公司法司法解释二〉为视角》，载《法学杂志》2012 年第 2 期。

［76］刘敏、温长庆：《论认缴出资担保制度的构建》，载《社会科学家》2018 年第 11 期。

［77］刘胜军：《论商事外观主义》，载《河北法学》2016 年第 8 期。

［78］吴金水、刘金妫：《论股权受让人履行资本充实义务后的追偿规则》，载《法学》2019 年第 5 期。

［79］陈国富、田珺：《公司资本制度改革与债权人利益保护——基于偿债能力的考察》，载《南开经济研究》2021 年第 3 期。

［80］王东光：《论股权转让人对公司债权人的补充责任》，载《法律科学（西北政法大学学报）》2020 年第 2 期。

［81］吴冬兴：《论"股东出资期限约定"效力的法教义学构造》，载《济南大学学报（社会科学版）》2021 年第 3 期。

［82］雷磊：《法律方法、法的安定性与法治》，载《法学家》2015 年第 4 期。

［83］李建伟：《认缴制下股东出资责任加速到期研究》，载《人民司法》2015 年第 9 期。

［84］赵晶、王明：《利益相关者、非正式参与和公司治理——基于雷士照明的案例研究》，载《管理世界》2016 年第 4 期。

［85］郭富青：《论公司法与邻近法律部门的立法协同》，载《法律科学》2021 年第 6 期。

［86］张素华：《论认缴资本制下债权人利益的保护》，载《江汉论坛》2017 年第 3 期。

［87］薛波：《论出资未届期股权转让后出资责任之主体》，载《学术论坛》2021 年第 4 期。

［88］［法］弗朗索瓦·西维尔·卢卡：《论法国困境企业股东的义务》，种林译，载《中

国政法大学学报》2021 年第 4 期。

[89] 徐强胜：《论公司关系：公司法规范的分析基础》，载《法学》2018 年第 9 期。

[90] 卢宁：《公司资本缴纳制度评析——兼议认缴制下股东出资义务加速到期的困境与出路》，载《中国政法大学学报》2017 年第 6 期。

[91] 刘浩然：《论股东出资期限中的自由与限制》，载《时代法学》2017 年第 5 期。

[92] 龚鹏程、臧公庆：《论我国公司资本制度改革的法律逻辑及问题应对》，载《南京社会科学》2016 年第 10 期。

[93] 石少侠、卢政宜：《认缴制下公司资本制度的补救与完善》，载《国家检察官学院学报》2019 年第 5 期。

[94] 薛波：《论公司法改革中商法思维的引入和运用》，载《北方法学》2017 年第 1 期。

[95] 赵树文：《系统论范式下我国公司资本规制立法的完善》，载《法商研究》2017 年第 5 期。

[96] 岳冰：《论我国资本形成制度的规制坐标与自治重构》，载《法学杂志》2021 年第 5 期。

[97] 潘林：《论公司法任意性规范中的软家长主义——以股东压制问题为例》，载《法制与社会发展》2017 年第 1 期。

[98] 卢宁：《刍议公司资本形成制度的改革与发展——以"认缴制"的定性为起点》，载《法学论坛》2017 年第 3 期。

[99] 张其鉴：《论认缴制下股东补充赔偿责任中的"不能清偿"标准——基于回归公司法立场的分析》，载《政治与法律》2017 年第 3 期。

[100] 李海燕、李盛聪：《资本认缴制下的董事催缴制度》，载《延边大学学报（社会科学版）》2018 年第 3 期。

[101] 周昌发：《认缴制下股东除名制度的立法完善——由一起具体案例引发的反思》，载《广西大学学报（哲学社会科学版）》2018 年第 4 期。

[102] 汪青松：《优化营商环境目标下的注册资本认缴登记制再造》，载《湖北社会科学》2020 年第 1 期。

[103] 白牧蓉、张嘉鑫：《公司法修订中的资本制度路径思辨——以委托代理理论构建我国授权资本制》，载《财经法学》2021 年第 4 期。

[104] 周珺：《论公司债权人对未履行出资义务股东的直接请求权》，载《政治与法律》2016 年第 5 期。

## （三）其他类

### 1. 报纸类

[1] 王冬青：《认缴资本制下股东出资义务应以实际约定为准》，载《人民法院报》2016

年 2 月 18 日。

［2］韩传华：《注册资本未到位债务可否抵销》，载《人民法院报》2007 年 7 月 11 日。

［3］蔡晖等：《再论股东破产债权不能与未到位的出资抵销》，载《人民法院报》2007 年 11 月 15 日。

［4］蒋大兴：《资本认缴制不是"空手套白狼"》，载《中国工商报》2014 年 10 月 23 日。

［5］赵旭东：《资本制度改革与公司法的司法适用》，载《人民法院报》2014 年 2 月 26 日。

［6］李霖：《非破产情形下有限公司股东出资义务不应加速到期》，载《人民法院报》2016 年 12 月 22 日。

2. 案例类

［1］中华人民共和国最高人民法院［2018］最高法民再 366 号民事判决书。

［2］上海市普陀区人民法院［2014］普民二（商）初字第 5182 号民事判决书。

［3］温州市鹿城区人民法院［2016］浙 0302 民初 16378 号民事判决书。

［4］广东省深圳市中级人民法院［2018］粤 03 民终 949 号民事判决书。

［5］四川省成都市中级人民法院［2017］川 01 民终 11290 号民事判决书。

［6］宁波市海曙区人民法院［2020］浙 0203 民初 4607 号民事判决书。

［7］成都市金牛区人民法院［2018］川 0106 民初 2546 号民事判决书。

［8］广东省深圳市宝安区人民法院［2015］深宝法民二初字第 6075 号民事判决书。

［9］广东省深圳市中级人民法院［2020］粤 03 民初 3186 号民事判决书。

［10］云南省大理市人民法院［2018］云 2901 民初 2626 号民事判决书。

［11］云南省大理白族自治州中级人民法院［2019］云 29 民终 522 号民事判决书。

［12］广东省深圳市中级人民法院［2020］粤 03 民初 7133 号民事判决书。

［13］广东省深圳市中级人民法院［2015］深中法商终字第 11 号民事判决书。

［14］浙江省宁波市鄞州区人民法院［2017］浙 0212 民初 11131 号民事判决书。

［15］黑龙江省哈尔滨市道外区人民法院［2018］黑 0104 民初 6024 号民事判决书。

［16］江苏省靖江市人民法院［2016］苏 1282 民初 2641 号民事判决书。

［17］江苏省泰州市中级人民法院［2017］苏 12 民终 1675 号民事判决书。

［18］广东省广州市南沙区人民法院［2020］粤 0115 民初 4334 号民事判决书。

［19］广东省广州市中级人民法院［2021］粤 01 民终 6540 号民事判决书。

［20］黑龙江省哈尔滨市阿城区人民法院［2018］黑 0112 民初 5608 号民事判决书。

［21］上海市长宁区人民法院［2019］沪 0105 民初 12191 号民事判决书。

［22］北京市门头沟区人民法院［2020］京 0109 民初 1877 号民事判决书。

［23］北京市第一中级人民法院［2021］京 01 民终 4078 号民事判决书。

［24］镇江经济开发区人民法院［2020］苏 1191 民初 1495 号民事判决书。

［25］江苏省镇江市中级人民法院［2021］苏 11 民终 264 号民事判决书。

［26］成都市青白江区人民法院［2018］川 0113 民初 2563 号民事判决书。

［27］上海市第一中级人民法院［2017］沪 01 民终 10122 号民事判决书。

［28］江苏省宜兴市人民法院［2020］苏 0282 民初 11958 号民事判决书。

［29］北京市东城区人民法院［2016］京 0101 民初 8883 号民事判决书。

［30］河南省高级人民法院［2015］豫法民一终字第 00120 号民事判决书。

［31］最高人民法院［2016］最高法民再 301 号民事判决书。

［32］上海市普陀区人民法院［2017］沪 0107 民初 15501 号民事判决书。

［33］上海市第二中级人民法院［2018］沪 02 民终 4386 号民事判决书。

［34］广东省深圳市宝安区人民法院［2019］粤 0306 民初 20197 号民事判决书。

［35］北京市第二中级人民法院［2020］京 02 民终 7331 号民事判决书。

［36］浙江省杭州市下城区人民法院［2016］浙 0103 民初 8638 号民事判决书。

［37］宁夏回族自治区银川市永宁县人民法院［2020］宁 0121 民初 506 号民事判决书。

［38］吉林省白山市中级人民法院［2021］吉 06 民终 553 号民事判决书。

［39］江苏省徐州市铜山区人民法院［2021］苏 0312 民初 4047 号民事判决书。

［40］江苏省徐州市中级人民法院［2021］苏 03 民终 7173 号民事判决书。

［41］河北省石家庄市中级人民法院［2018］冀 01 民终 3970 号民事判决书。

［42］四川省高级人民法院［2016］川民再 232 号民事判决书。

［43］四川省成都市高新技术开发区人民法院［2017］川 0191 执异字第 100 号民事裁定书。

［44］济南市槐荫区人民法院［2019］鲁 0104 民初 2812 号民事判决书。

［45］山东省济南市中级人民法院［2020］鲁 01 民终 13075 号民事判决书。

# 二、外文文献

## （一）著作类

［1］P. L. Davies & L. C. B. Gower, *Principles of Modern Company Law*, London: Sweet & Maxwell, 2008.

［2］D. Kershaw, *Company Law in Context: Text and Materials*, Oxford University Press, 2012.

［3］E. P. Welch & A. J. Turezyn, *Saunders R. S. Folk on the Delaware General Corporation Law: Fundamentals: 2011 Edition*, Wolters Kluwer, 2010.

［4］B. Tricker & R. I. Tricker, *Corporate Governance: Principles, Policies, and Practices*, Oxford University Press, USA, 2015.

［5］J. Dine & M. Koutsias, *Company Law*, Macmillan International Higher Education, 2009.

［6］ L. Sealy & S. Worthington, *Sealy & Worthington's Cases and Materials in Company Law*, Oxford University Press, 2013.

［7］ A. Dignam & Hicks, *Hicks & Goo's Cases and Materials on Company Law*, Oxford university press, USA, 2011.

［8］ S. Griffin, M. Hirst & P. Walton, *Company law: fundamental principles*, Pearson Education, 2006.

［9］ A. Cahn & D. C. Donald, *Comparative Company Law: Text and Cases on the Laws Governing Corporations in Germany, the UK and the USA*, Cambridge University Press, 2010.

［10］ C. Mallin, *Corporate Governance*, Oxford University Press, 2016.

［11］ H. C. Black et al. , *Black's Law Dictionary*, St. Paul, MN: West Group, 1999.

［12］ M. Aoki, *Toward a Comparative Institutional Analysis*, Cambridge, MA: MIT Press, 2001.

（二） 论文类

［1］ Y. Lim & G. Min, "Competition and Corporate Governance: Teaming up to Police Tunneling", *Northwestern Journal of International Law & Business*, 2016, 36 （2）.

［2］ H. Hansmann & R. Kraakman, "The Essential Role of Organizational Law", *Yale Law Journal*, 2000, 110 （3）.

［3］ M. Schillig, "The Transition from Corporate Governance to Bankruptcy Governance Convergence of German and Us Law", *European Company and Financial Law Review*, 2010, 7 （1）.

［4］ J. Tully, "Plumbing the Depths of Corporate Litigation: Reforming the Deepening Insolvency Theory", *University of Illinois Law Review*, 2013 （5）.

［5］ T. K. Franklin, "Deepening insolvency: What it is and Why it Should Prevail", *New York University Journal of Law & Business*, 2006, 2 （2）.

［6］ G. Hayden & M. T. Bodie, "Shareholder Democracy and the Curious Turn Toward Board Primacy", *William and Mary Law Review*, 2010, 51 （6）.

［7］ M. J. Olson, "Big Bills Left on the Sidewalk: Why Some Nations are Rich, and Others Poor", 1996.

［8］ L. A. Bebchuk, "The Case for Increasing Shareholder Power", *Harvard Law Review*, 2005, 118 （3）.

［9］ M. A. Eisenberg, "The Duty of Good Faith in Corporate Law", *Social ence Electronic Publishing*, 2006, 3 （1）.

［10］ R. J. Rhee, "The Tort Foundation of Duty of Care and Business Judgment", *Social ence Electronic Publishing*, 2013, 88 （3）.

［11］ K. Mwenda, "Shareholders and Their Obligation to Pay-up for Shares: Comparative Legal

Study", *Cambrian Law Review*, 2000.

[12] M. M. Blair, "Locking in Capital: What Corporate Law Achieved for Business Organizers in the Nineteenth Century", *UCLA Law Review*, 2003, 51 (2).

[13] Virginia Harper Ho, "Team Production & the Multinational Enterprise", *Seattle University Law Review*, 2015, 38 (2).

[14] R. D. Valsan & M. A. Yahya, "Shareholders, Creditors, and Directors' Fiduciary Duties: Law and Finance Approach", *Virginia Law and Business Review*, 2007, 2 (1).

[15] S. R. McDonnell & Geyer v. Ingersoll Publications Co., "Insolvency Shifts Directors' Burden From Shareholders to Creditors", *Delaware Journal of Corporate Law*, 1994, 19 (1).

[16] J. McLaughlin, "The Uncertain Timing of Directors' Shifting Fiduciary Duties in the Zone of Insolvency: Using Altman's Z – score to Synchronize the Watches of Courts, Directors, Creditors, and Shareholders", *Hamline Law Review*, 2008, 31 (1).

[17] A. J. Casey & M. Henderson, "The Boundaries of Team Production of Corporate Governance", *Seattle University Law Review*, 2015, 38 (2).

[18] S. M. Bainbridge, "Director Primacy: the Means and Ends of Corporate Governance", *Northwestern University Law Review*, 2002, 97 (2).

[19] B. R. Cheffins, "Delaware and the Transformation of Corporate Governance", *Delaware Journal of Corporate Law*, 2015, 40 (1).

[20] A. Winkler, "Corporate Law or the Law of Business: Stakeholders and Corporate Governance at the End of History", *Law and Contemporary Problems*, 2004, 67 (4).

[21] E. Pollman, "Team Production Theory and Private Company Boards", *Seattle University Law Review*, 2015, 38 (2).

[22] M. Lipton, "Corporate Governance in the Age of Finance Corporatism", *University of Pennsylvania Law Review*, 1987~1988, 136 (1).

[23] C. R. Sunstein, "The Storrs Lectures: Behavioral Economics and Paternalism", *Yale Law Journal*, 2013, 122 (7).

[24] A. T. Kronman, "Paternalism and the Law of Contracts", *Yale Law Journal*, 1983, 92 (5).

[25] E. Zamir, "The Efficiency of Paternalism", *Virginia Law Review*, 1998, 84 (2).

[26] S. Habersang et al., "A Process Perspective on Organizational Failure: A Qualitative Meta-analysis", *Journal of Management Studies*, 2019, 56 (1).

[27] A. M. Solarino & B. K. Boyd, "Are all forms of Ownership Prone to Tunneling? A Meta-analysis", *Corporate Governance: An International Review*, 2020, 28 (6).

[28] A. Cadbury, "The Corporate Governance Agenda", *Corporate Governance: An International Review*, 8 (1).

［29］ C. M. Daily, D. R. Dalton & A. A. Cannella, "Corporate Governance: Decades of Dialogue and Data", *Academy of Management Review*, 2003, 28 (3).

［30］ F. G. A. de Bakker et al. , "Social Movements, Civil Society and Corporations: Taking Stock and Looking Ahead", *Organization Studies*, 2013, 34 (5~6).

［31］ R. E. Freeman, A. C. Wicks & B. Parmar, "Stakeholder Theory and 'The Corporate Objective Revisited'", *Organization Science*, 2004, 15 (3).

［32］ D. Hambrick, A. Werder & E. Zajac, "New Directions in Corporate Governance Research", *Organization Science*, 2008, 19 (3).

［33］ T. Jain & D. Jamali, "Looking Inside the Black Box: The Effect of Corporate Governance on Corporate Social Responsibility", *Corporate Governance: An International Review*, 2016, 24 (3).

［34］ T. Jain & R. Zaman, "When Boards Matter: The Case of Corporate Social Irresponsibility", *British Journal of Management*, 2020, 31 (2).

［35］ M. -H. McDonnell & J. A. Cobb, "Take a Stand or Keep your Seat: Board Turnover after Social Movement Boycotts", *Academy of Management Journal*, 2020, 63 (4).

［36］ R. Mitchell et al. , "Stakeholder Agency and Social Welfare: Pluralism and Decision Making in the Multi-objective Corporation", *Academy of Management Review*, 2016, 41 (2).

［37］ A. Shleifer & R. W. Vishny, "A Survey of Corporate Governance", *Journal of Finance*, 1997, 52 (2).

［38］ C. Tantalo & R. Priem, "Value Creation Through Stakeholder Synergy", *Strategic Management Journal*, 2016, 37 (2).

［39］ L. Tihanyi et al. , "Institutional Ownership Differences and International Diversification: The Effects of Boards of Directors and Technological Opportunity", *Academy of Management Journal*, 2003, 46 (2).

（三） 其他类

"The Delaware Code Online", http://delcode. delaware. gov/title8/c001/sc05/index. html.